U0511097

　　1957 年 1 月 19 日，巴东巴山绿葱坡山顶上合影。左起：杨重野、潘光旦、朱家煊、杨司机。

　　1956 年 12 月 9 日，潘光旦与长阳县何恭垓（中）、赵典五（左一）二位老人谈"土家"。

1957 年 1 月 4 日，酉阳县木柴市场。当日是酉阳县的赶场，街上人山人海。

1957 年 1 月 15 日，湖北来凤县河东乡文艺队表演土家族"摆手舞"。

倚空

碎金文丛

1956，潘光旦调查行脚

张祖道　著

商务印书馆
The Commercial Press

图书在版编目（CIP）数据

1956，潘光旦调查行脚 / 张祖道著 . —北京：商务印书馆，2024
（碎金文丛）
ISBN 978-7-100-22746-9

Ⅰ.① 1… Ⅱ.①张… Ⅲ.①土家族—少数民族风俗习惯—四川—摄影集②土家族—少数民族风俗习惯—湖北—摄影集 Ⅳ.① K892.373-64

中国国家版本馆 CIP 数据核字（2023）第 137622 号

碎金文丛
1956，潘光旦调查行脚
张祖道　著

商 务 印 书 馆 出 版
（北京王府井大街 36 号　邮政编码 100710）
商 务 印 书 馆 发 行
北京通州皇家印刷厂印刷
ISBN 978 - 7 - 100 - 22746 - 9

2024 年 3 月第 1 版　　开本 787 × 1092　1/32
2024 年 3 月北京第 1 次印刷　印张 11⅞　插页 2

定价：60.00 元

出版说明

学问一事，见微而知著，虽片言鳞爪，却浑然一体。及今观之，札记、书信、日记等传统书写方式，更是散发出无定向、碎片化的后现代气息。钱锺书先生便将自己的读书笔记题为"碎金"，凸显其特殊的价值。

文丛取名"碎金"，意在辑零碎而显真知，并与"中华现代学术名著丛书"相映衬。丛书所录，非为诸名家正襟危坐写就的学术著作，而是其随性挥洒或点滴积累的小品文章。分为治学随笔、学林散记、日记书信与口述自传等系列，多为后人精心整理或坊间经年未见的佳作。希望这些短小而精美、灵性而深邃、言简而隽永的吉光片羽，能帮助读者领略名家学者的点滴妙悟、雅趣文字，一窥学术经典背后的丰富人生。

商务印书馆编辑部

和潘光旦先生一起识别"土家"
——代序

口述 / 张祖道　记录 / 姜纬

1956年11月至1957年1月间，张祖道作为摄影记者，随民族学家潘光旦一行去川东南、鄂西南武陵山区一带对土家族进行识别、调查，用他的镜头见证了潘光旦在识别土家族过程中所表现出的严谨负责的工作态度，同时充分展示了原汁原味的土家人生活。

1956年11月，中央民族学院教授、全国政协委员、我的老师潘光旦要去川鄂一带进行"土家"的识别和实地调查，他想请一位摄影记者随行协助，我很荣幸地接受了这一任务。

我们是在 11 月 25 日坐上火车出发南下的，到 1957年 1 月 28 日晚回到北京，总共 65 天，到过湖北、四川〔一〕的 18 个县市，行程总计 7000 多公里。〔二〕

久悬不决的"土家"识别

其实，这并不是潘光旦先生第一次实地考察"土家"的情况了。在我们旅行之前，1956 年 5 月他就到湖南考察过"土家"，当时他设定了三个目的：第一是作为一个科学工作者，把研究所得和实地观察对证一下，改正其中可能有的错误，补充其中不足；第二是作为一个政协视察人员，调查了解一下"土家"人提出的确定民族成分的要求究竟普遍到什么程度，在他们自己的认识里究竟有什么根据；第三是作为科学工作者，同时也作为一个视察人员，

〔一〕 文中所提到的四川各地今均属重庆。——编者
〔二〕 土家族主要居住在云贵高原东端余脉的大娄山、武陵山及大巴山10 万余平方公里的区域内。据 2020 年第七次人口普查统计，土家族人口为 958.77 万人，占全国少数民族人口的 6.8%，仅次于壮、回、满、维吾尔、苗、彝族，在全国各民族人口中排第八位。
1956 年 11 月至 1957 年 1 月间，张祖道作为摄影记者随民族学家潘光旦一行从北京出发，前往川东南、鄂西南，对土家族进行识别、调查，具体线路为：武汉—宜昌—长阳—宜昌—奉节—万县（今万州）—重庆—綦江—武隆—彭水—酉阳—秀山—黔江—恩施—利川—宣恩—咸丰—来凤—巴东—宜昌。

需要了解为什么"土家"的识别问题久悬不决。

国家对"土家"的识别，始于1950年。当时，到北京参加国庆观礼的湖南湘西的"苗族"代表田心桃，向中央有关部门的负责人反映，自己是"土家"人而不是苗族，要求中央派人进行调查。她的反映引起了重视，中央派出了多名专家学者，组织调查小组，多次调研。

潘光旦先生是在1953年接受了研究"土家"的任务，在查阅大量史籍、地方志后，他发表了《湘西北的"土家"与古代的巴人》一文，认为：土家不是瑶，不是僚，不是苗，不是汉，而是具有悠久历史的古代巴人后裔的一支，是单一民族。随后，中央民族学院的汪明瑀教授、语言学家王静如在经过实地调查后，分别写出了《湘西"土家"概况》和《关于湘西土家语言的初步意见》等文章，也都支持"土家"是单一民族的观点。

1954年国家民委为了慎重，还在北京召开了"土家"人问题研讨会，参与会议的专家和学者们一致认为"土家"是单一的少数民族。

但在1955年，国家民委将对"土家"人的调研意见向湖南省委、省人民政府征求意见时，却遇到了反对：湖南统战部门的领导认为，湘西土家彭土司祖籍来自江西，是汉人，因此土家大姓彭氏及其他姓氏均为汉人；

而且按斯大林民族定义的四条标准（共同语言、共同地域、共同经济生活以及表现于共同文化上的共同心理素质）来衡量，"土家"民族特征不显著，不必要再认定为少数民族。

之后，由于"土家"人强烈要求，于是在1956年5、6月间，中央再次派调查组实地调查，这也促成了潘光旦先生的第一次"土家"调查之旅，在这次调查后他向中央呈送了《访问湘西北"土家"报告》《关于"土家"问题的调查报告》，国家民委也组成中央"土家"识别调查小组进行了为期三个月的民族识别，终于在1956年10月，中央政府同意确认"土家"为单一的少数民族。

也就是说，这次我跟随潘先生去川鄂考察"土家"情况时，政府其实已经确认土家为单一的少数民族了。但在正式宣布之前，潘先生还是想再次去实地走一趟，他觉得兹事体大，应该慎重再慎重。

不仅听县里工作人员的汇报，
还要与院校学生、乡里老人座谈

我和潘光旦先生谈起为什么"土家"的识别如此困难，他说从元朝起，人们就把湘西一带的少数民族都叫作"苗"了。《永顺县志》上载明朝嘉靖三十三年（1554年），倭寇侵犯沿海，政府从湘西派"土兵"去打倭寇，书上把他们统称作"苗"。这就把"土家"人和苗人混淆了起来。实际上古代鄂西、川东有个巴兹国，该国人叫巴人。在《山海经》中就记载过巴人的事，以后在《左传》里也有多处提到巴人，可见三千年前就有了巴人，他们的后人就在鄂西、川东、湘西这一带，"土家"起源于巴人。但后来，相当一部分"土家"人与苗族、汉族杂居在一起，遗留问题比较复杂。

在武昌的中南民族学院，潘先生想找几位"土家"学生来谈谈情况，院领导说"土家"族尚未公布，学生中还没有自称"土家"的，有几个自称为"土族"的，潘先生连说，就请他们来谈谈。很快，找来了四位。潘先生询问了他们的姓氏、家族和风俗习惯、婚丧礼仪、饮食爱好、本族语言文字，等等。

在开座谈会时，一位姓向的同学讲起，自己对"土族"的历史了解很少，因为家族里的老年人对年轻人讲得很少。"土族"有自己的服装，但他出生后没穿过，因为受汉族的影响不爱穿。"土族"服装大衣大袖，"土族"人好练武，袖大可以绞掉对方的刀枪。过去"土"人崇拜老虎，后来有个江西来的彭姓土司不喜欢白虎，要让土族也不敬白虎。他还提到，他家乡1953年开始实施减租政策，后来改为少数民族可以减租，"土"人不算少数民族，就没有这个优待；还有学生的助学金问题，苗族学生有，"土"人没有。"说我们是汉族，我们又不像。"

等他们走了之后，潘先生肯定地说："他们都是'土家'族，可是他们才从苗族的误称里拔出来，却又一头扎入青海、甘肃的土族里去了。我们得赶快为他们正名。"

在四川省秀山县石堤公社与六位"土家"老人座谈时，老人们提到石堤一带有彭、白、李、马、蔡、田六大姓，自认为"土家"，年纪大的老人能讲"土家"话。"土家"原来敬奉白虎神，后来受汉人影响，就开始赶白虎了。"土家"腊月二十八、二十九过年，汉人是过年三十。老人们都很羡慕湘西的苗族被正式承认为一个单一民族，得到了政策照顾，所以他们都非常期待"土家"族能早日得到承认，可以和其他兄弟民族平起平坐。

其实这些座谈会，也没有一般人想象中那么不苟言笑，我清楚记得这次座谈是在1957年1月6日晚上，潘先生让人买来了一大盘葵花子、一大盘橘子、半篮子花生和四五包香烟，当年物价很便宜的，一共才3块钱。大家一边烤炭火，一边谈话聊天，越说越起劲，不知不觉到夜里11时才散。

潘光旦先生在考察中奉行耳听、眼见为实，听了县里工作人员的汇报还不够，还要听乡里老人的声音，听他们直接的叙述、表达。因为"土家"族没有文字，只能口耳相传。潘老师要从语言中辨别、选择，去伪存真。记得我们在宜昌游览三游洞时，离我们休息的地方不远有一个地方叫平善坝，潘老师说平善坝过去叫平喜坝，平喜的音转就是"比兹"，他一边做着手势，一边抿着嘴，半眯着眼，重复吐出"平喜"和"比兹"两个词，让我们细听，他说："'土家'人有自己的语言，他们自称'比兹卡'，这个'卡'就是家、族的意思。今日的宜昌，唐朝称夷陵郡，在这一带，分布有土家人的祖先，就是巴人。我们吃饭和休息时见到的工人，来时路上遇到的老乡，有姓田、姓谭、姓向的，还有路边杜氏祠堂的杜家，这些姓都与'土家'有关。"

重视实地考察，虽然架着双拐，但道路再远再艰难也在所不计

不只是搞座谈、听语音，潘光旦先生也很重视实地考察，他要见实物，去现场，即使道路再远再艰难，也在所不计。潘先生右腿有残疾，凭双拐行走，双目又高度近视，但他硬是凭着超人的毅力，坚持行进在川鄂地区峰峦叠嶂、江绕溪盘的调查一线。

在有关武汉东湖的书上发现有蛮王冢的记载，先生大为高兴，认为这可能是"土家"的祖先遗址，要去探寻。到达目的地后发现蛮王冢已经荒废，没有一丝字迹碑痕，只找到几块瓦片，什么也看不出，也无法断定是哪个朝代，哪个少数民族。甚为遗憾。

　　我们到奉节时，潘先生提议游白帝城，白帝城坐落于离县城不远的白帝山上，山下是三峡的瞿塘峡西口，东面就是夔门，雄踞水陆要津。相传公孙述在王莽时起兵割据四川，自称白帝，改山名为白帝，修建了白帝城。但潘先生认为白帝城不是公孙述修筑的，他说这个事情在宋朝就有人怀疑了，白帝城在公孙述之前已经存在了。潘先生推测这是"土家"人的祖先巴人修建的，巴人是为了防止楚人的进攻，在这里设防，江面还有铁索锁峡，易守难攻。我们没有见到白帝城，已毁，只见到了后修的白帝庙。

　　在北京时，潘先生听人介绍重庆博物馆藏有与古代巴人有关的文物，那时他就决定至少要去参观一次。在重庆博物馆里我们看到了一个虎錞，在铜錞的顶上有一个虎形的钮，造型生动有力。潘先生看了极为兴奋，他说虎錞是巴人军队作战时与战鼓一齐敲响的铜器，他在关于南齐的史书上看到过这种器具的描写，在关于北周的史书上也看到过记载。

　　我们去博物馆的另一重要目的是"船棺"，潘先生推想，这也是巴人遗物，至少它是少数民族的，所以亟想观览。我们看到的是昭化宝轮院出土的船棺，为巴蜀时期的文物。潘先生想去船棺出土处看看环境，博物馆的马馆长说去那里没有公路，不通汽车，但可以坐成渝铁路火车去，大概 2 小时的路程，还热情地表示愿意陪同前往，遂成行。我由于要补材料没有随行，潘先生一行早上 10 时出发，坐的是闷罐车改装的车厢，晚上 8 时多才回来，他们考察了船棺的出土地，那里有 50 多个墓穴，初步推断是巴人的墓葬。

我们的湖北之行留下了遗憾，
湖北的"土家"识别遗憾了整整 30 年

　　1957 年 1 月 9 日，我们从四川黔江进入湖北恩施，住在恩施专区的专员公署。公署的王专员反映了一个重要意见：恩施的"土家"人多数已经知道，湖南省方面已经向专区和各县宣布，中央已经正式确认土家族是单一的民族，是我国民族大家庭中的一个正式成员（中央统战部于 1957 年 1 月 3 日发出电文，正式确定土家族为单一的少数民族）。这样的大喜事为什么湖北省一直到现在还没有消息，更没有宣布？其实这也是我们本次识别调查之旅的一个目的所在：在土家族被确认为单一民族、湖南的土家族识别已经基本完成的情况下，明确湖北、四川地区土家族的情况和分布。

由于前面耽误了一些行程，后面在湖北地区的调查就有一些赶，但还是收获很大。潘光旦先生在湘西调查时，只听"土家"老人说过有"摆手舞"，但没有见到有人跳"摆手舞"，有些遗憾，这次却看到了。来凤县在半年前于农村发现了"摆手舞"，并且很快在文艺汇演上演出了。这次县里特意请老乡来为我们表演，来演出的老人说：我们"土家"已经一个甲子60年没跳"摆手"了。过去祭神、拜祖都要跳"摆手"，我们小孩子时就学会了，男女老少都会跳，全村一起欢乐歌舞。到国民党政府时期，日子越来越坏，兵灾匪祸连年不断，大的集会不敢举行，也不敢跳"摆手"了。直到去年，第一次公开跳"摆手"，而今还跳到大会上来了，真不容易。潘先生本想去这些老人的家里，漫水河东乡的"土家"居住地去实地看看，各家走走，但最终由于道路不便，算算时间也不够用，才作罢。但在事后他还对我说起，这次是吃了"后悔药"没能去河东乡跑一趟。

1月27日，我们的调查结束了，从武汉乘火车返京。

3月15日，《光明日报》向世人宣布：土家族分布于湖南、四川、贵州、湖北交界的山区。不久之后，北京大学历史学系教授向达和潘光旦先生一起在政协第二届全国委员会第三次全体会议上做了题为《湘西北、鄂西南、川东南的一个兄弟民族——土家》的联合发言，历时6年的土家族艰苦调查和识别认证终于画上了阶段性的句号。

可是谁也没有料到的是，不久之后，潘先生却被划为"右派分子"，他的"罪名"之一竟然就是所谓"破坏民族关系"，他在土家族民族识别中辛勤而杰出的工作竟然成了罪行。"文革"中潘先生被发配去打扫厕所和澡堂，还让他在菜园里除草，他一条腿行动不便，只能搬一个小板凳来坐，但小板凳也不让他坐，只能坐在地上。抄完家以后，他家的书房和卧室都被查封，67岁的他只能在厨房旁边小屋的水泥地上席地而卧，缺被少褥。1967年，潘光旦先生含冤离世。

潘先生被打成"右派"后，还连带伤害了不少地方的知识分子和干部，川东南、鄂西的土家成分确认问题也都搁置起来了，一直要到1978年拨乱反正以后，湖北省在1980年成立了来凤、鹤峰土家族自治县，1983年底改设了鄂西土家族苗族自治州，并在宜昌地区设五峰、长阳两个土家族自治县。四川省也差不多同时设立了酉阳、秀山、黔江土家族苗族自治县，彭水苗族土家族自治县，石柱土家族自治县。贵州省设立了印江土家族苗族自治县和沿河土家族自治县。在潘先生研究土家族问题整整30年之后，土家族的民族识别和民族区域自治问题才算全部完成。

（原载《中国国家地理》2013年第7期）

目　　录

1956，潘光旦调查行脚

　　1956 年 11 月，中央民族学院教授、中国人民政治协商会议全国委员会委员潘光旦先生要去川鄂一带视察，调查少数民族，向《新观察》杂志社商借我去协助摄影。潘先生是我们的老作者，他又答应此行所写文章由我刊独家发表，于是主编很痛快地就答应了。我也很欢喜，可以跟着敬爱的潘老师再上一堂社会学实习课。上海《文汇报》知名记者杨重野，正好在北京，听到消息，也来随行采访。

　　我们三人约定于 11 月 25 日出发，到时在火车站集合。20 日晚上，下了一场大雪，交通不便，行前我电话询问潘先生，还需要什么？他答说烟丝可能不够，叫我到王府井一家指定的店铺购买。24 日，我去琉璃厂宝古斋还画，然后去王府井买烟丝，潘先生习惯抽烟斗，半路上断了粮可不好办。夜间下雪，读《金冬心画记》至深夜。

1956 年 11 月 25 日　星期日　晴

我住在故宫西侧北长街 78 号杂志社的院内，乘 5 路公共汽车可以直达前门火车站，很近。潘先生住在西郊魏公村中央民族学院校园内，很远，但都准时到达。8 时 5 分准点发车。

我们三个人同住一节车厢。1952 年思想改造、院系调整，潘光旦、费孝通二位先生都从清华大学社会学系调到中央民族学院，潘先生从事民族史的研究。

在火车上，我们谈得很多。潘先生告诉杨重野和我，他这次是以全国政治协商会议委员的名义去川鄂一带进行视察、调查的，政协委员每年都要下去视察一次，了解民情，体验生活。他就利用这个机会，到少数民族地区进行研究，做实地调查。

潘先生近年阅读了大量线装文献，史书、方志、笔记、族谱等，摘记了上万张卡片。在火车上，潘先生给我们二人上了一堂课——中国的少数民族简史。

古时候，中国的很多部落都有图腾崇拜（totem），以某种自然界的动植物作为本部落的祖先或保护神，如以蛇、狗、虎等作图腾。同一图腾不能通婚，于是各部落间互相攀亲。到后来，开始分道扬镳，走向由西北直到西南，有直接向南行的，有绕海路到西南的，这种大迁徙呈D字形，形成一个双钩图。于是西边为藏、羌、夷、巴区：藏族最西，羌偏东，夷、巴更东，巴就是我们这次调查研究的对象。

其中，羌最古老，在甲骨文卜辞中就有其名。早年以游牧为主，牧羊人就是指羌，汉代最早的祖宗。羌人最多，姜太公就是羌人。巴也多。（听到这里，脑子里突然冒出，在词典里，羌字部首从羊，是否是他们的先人游牧放羊的缘故。）

东边最早为傣，他们迁移得远，一直分布到东南亚、台湾（"台"即"傣"音），傣的迁移路线是有痕迹的，如山西有代县（"代"），再行到泰山（"泰"），再南下有江苏的东台县、泰兴县、泰州（五代、明时即有）、泰县（南齐即有，故治在今六合县北，民国尚有）等，都与"傣"音有关。浙江为天台山，广东为台山和北部的大庾岭。大庾岭又叫台岭，是最早的称呼，后又叫过梅岭，最后才叫大庾岭的。

壮、侗为越，傣亦称越。傣的先民在汉晋时曾称为"滇越""掸"等。台湾高山族溯源，其中大部分来自古越族，即是傣族。

向南迁的第三圈为苗、瑶,他们越过长江,战国时居住在洞庭湖、鄱阳湖一带。

初冬季节,北京已经下过一场大雪,火车行驶在华北平原,大地一片苍黄,冷冷清清,幸好每到一个车站停靠,车下就会拥来一大群男女小贩,提着托着烧饼、面包、熟肉、烧鸡、煮鸡蛋、花生、瓜子、大枣、水果等食物,挤到每个窗口,高声叫卖;还有的拎着水壶,端着碗,跑向硬座车厢卖大碗茶的,给沿途添了一些热闹的气氛。

11月26日 星期一 汉口 晴

早上,火车抵达河南信阳车站,我赶快透过窗户向东边瞭望,那里不过是一大片顺着铁轨往南蔓延的普普通通的土山土坡,可是那里有我一段美好的生活和企盼。出了站,就爬坡,顺着山路,越爬越高,大概七八里,就到了鸡公山避暑胜地。解放前,这里被洋人盘踞,红楼别墅,高低错落铺满山坡,是中南一带洋人夏天的乐园,素有"十里风飘九国旗""九里十三国"之称。北平乍苏,人民解放军四野政治部就成立了南下工作团,招收近万名青年学子,加以培训,准备长江以南城镇解放后,派到江南去工作。1949年8月间,南下工作团从北平出发,经天津、徐州，转陇海线到郑州，再南下到信阳，行军上鸡公山。当时山上已是人去楼空，一片狼藉。我们在山上住了将近一个月，一边继续学习，一边等待湖南、广西、四川解放的好消息，准备分配下山工作。

火车一出武胜关，从河南进入湖北地境，陡觉眼前一亮，四面八方，上下左右，一片的绿色。虽然已至冬令，而且武胜关到长江还有150公里，但这里已是绿意盎然，生机活泼。南北两地，差别竟然这样分明，令人惊讶。

我们于11时到达汉口，接待者把我们送到招待所——江汉饭店。解放前，江汉饭店原为武汉著名的德明饭店。住房高大宽畅，园林幽雅，花木葱茏。

下午，潘先生要看一些材料。我和杨重野一起去游览中山公园和中苏文化宫。

潘先生架着双拐，依靠一条左腿行走，行动不很方便，生活上也有影响，照顾好老师，是我义不容辞的任务。我陪老师住在237号房间，宽敞、安静，两张洁净、平整的床，一切都很美好。但是，一睡上去，不得了，出了问题了。床上摆设的席梦思垫子太软，人一躺上去，随着体重而下陷，把人蜷曲成一个虾米，很不适应。潘先生对我说："这张床我是没法睡的，但是晚上要求换床或是换房，会给饭店服务员添麻烦，有点过意不去。你看，这地毯蛮干净，如何？"我正在发愁，不知怎样为老帅分忧，一听先生说出这样体贴的话，高兴得一蹦而起，抢着将被盖枕头搬下床。这一夜我们在地板上睡得很安逸。于是，每晚都如法炮制。收拾房间的服务员一定会惊喜地发现，哪来的客人能把床单睡得如此平整干净，一丝不乱。

11 月 27 日　星期二　汉口　晴

上午 9 时，潘先生乘快艇去参观"武汉长江大桥"工地。由武汉市副市长等几位领导陪同。

快艇轻巧地离开码头，向长江下游驶去，远远地就可以看见矗立在水面上的高高的桥墩，工人们正在各个桥墩上忙碌着，快艇围着桥墩远远近近地绕了几个圈子。我大概在 1952 年曾经看见和拍摄过地质勘测船在这一带勘察河底的情形，他们是在武昌蛇山和汉阳龟山之间形成一条直线进行。果然，于 1955 年 9 月 1 日动工时就是沿着蛇山—龟山这条直线设计了八墩九孔的大桥，正桥长 1156 米，加上引桥，全桥总长 1670 米，大桥建成后，顶层桥面跑汽车，并排可以跑 4 辆，下层铺双轨，两列火车可以不减速度地对面互开。（后大桥于 1957 年 10 月 13 日通车，两年零一个多月就建成了。）

　　1956 年 11 月 27 日，潘光旦先生（居中右手扶双拐者）视察武汉长江大桥。

　　1956年11月27日，武汉长江大桥的铁路桥身开始架设在一、二号桥墩上。

11月28日　星期三　武昌　晴

上午，湖北省民政厅厅长刘俊前来拜会，座谈顷刻，即邀请潘先生同往武昌，还是乘快艇过的江。

先去游东湖。湖北为古云梦泽，久有"千湖之省"的美称，湖泊极多，沿江的湖泊叫得出名字的有1350个，最大的梁子湖、洪湖的面积都在300平方公里以上。湖泊多，鱼虾莲藕多，而且，还起着调节长江水量和气候的重要作用。武昌东湖在湖北很有名，它的全部面积是87平方公里，而其中水面只有33平方公里，只是洪湖水的十分之一，它的鱼虾养殖产量在武汉也不出众，它之所以出名，在于它的美丽。我们站在西岸，一眼望去，湖面辽远广阔，平坦宁静，波浪不兴，碧水明澈。柔美的水草，长齐水面，从岸边向外铺展得很远很远，别的湖塘很少见到。几年前的夏天，我曾在这里游泳，武汉燥热的天气里，湖水却是凉凉的，沁人心脾。掌握了水草的特性后，我们可以在七八尺长而密的水草里自由来往。眺望四周，丛林青青，芦苇起伏，校舍隐隐，楼阁亭亭，真是风景独好。

我们又去瞻览了行吟阁、屈原纪念馆和长天楼。行吟阁在东湖西岸旁的一个小岛上，为建国初期兴建。这是为了纪念屈原，以《楚辞·渔父》中屈原"行吟泽畔"之意命名和取址，建在水泽旁的。阁成古代三层方形楼，尖顶绿瓦，显得端庄凝重。阁前的广场上高高地立着大诗人屈原的全身塑像，做仰首问天之状。西北不远处，是屈原纪念馆。沙市也有屈原遗迹。再往前走，不远处就到了长天楼。它也是建国后新建的湖景区主楼之一，楼为七开间宽，上下两层，翠瓦飞檐，宽敞舒适，是一座能容几百人同时饮茶的大茶楼。站在楼上，遥望东湖碧波粼粼，和青天连成一片，应了"秋水共长天一色"的描述，因此起名"长天"。稍后，我们还浏览了一个菊花展览。

今天，潘先生还去武汉大学看望他的大女儿乃穟，乃穟生物学系毕业后，到武大进修，担任教师职务。借助这次视察的机会，父女幸福地会面了。我们都能料想到，这次机会不容易，因为平日潘先生是不会离开工作岗位，专门来看望女儿的。

刘厅长留我们在东湖客舍住几天，多看看武昌。客舍都是平房，属于东湖范围，很安静，风景很美。可惜今天是农历十月廿六日，星月无光，没有夜景可观。

11月29日　星期四　武昌　晴

　　早上8时半，我们三人，潘先生、重野和我，出发去中南民族学院，拜访院领导，谈了一阵学院的教学情况，潘先生请他们找几位从鄂西南地区来求学的少数民族学生来谈谈情况，院领导也都知道中央正在进行土家族识别和潘先生的任务，他们说"土家"族尚未公布，学生中还没有自称"土家"的，鄂西南有几个自称为"土"族的，潘先生连说，就请他们来谈谈。很快，找来了四位。潘先生询问他们的姓氏、家族和风俗习惯、婚丧礼仪、饮食爱好、本族语言文字，等等。等他们走了之后，潘先生肯定地说，他们都是土家族，可是他们才从苗族的误称里拔出来，却又一头扎入青海、甘肃的土族里去了，真有意思。我们得赶快为他们正名。其实，学院领导在介绍学院情况时已经谈到，中南民族学院于1951年下半年成立，次年下学期就招收了湘西"土家"四名彭姓和一名向姓学生，不过当时中央尚未承认土家为一个单一民族，我们也不便点头而已。

中南民族学院土族同学座谈

　　潘光旦：从元朝起，就把湘西一带的少数民族叫作苗，苗字用得多。《永顺县志》上载：明朝嘉靖三十三年（1554年），倭寇侵犯沿海，政府从湘西派土族兵士去打倭寇，书上把他们称作倭苗。古代鄂西、川东有个巴兹国，该国人叫巴人。在古书《山海经》上就记载过巴人的事。以后在《左传》上也有多处提到巴人。可见三千年前就有了巴人，他们的后人就在鄂西、川东、湘西这一带。

向某某：我对土族的历史了解很少，因为家族里的老年人对我们年轻人讲的传说很少。我们一族讲的语言是一样的，相通的，和别的民族不同。没有见过本族的文字。我们住得比较散，不像湘西龙山县的族人聚居在一起。大都住山坡，住城市的少，我们有自己的服装，我们出生后没穿过，是因为受大汉族的影响，就不爱穿。妇女们能刺绣，我们盖的花铺盖，就是家里自己织的。生活很苦，吃的是包谷粒，只有过节才吃一顿大米饭。

土族信土王，县有土王庙，供三个神，过年节时，于十二月三十（农历）给向王拜寿，七月十五（农历）划船比赛，也是敬他。敬向大王时，要穿大衣大袖的土族服装。土人好练武，袖大可以绞掉对方的刀枪。喜欢跳自己的摆手舞，土语叫"节阿"。有人病了，请土老师来化解——跳神。土人之间很团结，主要是过去要和汉族斗争。

老人还说，我们土族是从贵州、云南迁移来的，人死了就说他是"回贵州"了。贵州过去有"毕际"人。传说先祖迁移时，用一只牛角，分成九段，九兄弟一人一段。又传说我们是从江西迁来的，一口锅敲成九块，一兄弟一块。我们过两个年，一个是腊月二十三，说是这个年是参加云南大会的，寄点钱（记录按：没说是什么钱，估计是烧纸钱。），过赶上年三十的大会。

土语接近彝、羌、藏，都是西方来的。

结婚，男家到女家，要找媒人，要经过土老师（巫）算卦（阴阳卦），看能否合婚。（害病也请土老师卜卦。）

结婚那天，一大早用两支火把送新娘去男方家。这是因为过去土司王实行初夜权，抢新娘。过去很多人改姓田、向、彭（土司的姓），就是这个原因。为了躲避土司的这种恶行，人们就都改在夜间结婚。打着火把送新娘。由此形成风俗，一直保存到现在，就是清早送亲，看得见路，也要打一对火把，走很远了才丢掉。新郎要先敬土王，然后接亲。这是姓彭的土司（江西人）来这里后搞的这个办法，是一种杂婚残余。那时土人都叫他们"彭公脚猪"（公猪）。

土人崇拜老虎。秋收时，跳白虎，表示感谢丰收，生小孩，求虎保护，云南也拜白虎。彭土司反对白虎，要让土族不敬白虎，也反白虎。彭弄出一个土龙地主，用来斗白虎，搞了 200 年才渐渐得到成功。

现在土族人就不信白虎了。有人眼睛病，说是犯了白虎。有小孩受惊吓后，请巫来安魂，赶走白虎，说这是被白虎咬了一下。

安白虎。土族人正房有三间，当中一间是堂屋，旁边一间有火坑（灶），在火坑与堂屋之间的共同墙上，用钱纸折成一个十字形，钉在该墙的中柱上，或者把它放在堂屋的碗柜顶上，平日用香敬它，新起的新屋同样要安一个。否则白虎就会吓小孩。又可用五谷撒泼中柱，能镇住虎，不让它随处乱跑。妇女坐月子时，每天都要敬它，吃蛋、吃饭，也都要敬一下才吃。小孩生下后，在满月之内，要将火坑内支锅用的铁三脚架上的黑烟灰，在婴儿额上画个十字，免得被虎吓。不满 12 岁的儿童，随身要有一个铁器以防白虎，小孩晚上睡觉时要在枕下放个铁器，有大人做伴就可以不放。

最早时期，在白帝天王前，二人赌咒、发誓、喝猫血的。

土族人结拜兄弟时，是在土王庙进行，也喝猫血。

1953 年，有减租。但后来改为少数民族可以减租，土族人不算少数民族，没有优待，土族人很不满，要争取承认是少数民族。我们龙山县学生，为了助学金问题，闹出

　　土家织锦——"西兰卡普"，又称"打花铺盖"，是土家族民族工艺中的一朵奇葩。它以独特的工艺和美妙的构图被列为中国五大织锦之一。

土家传统家具。

很多意见，苗族有，我们没有；干部补助费，也只是苗族才有。说我们是汉族，我们又不像，仍受大汉族歧视。原政治班学习的彭凯，在当地宣传民族政策，也被说成是动机不纯。彭凯现在是湘西永顺县合作社干部。

四位彭姓同学中，有两位发了言，主要内容是：他们去年暑假回到龙山，老年人都关心中央是否承认他们"别奚卡"为一个单独的民族，见一个，就问一个。另外，大家都希望不和苗族联合成立一个自治州，愿意单独成立。

我们又参观了学院的文物馆。

随后，我们又去武昌三烈士街瞻仰三烈士亭，亭是木结构的，八角攒尖顶，亭内立着"彭刘杨三烈士就义处"石碑。当年，此处是清政府湖广总督署。

潘先生来此，是想了解一下彭、刘、杨三烈士的情况，彭楚藩是鄂城（今鄂州）人，1884年生；刘复基是湖南武陵（今常德）人，1885年生；杨宏胜是湖北谷城人，1886年生。潘先生认为，彭姓是土家的大姓，第一批来中南民院学习的土家，5人中就有4个姓彭；这三位烈士都可以研究考证一下。

下午，潘先生在湖北省委招待所听取三位老者介绍鄂西少数民族情况。

湖北文史馆三老人座谈

1956 年 11 月 29 日下午　武昌湖北省委招待所

李平原（天门人）：抗日战争时我在那里住过七八年。当时，大民族欺负小民族，当时一些少数民族为减少麻烦，就不提自己的民族成分。城中有苗族，他们的头子为覃姓，覃家在乾隆时改土归流，历代以来同化成汉族，说话、生活习惯和汉人一样。他的一个子弟和我共事，他就绝口不谈家中历史和民族成分。苗人在城中和汉人等杂居，不表明民族身份，住在城外村中的有聚居情形，但形式上还是汉族。抗战时，政府对民族问题不重视，只知居民中有苗、黎等人。现在政府特重视，待遇又厚，明朗化了，也敢承认民族了，也敢穿自己的民族服装了。那时我所居住的县苗族多，单高罗寨就有不少。那一带的县城都在山窝里，冬天不冷，但山上有雪。（注：苗族，李指的是土家。李没有说明抗战时住在哪里，从谈话内容，估计是在宣恩县。）

张朗（黄冈人）：我 1949 年在鄂西鹤峰县住了一年左右。当时没听说有少数民族。鹤峰是清朝雍正十三年（公元 1735 年）改土归流的。土司叫田九凤，是汉人，还进过学。那一带姓田的很多。我在那里走过不少地方，极高极苦寒的地方我都去了，在恩施搭界处，那里几乎没有人去过，很苦，十几二十里才见到一户人家。城里姓田的很多，姓李姓徐的也不少，都是汉人。宣恩县出城南 60 公里就是高罗寨，在宣高之间 15 公里处，有少数民族，但人数很少。

解放后，恩施办过旧人员训练班，1949 年我参加了。公安处办班办得好，把旧人员中文化高的、本地居住久的、大族的人选出来，让他们搜集恩施专署八县的文化历史，都写出来，花了半年多时间，稿写成了。这件事，你们到恩施时，可向恩施专署公安处打听，是位副处长、老党员办的。

王老先生：解放前，打下粮食对半分，地主拿走一半，还有四六分的，地主提六成。而且就在田地里分，分好后由佃农担到地主家。宣恩的米比别处的好，地主吃好米，卖好米，农民只能吃苕（即番薯、白薯）。本地不出棉花，老百姓一生只穿两次新衣，一次是结婚时，再次是死后。长年一身破衣单衫，进入冬季，很早地就关上门烧树根烤火，室内烟熏火燎，空气污浊，病痛多。没有棉被、褥子，用地里、山坡种的包谷（玉蜀黍、玉米）内层的嫩叶晒干，堆在房内，一家子钻进里面睡觉。湘西有用秧苗晒干当被用的。

农村没有盐，盐是从四川运来的，是岩盐、井盐。农

19

民买三四两盐，用绳子吊在灶头灶口上，怕它受潮、走水。煮菜时，将那块盐巴往锅里一放就提起来。还有的买不起盐，只好吃辣子。

张朗：山区鹤峰、五峰也都贫苦。五峰旧名长乐，当地编了句"长乐不乐，宝丰不饱"，来刻画自己的悲惨境遇。大山上，不单不出稻子，连包谷也没处种，冬天一到，赶快挖蕨根、葛粉。几十年锅里不见盐巴的人家有不少。山高谷深路难寻，交通不便车不行，地名都是奈何桥、鬼门关、望乡台。要去那里，只能坐兜子、走骡子。县里不长棉花，全县找不见一架纺车。

你们准备去鄂西那一带，走宜昌可以，从那里可去五峰，先走宜都，沿清江河一线上五峰。另外，也可从宣恩去，走高罗。[据查，宣恩共有3个高罗。1.高罗土司，为明朝所置的安抚司，清初名高罗土司。2.高罗汛，县南32.5公里，高罗水注入白水河（注：似为今之北河。），路通湖北来凤县。又有下高罗铺，亦为官路所经。3.高罗里，也在宣恩县境，产亚铅。有大路，可坐兜子，没有船，不像清江可溯水上去。高罗，古代诗人李白去过，叫他歌乐寨。]走宣恩，可先去鹤峰，再去五峰。恩施也有小路去五峰，走李白去过的高罗。

今鹤峰县人委所在地即旧土司衙门。

11 月 30 日　星期五　武汉　晴

候船至上午 10 时方才成行。今日我们从东湖往北，经过前天游过的行吟阁、长天楼等，直抵位于东湖西北沿的九女墩。1852—1853 年，太平天国的革命军占领武昌时，当地有不少妇女参加起义。不久，清军又攻陷武昌城郊，其中有九名女兵，在此抗击，壮烈牺牲。乡人敬佩她们，将她们埋葬，当时为避免清政府迫害，不叫坟而称为墩。

站在这里可以望见正在建设中的武汉钢铁厂工地。

午饭后中南民族学院徐少岩院长来访。

潘先生在有关东湖的书上发现这里有蛮王冢，大为高兴，于是下午 4 时一起去探寻。到达目的地后，蛮王冢已荒废，僻处荒野附近，没有一丝字迹碑痕，只找到几块瓦片，也看不出什么，无法断定是哪个朝代，哪个少数民族。

傍晚过江返江汉饭店。

晚上费振东先生来访。他介绍了此次视察各地华侨的情况。费振东是费孝通先生（中央民族学院教授、副院长，民族事务委员会副主任、全国人大代表）的长兄，上海南洋大学（交通大学前身）毕业，是南洋一带著名的华侨教育家。

12月1日　星期六　汉口　阴

晨，潘先生、重野和我步行去江汉路百货公司购买此行用的日用品。

潘先生在冬季寒冷衣服穿得较多时，他那套在最外面已经穿了多年的夹克就会扣不上扣子，前胸部分敞开，感到冷，他想买一件鸭绒背心，店里没有，只好改买丝绵的，还是没有。我买了一条绒裤，5块1角，白色小搪瓷茶杯一个，1块1角。重野为大家买了三块硼酸浴皂。招待所小赵寅同志建议潘先生到湘绣庄看看，到了那里，我和重野都没有进店，他去看望朋友，我去武昌探视三弟祖德。潘先生进了湘绣庄，还是没能买到合适的背心，即使他又降低了一档要求。

我将向主编汇报工作和今后行程的信投入邮筒后，直奔码头。我要去青山镇，却坐错了轮渡，这是为武昌纱厂辟的航线，只停靠曾家港。我在这里找到了去青山镇的公共汽车，车挤且慢，路面泥尘多，黄漫漫的，摇摇晃晃地到了青山镇站。武汉钢铁厂工地就在这里，正在进行土方工程，尘土飞扬，噪声轰耳，朝着大烟囱走，热电厂就在那里，我的弟弟也在那里，他是武昌电力学校的学生，在

22

厂里实习。马路两旁，建起了许多店铺，银行、邮局、书店、饭馆、杂货、烟摊，电影院有两所，剧场一个，装饰电影院的广告提示正在放映《生的权利》，其他也都是新片子。马路上载着器材、装着砖瓦和泥土的各种卡车忙碌地来来去去，一辆紧接一辆，黄色泥尘漫天飞，我步行不到三五里，全身已蒙上一层黄尘。

进热电厂要把照相机存在警卫处，其实这里也才把厂房竖起来，空空的，一切都在建设中。厂里有武昌、沈阳等三个电力学校的学生在实习，打听到弟弟在生活区病休。不用再问，我朝着屋顶上竖着密密麻麻的天线林的一长溜平房走去。建筑工人们喜欢矿石收音机，不单是价钱便宜，大家个挨个地睡大通铺，矿石机要用耳机听，各听各的，不吵人，而且不需电源，用不着铺设电线和插座，甚至为电费与工长争吵。祖德偶患头痛，休息一天。学校这次送他们来实习，就是将他们移交给武汉电力部，由电力部进行考核和分配工作。实习工作比较简单，体力活多，他想申请调仪表组，可以多学一些技术。谈了一会，把糖果留下，回了汉口。

晚饭后，邀小赵到新楼去打乒乓球。8时，又去邀老杨到大厅去跳舞，今天是周末，招待处照例有舞会。江汉饭店是武汉市交际处的，我在中南军区《战士画报》工作时，大概是1951年春，曾被中南妇联借去拍摄一个全省性的会议，会议结束时，借这个大厅举行联欢会，有儿童歌舞等表演，我是用镁粉闪光拍摄的。接着举行舞会，在大会工作的妇联姑娘小罗（国芬）、小李（延云）等都主动地来请我跳舞，我不会跳，婉辞了几次，后来还是被小罗拉下舞池给拖了一回黄包车，涨红着脸，低着头看着人家的脚步拖，好不容易音乐一停，找个机会赶快开溜。受窘之后，我才下决心学会跳舞，以后还来到这里跳过几次舞。今晚重舞旧地，没有见到一个熟人，跳舞的人不多，过去的热闹气氛不再了。

晚上，民盟湖北省支部负责人聂国青和民盟委员、市监察局局长、西南联大校友戴金生前来看望潘先生。

12月2日　星期日　汉口　晴

潘先生和老杨还想买点日用品，理发后，一起坐车去百货公司，又去花楼街附近逛书摊，之后又去永安市场。我在市场附近找到了出售古玩字画的地方，原来他们已经公私合营，组成古玩玉器联营组，集中在一条小街上。街上陈列的古玩不多，没有什么珍贵的。我们看了一阵字画，找出一张恽南田的牡丹，绢底，相当陈旧，但索价只要 4 元；一幅黄慎的渔家图，上面有四个人物，表情各各不同，也旧，2 元；稍后，又翻出一轴边寿民的芦雁，芯子陈旧，上端有霉，也不贵，开口只 8 元，我都要了，图个便宜。卖家告诉我说，还有一张郑板桥的画，翻了好一阵，找出来了，原来已有人定购了。我们也打开看了一下，是一幅竹子，字不像，缺乏那股子特别的味道，八成是假的，定价 10 元。王铿的一幅山水，10 元，潘先生要了。重野选了一幅蒋南沙（廷锡）的彩绢鸳鸯，画得很好，6 元，我和潘先生也很喜欢。这儿的画还真不贵，可惜没有好的，我们买下的几幅都勉强、一般，只是价钱便宜，三人都满意在这个上面。可见我们三人都还没有入门。不过，潘先生我还不能随便评点，潘先生是北京琉璃厂的老主顾，好几家斋、阁长年替他收购清朝会试考卷、谱牒和其他有价值的文献资料。一通则百通，字画文物方面也应该是个里手，今天不至于打了眼吧。逛完市场，已是下午 1 时半，邀小赵一起去筱陶袁（煨汤馆）喝汤。要了八卦汤、鸡汤各两罐，很好吃，量也足，只是涨到 6 毛钱一罐了。武汉的汤很出名，有牛肉汤、羊肉汤、鸭汤等二三十种，八卦就是乌龟。各种汤都是把肉块、鱼块等放在小陶罐里清炖出来的，以汤为名，内里肉还是很多的。

下午启程，5 时前赶汽车驶往七码头。吴处长等三人把我们一直送到船上。轮名江明。我们订的是一等舱，从汉口到宜昌，票价19元多，两人一间，舱高两米多，长宽约六七平方米，陈设有钢丝床两张，小桌一张，木板墙上有小电扇，有顶灯、壁灯和台灯，暖水瓶、茶杯，暖水瓶放在地上固定了的铁箧内，比火车上的摆法还要稳妥。卧具7毛一副。在室内坐卧是舒适的，只是墙壁太薄，床下又有气孔与隔壁相通，空气和声音随意出入，门外的嘈杂声也多，是个缺点。

此轮除货舱外，上面有三层载客：底层为四等舱，像火车硬卧，上下二层木床的大统舱，比较挤；二层船首一半是一等舱，20间，后面一半是四等舱；第三层是顶层，是三等舱，4人一间，上下铺，设施和一等同，没有二等。票价一等19元，二等15元，三等11元，四等7元。船上设有淋浴和盆浴间，水极热，日夜不停。

江明轮原为宁波（浙江）一个私营公司的，已经运行二十年了，去年7月份经过大修，改建成现在的形状，轮可载重3000吨，计可装货物1800吨左右，载客720人，外加工作人员200多名及住室设备。此次装载后吃水9尺，冬季水浅，从汉口逆水上行至宜昌，约需54小时。（到宜昌后才想起忘了打听自汉口至宜昌及至重庆水程有多少里。）我们住两间，潘先生和老杨住5号，我6号。船启航后，房间里的另一张床还一直空着，我可以独自睡个安稳觉了。

12月3日　星期一　江明轮上　晴

江明轮于昨天下午时起锚逆水上行。今天早上4时，我被一阵云板声惊醒，轮船已经抛锚停在江中不动，云板的清脆响声不断地传入耳鼓，扰人清梦。起床后方知半夜江上起了大雾，船不能行。清晨雾正浓，看不见两岸，到9时逐渐散去，船方启行。按照正常行驶，应于今夜11时到达宜昌，本来对我们下船很不方便，这下好了，大雾帮我们安睡到早上抵岸，相顾大乐。

这一带，两岸人家不多，沿途船只稀少，四周风光一般，可是我已经十年没有乘轮船，潘、杨也是长居城市，都愿意到船头坐坐。江风寒冽，甲板上没有其他客人，我们可以高声谈笑，江水黄浊流急，我们讨论水中泥沙含量和多快的流速才能使它不致像黄河泥沙那样沉积，其实，长江的大弯小曲比黄河要多得多，只是它沾了山高水急坡度大的光。我们头上有成千上万羽大雁排成人字形一啼一呼地横过大江向南飞去，我们猜测它们是否根据风力风向而飞高飞低；目测每只大雁前后保持的距离可能就是空气阻力最小的距离；议论它们迁徙的目的地在哪里，根据什么条件而定，至少会是逐水草鱼虾而栖吧。大家谈得很高兴。

中午时分，轮船驶到湖南岳阳县的城陵矶，洞庭湖水经由这里流入长江，与江水汇合，向东北流向武汉。城陵矶岸上有楼房三两幢，船到矶前，避开湖水的冲击，往右顺着北岸上驶。不久，两岸靠近，江水顿时窄急，这一段弯多曲多，江水猛烈地冲刷土岸，随着水道的弯弯曲曲，急流不断地左冲右刷，使河床加深，船儿就顺着深水道傍岸而行，有时距岸只有两三丈，航标就立在岸边指示航线。

昨天傍晚驶过长江大桥工地时，就看见桥墩前设有灯塔（灯标），3秒钟亮一下绿光，沿江排列不少。白天见到它，是用木条钉成的三角锥体形，固定在一个位置上，浮在水面，随着波浪摇摆，白天尖顶上的标灯不亮，应该称作航标，那些漆得浑身通红的三角岸标和三角浮标，都排列在长江的右岸（南岸），那些白头白身的，都排列在左岸（北岸），这样，江面上就形成了长长的两条红、白标线，就像是一条宽敞平坦的水上公路，船只就在中间安全而又迅速地行驶。而且因为有了标灯，就可以日夜畅行，提高了水上运输能力。听说这些标灯是依靠干电池或煤油灯发光，所以油灯要由航标员每天前去更换和维护，辛苦又危险。我很想找个机会访问他们。

我一个人躺在6号舱的床上，拧开床头小壁灯读潘先生1955年写的《湘西北的"土家"与古代的巴人》，它是对我这个对"土家"一无所知的人的一个启蒙。

　　潘、杨两人的5号舱房邻近厕所，夜半清静有人如厕时，走路声、方便声，声声入耳，尤其是用水冲洗时，就像风镐样的哒哒巨响，无法入睡。晚饭后，船员把他们搬到左甲板的17号房，清静多了。

　　晚上，到潘先生房里小坐。谈着谈着，不知怎么就扯到夫妻关系和找对象方面，这是一个与每个人都有关系而且是切身关系、不可回避也没法回避的问题；这是一个谁都拥有发言权，而且可以自由发挥、任意想象的问题，这是一个一人一个答案、一人一个想法的问题；谁也说服不了谁，谁也管不了谁。

　　我们今晚都大发高论，不停地发言，不停地欢笑。首先，我们一致肯定，不论是夫妻关系也好，谈朋友关系也好，恋爱关系也好，归根结底，就是一个异性关系、男女关系而已。在思想方面，不论是男方还是女方，都要从思想上承认双方是一种平等关系，不论是交友或是发展到以后的结合，都需要互相平等对待，平等付出和收受。有了平等做基础，那么，互相尊重、互相恩爱、互相帮助、互相容忍、互相宽恕就有了稳固的根基。我们今晚来讨论，

29

也就有了出发点或立足点。

老杨今年39岁，结婚才一个多月，刚刚度完蜜月，就匆匆赶来，参加我们这次调查行动。他可以算是正在提倡的晚婚模范了。老杨说，他之所以成为晚婚老大哥，就是自视太高的缘故，对女方要求太甚，拿句老话来讲就是想找一个才貌双全的姑娘吧，结果挑来挑去，机会和年龄就变成了反比关系，年龄越大，机会越小，最后幸亏找到一位老朋友，很早就认识的，才满意地结成连理。

我说，我是个农村孩子，抗战时物价飞涨，父亲靠借债供我读完中学，高中以后就完全依靠自己努力了。我第一次选择的是免费的专科学校，教学质量不高，我不满意。从已上大学的同学的来信中，我决心上昆明去考西南联大，经过一年的折腾，终于进了联大，用学校发给沦陷区学生的微薄的公费维持生活。贫困使我产生自卑心理，不敢也没有心情去主动结交女友。新中国成立后，有了满意的工作，经常出差采访、摄影，待在北京的时间不多，交友是需要时间相互了解、磨合的，所以还没有知心者。潘先生和老杨都劝慰我，要我抛掉包袱，要有信心，工作和个人问题不是一对矛盾，能够挤出时间，二者兼顾。潘先生还说，大学女生比较少，女子文化程度高的比较少，不要在这方面挑剔。人难十全，不足的部分可以在友人中间求得弥补。

潘先生笑说，我的家庭是个和睦的家庭，美满的家庭。我于1926年秋从美国学习回来，在上海的大学任教学工作，也担任过教务长、文学院和社科院院长等职，我就业不久就结婚了。你们恐怕会认为，在当时的社会里，这么短的时间里结婚，一定是奉父母之命、媒妁之言的吧。那时候，她应该被称呼为潘赵氏，其实，我的爱人有名有姓，她叫赵瑞云，江苏嘉定人，1898年生，念过书，进的是江苏省立女子蚕业学校，1920年毕业，毕业后，做的是本行工作，担任蚕业教育工作6年。我们相识后，于1926年结婚。她比我大一岁，我按她家的排行称她为"三姐"，她就称我"光旦"，不要说别的，单就这夫妻对称一项，就会把那些封建思想严重的人吓一大跳，认为有损夫婿尊严。其实我们是在互相平等相待的思想上，互相尊敬、互相关怀、互相帮助，二十年来从来没有吵过架，甚至没有说过一句重话。三十年了，现在的家庭，能否做到这一点，恐怕还是很难。三十年来，我在课堂上讲了家庭，讲过妇女解放，也写过《中国之家庭问题》一类的书，但收效如何？我人微言轻，但至少儒家还有个"夫妻相敬如宾"呀。潘先生开始从个人问题上"说开去"了。

船上在第二餐室举行舞会，音乐不断传来。我们收住话语，到那里看看，舞厅里跳的人和看的人都不少。

12月4日　星期二　江明轮上　晴

早上，重野和我二人朗诵英文读本，请潘先生指正。潘先生在家乡念完初等学堂后，1913年（14岁）秋以优异成绩考上北京清华学校，在中等科学习，各科成绩都列于前茅，英文更为全年级之首，发音清晰纯正，文法运用准确。抗日战争胜利后，1946年，我们复员北上，进入北平清华。老师们为我们补习英文，希望我们为深造打基础，系里老师一人分几名学生，课余在家里讲授。班上同学都愿意去潘先生家，都知道潘先生有"英语比英国人还好"的美称。我们念了一篇狄更斯（1812—1870年，英国小说家）的散文，先生给我们指出不少发音和轻重语气上的毛病，获益匪浅。潘先生高兴了，给我们念了一段英语，其读音之美妙，听了真是一种享受。

下午，聊的是翰林、进士。我们大家热闹地谈了不少，当然主要还是聆听潘先生的教导。

江明轮于下午5时停靠沙市，泊半小时。和老杨上岸走走。进城后方才发现沙市要比江面低，站在城内清清楚楚地望见江面上的木船在城墙或者堤岸上驶行，帆樯片片可数。买凉薯两斤，价2毛，比汉口便宜一半，又买梁山甜柚一个，3毛6。不敢久留，返回时，见船上正在改卸货为装货了。

晚间，躺床上温习英文。

12月5日　星期三　宜昌　晴

清晨5时15分船抵宜昌。天色尚早，先来一位人民警察接我们到派出所暂坐，不久，宜昌市人民委员会派车送我们到五六里远的统战部，交际处也设在这里。市人委办公室主任兼交际处处长赵萍和处里王学易接待潘先生，市人委会距离不过百米，我们就去那里的食堂用饭。

早饭后去附近澡堂洗澡，明天就要下乡，又是冬天，在下面洗澡的机会不会多的。澡堂里有扦脚的、搓澡的，潘先生都做了。他喜欢。大家还躺了一觉，衣服也有人洗。旧社会时，列强势力侵入到地方城镇和农村，宜昌市里有太古、怡和洋行、亚细亚、美孚石油等，太古做糖、茶叶、棉织品生意，还插手航运，开办兴记轮船，美孚煤油卖到了农村。这里还有天主教、福音耶稣会等。市里的洋房、教堂很多，人委和市委办公楼就是原来的海关，我们居住的是太古的洋房，房子都不错。

下午2时，宜昌专署主任萧世盛、民政科徐科长和市民政科长来看望潘先生，介绍情况。

我去邮局打听各种刊物在宜昌地区的发行情况，以及《新观察》的收订和零售数量、读者意见等，不巧，报刊负责人下班了，未能面谈，只了解到一点大概。

晚饭后，一起上街散步，街上还算热闹，没有什么特产可买。在一所拍卖行见到《资治通鉴》等三部木版书，尚未议定价格。三部书都已陈旧，长江流域雨水多，气候潮湿，不易保存。

专署派于祥云同志陪同去长阳县。于是辽东人氏，1946年在家乡参军，后在四野后勤部，1955年转业，留在宜昌，现年29岁。

夜10时余，于告，长阳方面来电话，长途汽车坏了，明天不能成行。潘先生争取明天去，请大于回专署设法，借马和轿子。晚12时回话，没有办成，马、轿皆无。

12月6日　星期四　宜昌　晴

早上，潘先生说，走不成，游三游洞去。三游洞在宜昌城西10公里处。小吉普沿着一条高低不平的乡道走了十里路左右，被一条小溪阻断，只有下车步行。

　　1956年12月6日，潘光旦（中）、杨重野（左）等在宜昌访问三游洞，步行在西陵口的小路上。

这条小河灌入长江，有渡船。最近因为要在长江勘探水库库址，需要在对岸长江边大盖工房，市工程局在小河上建了一座桥，运送人员、材料，为了维护摆渡人的收入，就在桥上设了一扇门，派人看守，不许老百姓走桥，只能摆渡过去。于是老乡提篮挑担，挤在桥门口央告、理论，甚至吵架。我想，公家修的桥不让纳税的老百姓过，宁愿让桥闲着，真是不应该。其实，可以吸收摆渡人参加工程建设，收入比划船要高，把守门人撤下来做其他工作，省下的守门工资就足够付给摆渡人了。老乡们从桥上走，比等船、上船要快得多，还省了船钱，真是一举三得。联想到这次下来逛的公园，不论大小，都是一个大门设立一个入口、一个出口，至少一个口子派一个人看守，旺日淡日一个样，照样分出、入口和售票，至少三人，其实只要一个就足够了。这两件事就是一篇小品，准备写出来寄回刊物发表，触一触官僚主义作风。

潘先生很要强，不要轿子和小车，架着双拐用一条腿走，天晴暖和，走得满头大汗。

他敞开黄皮夹克，一撑一大步，精力充沛，毫无老态。我热得把绒衣绒裤都脱了。走了十里，沿着一线陡坡窄径上三游洞，潘先生上去比较困难，但他不要人帮助，慢慢地顺利地到达洞口。

　　1956 年 12 月 6 日，长江西陵峡东口南津关景象。江水向东（左边）流去，右边为北岸。图中右侧山岚是三游洞所在地。和瞿塘峡的入口夔门一样，南津关是三峡尾端的天然门户。"水至此而夷，山至此而陵"，所以宜昌古称夷陵。

　　1956 年 12 月 6 日，西陵峡口乡村景观。潘先生就是架双拐从这种路上到三游洞的。而今从宜昌市中心乘车 20 分钟即到。

三游洞在灯影峡下游北岸峭壁上，背倚西陵峡，面临下牢溪，四周山水秀丽。

唐元和十四年（公元819年），白居易、元微之、白行简三人来此探访，白居易写了《三游洞序》，就成了此洞的名了。宋时苏洵、苏轼、苏辙父子三人也来游过，被称为"后三游"。洞大概有八九间房大，前面亮，后面暗，石壁上刻有古人的诗词，还涂有近代人的一些歪诗，破坏人们的心情。抗战时，当地政府在此洞办公防空袭。这里交通不便，游人很少。我们在下牢溪长江水库仓库休息。我一个人去南津关一带拍摄三峡，这里为三峡的西陵峡东口，就是三峡的出口处，所以宜昌被称为"三峡门户"。钻探队正在这一带工作。平善坝离我们休息的地方不远，长江水库勘察处就在那里。潘先生今天走得太累，双腋已经磨破，就没有去。他说，平善坝过去叫平喜坝，平喜的音转就是"比兹"，潘先生一边做着手势，一边抿着嘴，半眯着眼，重复一次地连着吐出"平喜""比兹"两个词，让我们细听。又说，"土家"人有自己的语言，他们自称"比兹卡"，"卡"是家、族的意思。又说，今日的宜昌，在唐代称夷陵郡，在这一带，分布有"土家"的祖先——"巴人"。我们吃饭和休息见到的工人，来时路上遇到的老乡，有姓田、姓谭、姓向的，还有路旁杜家祠堂的杜家，这些姓都与"土家"有关。这里已是古代巴人活动的范围了。他们的重要性不比你们这两天考证三国演义时的荆州、江夏、赤壁、襄樊差。张飞战巴人，胜负难分啦。大家都笑了。

我们回程改乘小船，顺流而下，很快就到了。

12月7日　星期五　赴长阳　半阴晴

晨5时即起，半小时后汽车把我们三人送到码头，专署办公室于祥云同志也正好赶到。

乘沙市—宜昌线小火轮，轮小人挤。

潘先生性格随和，平易近人，总是笑眯眯的。可是他这次对省民政厅的接待事宜却忍不住有了意见。原来省民政厅说，已经提前一天派一位王科长先到宜昌等候，可是却影踪全无，又改调在恩施的孙科长来，也没有到达，可是民政厅却给宜昌专署打电报，说我们三人将乘飞机前来，他们去机场扑空，以致未能及时赶回码头迎接。接二连三的失误。

船6时开，约8时先停靠在长江东岸的古老背，然后再驶向对岸的红花套，我们在这里下船，前往长阳县。古老背和红花套在长江的两岸，都属宜都县。潘先生说，宜都古称夷道，从汉朝起，凡是非汉族的民族，即少数民族居住的地方，必称之为"道"。这一带汉人到得较早，三国时的刘备就曾到过猇亭，猇亭就是现在的古老背。猇，音肖，表示该地已有以虎为图腾的少数民族居住了。

红花套是去长阳的长途汽车的首发站，经打听，汽车仍未修好。大于找当地政府，设法雇到滑竿三副（本地叫兜子），约于10时动身，潘先生和老杨各坐一副，另一副抬行李，我和大于步行。沿公路行了5公里，到鄢家沱乡，在天明高级农业社开设的染坊休息。我的非常结实的牛皮靴居然裂线了，也难怪，它已经伴随我东奔西走几年了。4分钱买了一双稻草鞋换上，路边小店不会预备我爱穿的麻草鞋，得请人按脚长短打制。我在家乡也学过打草鞋，但是手劲不够，打的草鞋不结实。我的大伯祖父六七十岁的时候还在打草鞋卖，小辈们笑话他，说他一大早打了10双草鞋，鸡在上面找谷粒，扒散了8双。

三副滑竿有轻有重，6名抬手交换乘客后，继续上路。走了两三里后，草鞋经过碾压，平滑了，非常舒适。

天又阴了些，下起小雨滴。我们在武昌时，已经得知宜昌地区有一两个月没有下雨，正在盼雨，可惜它只下了几滴就住了。

再行10公里，迎面遇到长阳县人委派人牵了两匹骡子来接，我和大于有坐骑了，我想奔跑一下，可惜骡子小跑不快，也许它们和川马一样，一辈子爬山越岭过日子的。

　　公路基本上沿着山脚蜿蜒前展，两旁的高山相当陡峭，石多土少，树稀草疏。再行十里，见到了清江支流，有的地方河床裸露，汽车在上面碾出了路，河里遍布卵石，行到有水地段，河水极清，呈蓝绿色，河中有石，极大。来到解放桥（古名白氏桥）后，已是清江主流，水也极清，呈碧绿色，水底白石青草，袒露无遗，鱼儿自在游弋。水至清，则不知深浅，偶然有鱼尾拨出水花，才猛然一惊。河里有水，水还很深。少年时，夏天在浏阳河上游击水戏耍，水极清亮，一碧到底，河底沙石粒粒可数，河里小鱼游近，伸手去捞，却在五尺以外，看不出水有多深多浅。"鱼翔浅底"，只有深深体会过河水清清的人才能用"浅"来形容水之深，只有懂得水的清潋清灵，才会把土家族的母亲河叫作清江。清江边上的山，是绿山了，有树有草。有一片山，铺满翠绿的蕨，水灵灵的，极为清秀，好似仙山一样。

　　两岸田地极少，只有不多的坡土，有的已改成梯田。

　　过观音阁后，江水曲折，有些地方，河面反射阳光，波纹粼粼，非常美妙。下午 4 时半，抵达长阳县，县委第二书记张景昶、卫生院副院长易肇芳、工商联主任陈善复等在街东口迎接。

晚上与老杨、大于到旅店服务部拜访在本县火烧坪铁矿勘探的冶金工业部地质局四川分局工作的第 601 勘探队队员冯卜生、李树义，听他们谈铁矿的发现、蕴藏量和山野工作生活情况。

火烧坪在长阳西边，空中的直线距离只有八九十里，真要去时，是要不停地爬大山的，它在没有人烟的大山里。他们是为重庆钢铁公司寻找原料，从巫山发现铁矿，顺着矿苗来到火烧坪的，这一线铁矿埋藏量巨大，他们勘探队正在加紧工作，争取早日做出报告来。

长阳的电杆电线都已安装好，室内也装上了灯泡，只是还没有送电。晚上，我在煤油灯下，把日间步行时同大于的谈话记下来：

去年，于祥云到长阳农村工作了半个月。这里的人民大都住在山上山谷内，石多树多土地少，主要种包谷（玉蜀黍、玉米、玉茭），北方把它们磨成棒子面、玉米糁，做成窝窝头、贴饼子、棒子粥、蒸糕吃，长阳老乡只是把包谷磨成粒儿，放在锅里炒着吃，难以下咽。贫困户多，房子是泥土筑墙，茅草盖顶。穿的破衣烂裤，大姑娘还有没裤子的。冬天寒冷，早早地就待在屋里烧火取暖，门紧闭，没有窗，满屋子的烟，辣眼睛，呛嗓子，住在高山上的，患红眼病、支气管炎的多，甚至连一二尺高的小孩都躲不过这些病痛。

居住在高山上的六七十岁的老人们，他们一辈子生活、栖息在大山里，活动范围没有超过半径10公里，对外界缺少见识。没有见过公路、汽车、轮船、飞机，一生没有到过县城。大概是在去年或前年，一次电影放映队来到山村，给大家放电影，片子里的汽车没见过，不认识，放映到战斗场面时，枪声一响，把大家全吓跑了。

12 月 8 日　星期六　长阳　半阴晴

早饭后，去找勘探队冯、李二位，送上胶卷一个，请他们拍一些勘探队的生活、工作，并约他俩一定为《新观察》写稿，和照片一起发表。

长阳县人委会办公室熊家复向潘先生介绍全县情况，整整谈了一个上午。

长阳近来发生了几件大事：

1. 火烧坪地下探出铁矿，蕴藏量相当于几个大冶铁矿。

2. 黄家垴发现一个古生物化石洞，可能会有像"北京人"那样古老的"长阳人"化石。

3. 马家祠堂的白莲教遗址。

4. 土家族（别兹卡、贝锦族）的发源地，向王（廪君）庙。

午饭后，大家随潘先生去西关外看向王庙，开始带路人找错了地方，后来方才找到。现在的向王庙，已是一个菜园，庙已全毁，没有留下遗迹，只有四块石碑高低不齐地散立那里。擦净辨认，一块是乾隆三十四年某某和尚为塑造财神金身募捐的捐款人姓名碑记；一块是同治年间立的，已毁损，字迹不清；另两块是为清江船户间的纠纷立的碑约。在长阳，传说清江是向王开辟的，所以历来的船户都祭祀他。

县府的府址原是县里的文庙旧址，县府将它颠倒使用，把前门封闭，改从后门出入。

县府所在的龙舟坪镇桂花树很多，在县府大院内就有两株大桂花树。

晚上，我们和前来调查文物的小组会面。他们是中国科学院历史研究所三所的专家荣孟源、张振鹤，北京历史博物馆专家陈佩馨、王黎晖，湖北省博物馆馆长李振凡等七人，他们是来了解黄家垴的生物化石的，重点在化石

　　1956 年 12 月 8 日，潘光旦（拄双拐者）、杨重野（第二排潘后右边）与长阳县干部合影。

人头骨上，看是否有新的发现；另外，了解白莲教斗争遗址。相互谈得很欢快。还说，古脊椎动物研究所专家贾兰坡不日也将来此考察这批古化石，专家裴文中很忙，近期来不了。

12 月 9 日　星期日　长阳　阴转晴

今日，县委、县人委等领导同志邀请我们两个调查组共进早餐，坐满三桌。

县立初中生物教员陈明治（湖北省政协委员）前来谈怎样发现古生物化石洞（其中有原人齿、颚等）和白莲教遗洞的。

陈明治是听学生说，附近也在挖洞，但马家祠堂那里挖的是有关白莲教的，挖出鸟枪、子弹壳、铜炊等，陈再向一位乡干部了解时，他否认挖出的物品里有枪、弹。

陈明治老师说，我是教生物的，总想理论联系实际，开展实物教育。可是直观教具缺乏，于是自己动手做标本，经验、知识渐渐丰富，由动植物标本进而到搜集化石。我经常教学生如何认识化石，动员他们寻找，渐渐搜集到三叠纪的三叶虫、扬子介、石燕、海果核、珊瑚等。后来又想去发掘人类进化标本，想找恐龙、猿人化石等，于是发动学生到处打听。我们县农村里挖"龙骨"盛行，有名学生听说百多里外一处石壁，上面有一个洞，有人进去挖过"龙骨"。我认定那里会有比较重要的化石。今年7月间，教师下乡了解扫盲工作和进行工农教育。村里的人说赵家堰的小坳子黄家堖有"龙骨"，用骡子驮着卖给合作社。当中药材卖，真可惜了。当时我们教学正忙，函授学校又集中学习，没去成。那时专署也已发现，通知了文化科，可是县干部认识不够，保护不力，仍有人在挖在卖。在乡里时，有人拿来尖齿象的化石，一排排的像子弹，我看像是恐龙，于是决定去了解。8月，我与潘秀堂老师和两名学生赶去，先到赵家堰区，区干部见过一个像猴子的头壳，眉骨高，下颚突出，已被收购。次日即去初级第三合作社，合作社以为是龙的头骨，是吉祥物，主任把它洗净保存，大家来观看。有两个妇女争看失手打碎了，就放在大堆里卖了。我们又分工去合作社、供销社等收购单位，我见到一个半边的上颚，有一大一小两个臼齿和一个犬牙、一个门牙的齿床，我很高兴，包好放在袋中，这次以这个收获较大。我去专署开会，要求请假寻找化石，给我4天假。我们去赵家堰的黄家堖，洞很大，有些化石凝固在石钟乳里，挖不动，很幸运又找到一个犬齿，我们又买了90多斤"龙骨"带回学校做标本。[作者按：这是"长阳人"发现的大体经过。经专家研究鉴定，在长阳赵家堰洞穴中找到的"长阳人"化石是中国早期智人化石。地质年代属更新世晚期，迟于马坝人，早于丁村人。化石有左侧上颌骨一部分和牙齿三枚（二枚附于齿槽，一枚单独）。] 我们写了报告给县文化科，要求禁挖"龙骨"，又向北京送标本。后来有《湖北日报》郑记者来访，湖北省派文管局毛再善同志来了解，见到化石破坏严重，很气愤。县委通知全县学习，加强对化石的认识，谁破坏，谁负责。接着又发现多个埋藏有化石的洞，其中有的洞发现有猿人痕迹。现在中央也来了专家。

今天，陈明治老师又带我们到县人委隔壁的县立初中生物室去看他制作的生物标本。生物室里摆放着各种各样、大小不一的标本，他拿出一些在其他地方比较难得见到的飞鼯、九节狸、冠鱼狗等给我们看，标本都做得很好、很生动。陈老师说，飞鼯比较罕见，是哺乳动物，样子像松鼠，前后肢之间有宽大的薄膜，尾长，群居，在高山岩上做窠，也住喜鹊窠，拔自己的毛垫窠，胎生。它们以植物性食物为主，爬到高处的树上，张开四肢，薄膜展开，可从高处向下滑翔飞行，一边飞，一边叫，它的粪粒叫血淋子，老乡叫它"催生子"，认为产妇披着它的皮生育时容易生下来。冠鱼狗属鱼狗科，比翠鸟大，头上有

　　1956 年 12 月 9 日，长阳生物教员陈明治（左 2）向潘光旦介绍本地山区特有动物标本飞鼯等。

冠，以垂直入水捕鱼为食。本县的大山里，虎、熊、野猪、野猫、狐狸，及各种鸟类都有。昆虫种类也多，60多年前，英国一位世界知名的生物学家来过此地，老年人都知道，他在这里采集了许多蝴蝶回国。他写了一本书，说在宜昌之南三天路程，有一处地方，南边是森林，北边是草地，是各种昆虫集中之地。我国山东大学昆虫学家李传隆来到这里，寻觅了好几天，没有找到该书上所说的地方，但是也搜集到300多种昆虫标本。

午后天气转晴，县人委统战部干事毕应全陪我去拍摄清江边的观音阁，那一带清江的风景美好，可惜冬天水浅船少，只拍到一张不慎搁浅的横舟和一排木筏。观音阁已破败，只好拍两张远景，路上行人也缺乏地方特点，没有背篓、担子之类。长阳某书上有一小段述说观音阁，大意说它在"县东三里外，横岭连叠，势若奔骥，自文笔峰迤逦而下，石龙突出，内涌清泉，美若甘露，众山环拱，一水横流（指清江）。率家丁，建楼阁五间，立观音大士清像，屏后塑南海景，石炉一座，钟、鼓各一，龙头一个引泉水二井盛之……"（作者按：纸旧墨浅，字迹不清，录得不全。）

观音阁是明朝李爵所建。晚上，潘先生请来何恭垓、赵典五两位老先生谈谈"土家"。两位都是中医大夫，何已 66 岁, 熟悉本县典故, 又看过县志。

何恭坺: 我原先有长阳县志七八种, 本可以从中找到一些"土家"材料, 可惜寒舍不幸遭遇火灾, 房子全毁, 只抢救出一部县志, 土改时, 也没了。关于长阳向王庙, 只知有位彭大人研究过向王, 他是清朝举人, 任江西某县知县 19 年, 他也没有搞清向王身世, 记得他写有一句"向王何处生天生, 抚想当年好英俊"。我听民间传说, 向王传名向汝海, 反抗清朝不胜。传说他会巫教, 有法术, 施法降灭妖魔, 来到长阳一带, 他用牛角号一吹, 就开辟了清江。因为他伏魔开江有功, 人民敬佩, 清朝政府没有过问老百姓建向王庙, 长阳有向王庙, 资丘、五峰等处都有。庙内有向王像, 白脸, 怀抱二尺多长的大牛角号。民国以后, 庙遭大水冲淹, 渐毁。资丘镇在长阳西 60 公里位于清江北岸, 清江船运到此为终点。

赵典五 (任过中医外, 教书 40 多年): 我曾经朝见过向王庙, 那时年轻, 向王座前有两员站将, 手拿弓箭、宝剑。还见过资丘镇的庙。

传言向王打败了夷水神。向王子孙多, 到明末清初繁衍为四大族, 李、向、田、庹 (潘先生插话, 在湘西, 田、庹不通婚, 向、尚不通婚, 可见有血缘关系)。四大

52

姓有权势，在资丘、巴东、五峰、鹤峰都担任土司，其中以向姓势力最强。四姓是否确实为向王子孙，搞不清。清朝雍正要占领统治这片土地，考虑兴师动众，得不偿失，于是使用策略（赵、田姓念书学做诗文，较早与汉族同化），笼络二三土司，使其反目，互相攻伐，实现了"改土归流"的计划。

何：覃（tán，谭）姓是一大家庭，有钱，也是"土家"。一百多年前"覃开兆家"房子有一条街长，置田产从长阳买到沙市，有一万多石租子的田地。

赵：我们这儿的汉人都是江西籍，和资丘镇上的居民相比，风俗习惯都不相同。县里龙舟坪街上有一户姓刘的人家，从江西来的，他们是腊月二十九过年，比大家提前一天。自称他们年三十不吃肉，所以提前一天过年。资丘以上的农家生产技术差，产量不高，比起县里一带，怕要相差 50 年。

何：清末我还是小孩时，听说高头（资丘以上山区）还有苗、瑶等少数民族，民国以后全没有了。清朝开科取士，苗、瑶族中有些人考取了，得了功名，提高了身份，就自称是汉人了。这样，转变了一些民族成分。另外，还有些别的原因吧。

我们何家祖籍是河南汝宁府光山县（今信阳市光山

县），先祖全家于唐贞观六年（公元632年）迁徙来长阳。唐朝统治者姓李，第一代唐高祖李渊，第二代是唐太宗李世民，年号贞观。我们何姓是李氏后人，所以给了土地权，到长阳后，就圈占了一大片土地。我问过祖母，她说当年圈地100多里，相当于现今一个区。但是不知道先祖做的什么官。唐时已有白虎观，只知道他来长阳后就住进白虎观，可见要比其他人高一头。唐朝姓李，故供奉太上老君，以老子李耳为神。先祖住在白虎观，称自己是道教，采取政教合一的办法，和本地土人相处较为融洽。至今何氏坟地仍在观旁。明末农民起义军李闯王、张献忠先后攻占长阳，杀光何氏全家，只逃出一人，名叫何学义，由他再传宗接代，延续至今。

潘先生听了何老先生的一番谈话，很高兴，很兴奋，他接着说，何老先生谈得很好，这段话跟土家族联系起来了。土家以虎为图腾，崇拜虎，虎是他们的祖先。老子名叫李耳，恰好，土家语叫老虎为"李耳"（母虎），叫公虎为"李拔"，叫母虎为"李义卡"（即耳），这样配合上了，"土家"人就会对老子，对道教有好感，这样做法很聪明。鄂北有些地方就没有做好，鄂北房县和保康县的地方干部就反对老虎。要打倒白虎神，说服土家去反对白虎神，引起土家的反感，人心不服，关系闹得不好。潘先生说，我从这里又得到一个例证，证明土家对白虎神的浓厚感情。长阳的"李"姓可能从"虎"音转来，但唐代不许叫李，只许叫十八子。

潘先生还认为，白莲教起义的田士珺，很大可能是土家人。

赵典五老先生现在正用中药治疗梅毒，效果很好。他说他只用三味中药，连服40剂即可痊愈。今天上午，县人委熊家复的汇报中也谈到性病问题，解放前，男女关系较乱，有的乡性病传染比较严重，个别乡甚至达到40%~50%，中医赵良梧（可能是典五的号）治梅毒收效很大，县里正在大力抓治。

杨重野准备报道，拟明日去访赵老。

龙舟坪正在安装电灯，街上电杆排成行，灯泡也装上了，但还没有输电，因此，原来的旧灯柱依然立着，街灯用的是盛煤油的明瓦灯。

何老谈及有《彭秋潭诗集》，写有不少竹枝词和"陪十姐妹歌"，何、赵二老都当堂背了几首。潘先生说，彭姓是土家。

姓中有庹姓，县初中有一名学生姓庹，可惜没有时间找他谈谈。

12 月 8 日上午，长阳县人委办公室熊家复向潘先生做了县情况汇报，这里扼要记录一些：

长阳县东西长 175 公里，南北长 55 公里。主要为山区，土地 406.9 万亩，耕地 67.5 万亩，占 16.5%，森林面积超过耕地。全县 7.22 万户，30.76 万人（1946 年 20 多万人），男女各半。农业人口 7.03 万户，29.6 万人。长阳县城人口 4000 多人（居民 2800 多人），资丘 3000 多人。

长阳县城于 1948 年 8 月解放，11 月全县解放。

截止到 1956 年 6 月，有 62.59% 的农户参加高级农业生产合作社，29% 参加初级社和互助组。

1953 年发生大冰雹。1954 年发生大洪水。

山地灾害为：山洪、冰雹、鸟兽（野猪、獾、刺猬、虎豹、豺狼）。

农业生产：主要为包谷。

牲畜：耕牛近 2 万头，山羊 4.7 万只，生猪平均二人一头，约 15 万头。山大草厚，宜发展畜牧业。

主要收入：平地粮食，半山茶叶、木材、药材，高山药材。

粮食包谷生长期须一百五六十天，将近半年，一担包谷 225 斤。高山上 10 月下雪，包谷尚未收完，连秆收回，放楼上。冬天下面烤火，连带烤干玉米。玉米棒用手脱

56

粒，整粒用磨推碎，炒着吃，难吃。

困难户仍多，边区高山居民，缺衣没裤，出门只好披蓑衣，冬天几个月不出门。

交通：主要靠清江。驮运（骡）工34人。今年8月3日公路正式通车，有一辆卡车运客人与货物。

清江水上运输有船工、船民1008人，共5个合作社。宜都—资丘85公里，往返需12天。

清江险滩太多，上水载重30%，下水50%；洪水季节，下水可载100%。今年10月开始疏浚，从下游开始，共17个险滩，大部分采用水底爆破，明年2月完成。今后可通行无阻。炸后可吃水1尺8寸（即冬季滩水平均可深至1尺8寸），木船一般吃水一尺六七，枯水期也可满载上下。

教育：1956年，公立小学334所，学生27,703人；初中今年增为3所，学生988人。

其中中小学生共占学龄儿童数的80.7%。

农民生活：平均每月需4—5元。粮价，米每斤9分，包谷每斤5分；湘西，米每斤5分，白饭每斤4分。

卫生：疟疾流行从1954年开始，为间日疟，用奎宁治；梅毒（已述及）。

文艺：县有"唐剧"。唐剧，以前曾称为唐戏、踩堂

57

戏，是流行于鄂西巴东、五峰、长阳等山区的地方戏曲。演出时，因为高山居民分散，就在住家户堂屋里，先由小旦上场，表演"送字""挂画"，向主人祝贺，然后演戏，一直到天亮。艺人多为皮影戏者，两三个班子凑起来，就开演堂戏，已有一百多年历史了，即将失传了。距县府300里的珍珠头，还有一位61岁的王南山老人会演唐剧，他能唱《朱元璋放牛》《董永成亲》《郎红讨亲》《赶子上川》《王婆喊冤》《探朝》等戏。

将要失传的还有"十般鼓"，为一面铜鼓，用来表演，在都镇湾那里；扭鼓子，有歌有舞，七言五句，过年节唱；生产时唱山歌，临时抓词对唱，田里、家里都唱；丧歌，有丧事时唱，在灵堂唱，一唱一夜。1400年前的《隋书·地理志》第31卷即有记载。是一个一个地唱，丧歌开始时大家和，最后结束时，大家也和。主要唱述死者的生平事迹。覃姓家死人后，不许当着棺材吃饭。

《长阳县志》四风俗：婚前一日，女家设醮席，请少女九人，合女而十，曰陪十姐妹。

男家亦同，曰陪十弟兄。

"十姐妹，十弟兄"风俗，长阳、宜都皆然，宁乡（即长阳安宁乡，地近巫山峡）有十姐妹歌，彭秋潭（邑人，名淑）竹枝词："十姐妹歌歌太悲，别娘顿足泪沾衣……"

郑家供虎锌一个，说是挖出来的。

12月10日　星期一　长阳—红花套　晴

早上，潘先生请县一中历史、地理老师覃九余、覃玉如座谈。简单地记了些。

"土家"人喜欢跳山歌，又唱又跳。习惯缠白头巾，包得很大，传说刘备死于白帝城，西凉马超戴孝，缠"白袱子"。本地人缠头，男的缠蓝，女的缠黑。

白虎关，与何家有关。

本地人对老虎叫老巴子、大猫子、大家伙、大牲口。

向王船过去，山就开了，吹牛角号，山地开，清江有险滩处就有向王庙，险滩膀子石处有一座，县城西头坪也有一座。清江驾船人遇到险情时就叫"王爷菩萨救命！"或"向王菩萨救命！"平安下滩后即说，这次把老子吓死了。在船上点三炷香上祭，燃放一挂鞭炮。谢向王。

有辖神庙，神像黑脸黑盔，在水竹源，叫辖神都督。

坝，为平地、低地，面积大，有河。

塝，高山凹地，山不一定有河，可种田。

59

天坑，埫之渗水处。

坡，梯田处、土坡，比坝高，比埫低。

县一中数学老师张美端说：龙舟坪小学的校址原是县城隍庙。

县西十里津洋口有一座八王庙，庙早毁。

清江有一个滩叫八王滩。

城关有一林姓，有一个林半头，半头（半条）街都是他的。

从江西来的，有锅片郑、贯顶铸头（犁尖、犁铧）郝。

近日都是阴天，拍照效果不好，急也无用。

下午，老杨去访问赵中医，谈治疗梅毒，准备发消息。我抓紧时间看三个月来的《长阳县报》《宜昌报》《湖北日报》等。潘先生抓紧看本县船户民册，发现不少与湘西相同的土家姓氏。从资料上看，清江乃至三峡上下、酉水、沅水、洞庭湖一带，过水上生活者，最早为巴人。

原定从这里向西南，直接去五峰，那里的土家也多。从县里沿着清江往西走。约30公里到都镇湾，继续往前，越走越高，再30公里到资丘镇。过了资丘，就都是大山大岭，长阳县海拔70多米，都镇湾海拔650米，再往前走，资丘更高，航运到此为止。五峰的高山，不会比火烧坪的 2200 米低，长阳到五峰，地图上的直线距离百多公里，可是爬山越岭走山路，至少得 5 天，若是用笍子抬，更慢更难。土改上山时，大山里的人还以为是光绪七十二年，山大到把时间都挡住了。

潘先生决定回宜昌，另想办法。

晚餐提前到 4 时吃，6 时上修好的公共汽车，是敞篷卡车，很快，一个半小时回到红花套。

下了车，才发觉不妙，原来沙宜班轮上水时晚上八九时到红花套，午夜抵达宜昌，可是近一二天都是提前于下午五六时到，今天更早，4 点多就驶走了，货少船快嘛，可它主要是班轮，应该定时开的。这下害苦了我们，经过几番周折，找不到交通工具，只好住下。两张床，六个人，老杨、大于、我三人用稻草打地铺，11 时才躺下，这一夜都没睡好。

下午在敞篷车上受了风寒，晚上我睡外侧又着了凉。

12 月 11 日　星期二　红花套—宜昌　阴

早上又讨论了几个方案，最后决定乘划子赶时间，船老板答应逆水张帆行驶，保证下午三四时可到，索价 7 元多，相当于能装三吨货的木船价。10 时起航，租 4 条被子盖脚，两角钱。

刮的是南风，正好送我们上行，可惜风不大。

受寒后，肚子不舒服，老想吐，人也闷闷不乐。老杨昨夜抓紧写了4个小时，在小舟上继续写他的《火烧坪上的青年们》，我也勉强写了一阵，加上清早的，约2000字。直到下午5时余方到宜昌13码头，天已黑，上岸处泥泞打滑，潘先生撑拐颇吃力，我和老杨相扶，大于则去联系，住在专署的专家大楼。大于就是负责大楼招待工作的。晚上大家都去解放路工人福利池洗澡，有盆浴，一人2角。联系几次，人也去了，管理人员就是不来，没能取回存放的行李，只好反穿脏衣服。晚上吐了一次，拉稀二次，感到舒畅些。

湖北省民政厅朱家煊同志从武昌赶到，陪同我们访问。

12月12日　星期三　宜昌　阴

早起感全身不适，四肢乏力，精神不佳，老杨教我吃S.G.（磺胺胍片，治肠炎），4小时服一次。潘先生昨夜被炭火熏着了，头晕，无精打采的。杨则赶写"火烧坪"稿。我也勉强在写"火烧坪"，着重点与杨不同。

午饭后，三人上街散步取行李。潘先生还想去学院街拍卖行那儿买那部同治版、崇文书店印制的《资治通鉴》。周老板与其弟商量后，开价85元，宜昌市面出售的书刊很少，没有形成行市。潘先生说，上半年在北京琉璃厂买到的一部"二十四史"，600本，才65元。这套书价太高，无法还价，最终没买成。

整理材料至10时半。半夜水泻一次。

12月13日　星期四　宜昌　阴

早上，我们三人边烤火，边聊天。

潘先生对我们谈儒家学说"亲亲"（感情）、"尊尊"（是非），以及中国对宗教信仰的认识和态度。中国人信佛教，信道教，其实，大多数人不信。

午饭后和地质部下来了解三峡工程的两位青年打乒乓球玩。

下午补写日记，潘先生写信和日记。重野续写通讯稿。

晚上8时半，地质部教育司司长孙云铸来看望潘先生。孙先生这次利用视察的机会带来好几位干部到三峡来勘察，培养他们，并为他们上课，还抓时间教几位年轻干部的英文，采取"老母鸡带小鸡"的办法。下午我去楼下他们的宿舍小坐时，看见他们还有一箱书，是个旅行小图书室。潘先生虽没有明说，每天茶余饭后，谈天说地，不只讲"土家"，其他什么都聊，获益良多。他也是一只老母鸡，不停地"咯、咯、咯"的老母鸡。

孙先生今夏去了一次西藏。1951年5月23日，中央人民政府和西藏地方政府在北京签订《关于和平解放西藏办法的协议》，宣告西藏和平解放。

1956年，将昌都地区并入，并成立西藏自治区筹备委员会。中央决定由国务院副总理兼外交部长陈毅元帅出任代表团团长，国家民委主任汪锋为第一副团长前往祝贺。

孙先生谈到他随陈毅副总理去西藏参加自治区筹备委员会成立大会的情况，这次去拉萨的有好几百人，光这一段路途的来往行程的筹备工作就是一件了不起的大事。几十辆汽车组成一个车队，每天行驶100多公里就歇息，保证大家适应高原气候和驾驶员的精力身体饱满健康。沿途住地都是新盖的房舍，路上只住过一次帐篷，帐篷也是专为大会新制的，一顶住二三人，也很舒适。跑了很多地方，都是乘车，很少步行或骑马，这么多汽车，没有一辆抛锚的，真是不容易。

潘先生今年初也曾申请前往参加，民盟中央考虑他腿脚不便，路远山高，没有同意。听了孙先生的介绍，十分惋惜，觉得有这么好的旅行条件，自己完全可以胜任。

12 月 14 日　　星期五　　宜昌　　阴间雪

夜间即有下雪下雨声。晨起见小树林里有积雪，午前午后又下了一阵，下午4时止。我们住的是新建的专家大楼，今年8月方开始招待宾客，是一幢两层的U形大楼，主楼东西两侧都有翼楼。我们都住在东楼二层，潘先生是一个套间，除卧室外，外间是客厅，我们就在那里用餐。我们从空房间里搬来三张藤椅，是四川的产品，在本地，每张8元多，北京需14.15元，而且水土不服，很容易干裂。又挪一张桌子放在潘先生卧室，三个人在一起工作。住室湿冷，在桌下放了一个炭盆取暖。老杨把双脚搁在炭盆上，不小心踩翻了，把煨在炭灰里暖着茶水的瓷茶壶的嘴尖磕掉一块。吃饭的时候又碎了一个饭碗，都是天寒的过。

得到消息，今晚有船启航，大家抓紧工作。我把《火烧坪的青年们》再整理一遍，下午4时赶往邮局航空发出，拍摄的四个一二〇胶卷也做包裹寄走。火烧坪发现的铁矿，其矿脉一直延续到四川，是个蕴藏量极大的大铁矿，应该尽早报道。重野的消息和通讯都已发往上海，希望我的文稿能争取在明年第一期刊出。

上午地质部随孙先生一起来负责保卫工作的覃其森同

志上楼来谈谈，他就是本地宜昌人，12岁时被国民党军队抓去当挑夫，他寻找机会逃到百里外当了学徒。后来在地质部担任警卫，为人忠实、勇敢。潘先生说，覃是土家的姓，从宜昌到松滋一带都有土家族。今晚要离开宜昌，今后行程多在川鄂的县乡，主要交通工具可能是吉普车一类，行李不便多带，于是进行轻装，三个人的衣物共用潘先生一只皮箱，其余的箱包全部留存在宜昌。我自己则背上相机帆布包，还有一纸箱闪光泡和纸张。国内已开始有背上一个硫酸瓶蓄电池充电的万次闪光灯，但太重，乡村不易充电，也不安全。国内上海生产的业余102牌一次性镁箔闪光灯虽然和家用电灯泡一样笨大，但价钱便宜，才1块多钱一个，更主要的是，它的光色偏红，正好补足我们经常使用的爱克发、安斯柯两种彩色反转片的色彩，使它鲜明亮丽。潘先生的雨衣较大，另行打成一个小包袱，可做坐垫、背垫用。

6时3刻，接送我们的汽车来了。上车前，我叮了一句：是上哪个码头？老杨说，小于说是13码头，我又叮问小于，于觉得没把握，打个电话，果然，不能"想当然"，不是13，而是9码头。船名江川。若是跑错码头，就赶不上航班了。不久，江川轮停靠码头，立即放旅客下船，然后就是上船。江川号是货轮，载客不多，虽然是在次晨启航，但客人上来后，马上驶到江心装卸货物。迟到的客人只有雇划子上船一法了。

江川轮只有三、四等舱，我们买的是三等票，一个舱间两个上下铺，我们四人正好一间，靠着内舱板有一个五斗桌，桌上放着用铁丝钩住的热水瓶。搪瓷盘内有茶壶和四个茶杯，门侧有一条木凳，睡上铺的白天可以歇坐，另一侧有一个装着脸盆的木箱，在它的上面舱角上挂着一个装着四氯化碳的玻璃瓶灭火弹，房顶（甲板）上还装放着四副软木制的救生马甲，这大概是常年上下长江三峡的轮船必备品。我乘过江轮和上海天津间的海轮，以及美军登陆艇，都没见过救生衣。船还没有开，人还没有动身，就已感觉到三峡之险了。

新增的一位伙伴是湖北省民政厅的朱家煊同志，回族，他被派来全程陪同我们进行调查。

江川轮靠稳宜昌码头，一边旅客正在下船，而临江水的另一边，马上就有一艘平面木趸船靠紧货舱口。另有三艘木驳船就靠上趸船。江川轮提出一盏明晃晃的汽灯往外一挂，二三十个装卸工就开舱下货，从四川上游装运下来的一坛坛涪陵榨菜、一筐筐川橘、一桶桶桐油、一袋袋棕包从舱里吐出来，由装卸工人分门别类地送到三艘木驳船上去，趸船就是一个转运平台，把货舱口一下分成三个口

　　1956 年 12 月 14 日，江川轮抛锚在宜昌江心，驳运榨菜等四川特产。

子。把货物宽松地分装三驳。一艘驳船可装六七十吨，装满后就驶往汉宜线、沪宜线的轮船上去，方便快速。客人上齐后，江川轮离开码头，泊在江中时，船的两边都有趸船、木驳船，同时卸货，速度又增加一倍。我在一旁越看越兴奋，这大概是船上职工们通过实践创造的快速装卸法吧？我拍了在货舱内卸运榨菜的场面。

我于夜间 12 时左右爬上高铺睡觉，装卸工们于 11 时休息，吃过夜宵后，继续工作。卸完川货，货舱空了，接着就改为上货，把上海、汉口一带运来的货物运往四川沿江各地。汉沪的大轮船吃水深，不能通过三峡，因此宜昌是长江一大转运码头。我在床上听得很清楚，上的货似乎以铁矿砂为主，可能供应重庆钢铁厂，铁锹铲得沙沙响，加上工人的嘿嗬声，灯光的明亮，闹得一夜未能入眠。

次晨 5 时余，装货完毕，6 时起锚上行，天也亮了。

12 月 15 日　星期六　宜昌—奉节
阴下午小雪

早上 7 时余，潘先生即上船头观看三峡，他已经等不及了。他的脸被冷风吹青了，还舍不得回舱。我们因为夜里没有睡好，起得晚一些。等我们起来，轮船已过南津关。进入三峡中的西陵峡，两岸已由平原变成峰峦夹立。长江也变得窄而急剧，站在船头，两边风光看不够，前面似乎已到尽头，顺流转弯，又是另一片风光。山顶有积雪，经过的山石，有形似孙行者、猪八戒、沙和尚的，还有一个风箱峡，传说原来在半山上悬挂着四个木箱，被鲍超（1828—1886，清末湘军将领，字春霆，四川奉节人）的后人取走一个，制作成一把非常好的琵琶，现在只剩下三个木箱了。9时35分，船过鬼门关，这里的峻岭被一片玉带云束在腰间，显得柔美闲静，我们还没有见到巫山的著名云雾，就在下游领略到云和山相互映衬的美妙了。9时50分以后，过崆岭峡、牛肝马肺峡，见到悬岩峭壁上有人家。10时10分，水手们穿上救生衣，准备过青滩，山的一侧有大滩，水陡而急，轮船试着用自己的力量冲滩，这时岸上的大喇叭呼叫了，哪个上来都得绞滩！水手们只有乖乖地接过岸上送过来的钢索，由岸上的绞索机将轮船缓缓地拉过急滩。已经上滩的船都鸣笛给正在上滩的船打气。船上人告诉我们，在这里曾经有不少条船出事，只要船屁股往上一翘就完了。10时半过完滩，船上的大副请我们上驾驶台。这里可以更清楚地观看风景。接着就过兵书宝剑峡，船员指点说，那就是兵书，宝剑没有了，说是被人偷走的。驶行不久，就是香溪，香溪是王昭君的故乡，王昭君西汉南郡秭归（今湖北宜昌市兴山县）人，名嫱，字昭君。元帝时，被选入宫。竟宁元年（公元前33年），匈奴呼韩邪单于入朝求和亲，她自请嫁单于。后被封为"宁胡阏氏"。传说她不愿贿赂画工，被画丑。远嫁别元帝时，方知其美，乃杀画工毛延寿。11时内，过了香溪又过屈原大夫祠（11点25分）。一路都是美景胜迹，想坐都坐不稳。

江川轮政委和潘先生聊天，谈到长江水流，世人只知道三峡水最湍急，唯有江上行船的船老大才清楚水底下礁石之多之险，暗流、漩涡的变化万千，船上人的生命就操纵在它们的手中。早年间木船行驶，全靠有经验的船老大记忆礁石位置和水道情况，水涨水落的变化和仔细观察，才能保障航行的安全。

政委接着又谈到外国轮船，说他们都想航行到四川去开辟贸易市场。最早的19世纪90年代就开始试探了。1893年3月初，英国的利川号轮船从宜昌开始，闯入长江三峡，边探边航，历尽艰险，终于在3月9日安全到达重庆。以后又有两艘英国兵舰抵达重庆。1900年夏天，英国还有一艘肇通号轮船远航到重庆来做买卖。

1900年12月27日，正是枯水期的冬季，一艘德国的瑞生轮船离开宜昌码头向三峡探道，也就是向上游航行60多公里，在崆岭一带航道狭窄、水流急湍处触礁沉没。

落水死亡的有十余人。

到 1909 年 9 月 6 日，我们中国的轮船蜀通号从宜昌起航，经过 8 天，终于平安抵达重庆。

他说以后有了航标站，设立航标和夜间航标灯，指示水道，才有较大的安全保障。又告诉我们，岸上还有航标站信号指挥台，红三角加黑方块的标牌是指挥轮船的，上水的挂在右边北岸，下水的挂在南岸，指挥木船的是红圆板等。又谈到船员们工作紧张劳累，没有休息日，也没有假期。

12 时 20 分，船过泄滩和蟒山，两岸山坡树木稀少，多处被开垦成土田，斜挂在半山上，真有"墙上种庄稼"的味道，一种苦涩味。这一带水急流速，像一层层的小山峰往前推，像开锅水不停地往上翻涌。再往前行，右手边的北岸电杆甚多，密密的三四层，听说是为有线广播竖立的，水面上小木船、渔船增多了，还有渡船，水流平缓了一些。13 时，临近巴东县时，水流湍急，船头激起波浪，水花甚至越过船顶！不久，两岸木楼越来越多，大都悬空而建，形成两条街市，据说多为仡佬族所建。13 时 35 分，船过巴东县，县治在南岸，县城很小，傍山而起，洋式房屋较多，且高，为解放后所建。码头近江，上几百石级才上街市。石级旁设有竹制溜货槽。抗日战争时，敌机频繁

72

轰炸巴东，炸得很惨，现在从江面望去，还可以看到防空洞旧迹，其中有一个是前方指挥部。有一首形容巴东城小的歌谣：到了巴东县，衙门像坐监，城内打板子，两岸都听见。

夜里没睡好，午睡到4时。船已进入四川境内，120公里长的西陵峡已经甩在后面了。

巫峡从巴东官渡口起，至四川巫山县城东的大宁河口，长45公里左右。巫山从北向南延伸，位于川、鄂两省边境，山脉海拔1000米至1500米左右，长江横切而过，形成巫峡。巫峡美极，群山以白雪做帽，划出一条很清晰的雪线，著名的巫山十二峰分列两岸，顺江而下数，北岸依次为登龙、圣泉、朝云、神女（亦称望霞）、松峦（即帽盆）、集仙（又称剪刀）六峰。沿江排列，南岸六峰，江上可见到聚鹤、翠屏、飞凤三峰，另外三峰叫上升、起云、净坛的，要从长江支流青石溪上溯15公里才能见到。我们呢，于16时25分左右到达十二峰处，正是大雪纷纷飞舞中，大雪胜过"巫山云"，胜过"碧虚"天空，我们有幸只看到神女峰，在飞雪中显美容，我试着拍了两张。我们扫视江边山石，发现石壁上的石纹极为美妙，绚丽多彩。变幻多姿，是巫山给我们的一大补偿、一大收获。

十二峰都是由石灰岩组成的，高出江面约2000米，

　　1956 年 12 月 15 日，西陵峡之崆岭峡，著名的"对我来石"。现三峡大坝以西 10 公里，即西陵峡著名险滩——崆岭滩。这里水流湍急，由"大珠""头珠""三珠"等礁石组成，礁石犬牙交错，乱流翻涌。因而有"青滩泄滩不算滩，崆岭才是鬼门关"一说。"大珠"尾部的岩石上刻有"对我来"三个大字。船行至此，必须朝着"对我来"直驶过去，然后借助泡漩回流的推力，才能避开暗礁，冲上险滩。如果要避它而行，反而会触礁沉船，这是三峡船工所积累的血泪经验，也考验着每个船工的胆略。后来，峡江航道经过多次整治，加之葛洲坝和三峡大坝的建成，这些奇景险滩已不复存在。

人们为了便于记忆，将它们串成一首诗："曾步'净坛'访'集仙'，'朝云'深处'起云'连。'上升'峰顶'望霞'远，月照'翠屏''聚鹤'还。才睹'登龙'腾汉宇，遥瞻'飞凤'弄晴川。两岸不住'松峦'啸，料是呼朋饮'圣泉'。"

　　江川轮于下午5时半过巫山县，夜间10时半抵达我们的目的地四川奉节县。瞿塘峡为三峡之一，从巫山县大溪镇起，至奉节白帝城止，长约8公里。在夜色中，不知不觉地驶过了。轮泊江中，由航标站检查艇接我们上岸。岸上有奉节县领导干部十多人迎候。从码头到县治永安镇街道，要上坡走200多石级，今天虽然是农历十一月十四月圆之夜，因有雨雪，变得黑暗无光，加上白天人们挑河水泼湿了青石板，石阶又黑又滑，用手电筒照着也行走困难。我们一步一级地往上移动都不容易，可潘先生还有点好强，不要人扶，撑着双拐，两级一跨地纵步上去，跳到最后几级，两手没劲了，双拐一滑，跌坐在地，幸好无大碍。上完长坡，进入城关。在街上又往上走了一阵到达位于半山腰的县府。看样子，是个山城，从码头到县人委，约有三里路长。县领导十多人陪我们在会议室谈话、吃饭，一直到深夜12时。县府已经腾出两间办公室给我们当宿舍。今日观三峡，一整天都在兴奋中，渐入梦乡。

12 月 16 日　星期日　奉节　阴

今天是星期日，让县首长们好好休息一天。

县府的庭院中的树木一片绿色，发现其中还有几株碧绿的芭蕉，可见奉节一带气候温暖。奉节县春秋时称鱼邑，汉称鱼复县，三国蜀刘备时，改名永安（现在的县府所在地还叫永安镇），唐改名奉节。明清时又为四川夔州府治。奉节在长江北岸靠山建城，扼守三峡西口，是四川的第一重门户，位置险要。奉节有不少古迹。

我们今日也休息，潘先生提议游白帝城。白帝城在县城东郊 4 公里的白帝山上，山下就是三峡的瞿塘峡西口，那里两岸断崖壁立，高几百丈，宽不到百米，像个门户，就中夔门，像是一条独脚龙把门。

白帝城相传是公孙述建造的。公孙述（？—公元 36 年），字子阳，东汉初扶风茂陵（今陕西兴平东北）人。王莽时为导江卒正（蜀郡太守），居临邛（今四川邛崃）后起兵自立为蜀王，以成都为都城。依托白帝山"殿前井中有白龙出"的传说，于东汉建武元年（公元 25 年）自称白帝，相传是他建的白帝城。到底是不是他建的？潘先生认为不是。他说，这件事在宋朝就有人怀疑了。又说，

76

白帝城在公孙述以前就已经存在了。他推测这是少数民族"土家"修建的，"土家"是为了防止楚人的进攻，在这里设防。江面还有铁索锁峡，易守难攻。

潘先生接着说，作战的攻和守是千变万化的，很难说用重兵固守或靠天险严防就能万无一失。兵家作战，都是寻找敌人的弱点进行攻击的。然后潘先生谈到第二次世界大战法国马其诺防线的崩溃。

接着潘先生又扯出捍关，他说，《华阳国志》里，捍关在鱼复。那时鱼复已属楚国，然而，当地老百姓还是巴人。而《水经注》却说，捍关在清江即长阳一带。因为这个，古人争论不休。我来打个圆场，长阳也是巴人，楚国为了防巴人而设捍关，可能两地都有捍关，古人不必争了。潘先生思路是开阔。

我们没有见到白帝城，已毁。我们见到的是白帝庙。庙的大门口有观星楼，相传是诸葛亮夜观天象的地方，楼已破旧。楼的后面是一正殿，有一间放了很多石碑，粗粗地看了一下，已经没有明代以前的了。鲍超一字不识，居然也在这里设了一块凤凰碑，附庸风雅。鲍超是本地奉节人，行伍出身，是清朝湘军将领，跟随曾国藩、胡林翼镇压太平军，做到提督，死于1886年。在碑林里，还有竹叶碑，以前没见过。

再往后，是明良殿。殿的正中塑有昭烈帝刘备，左边是诸葛亮，右边是关羽和张飞。

殿上有匾，一题"道宗仁义"，一题"羽葆神风"。诸葛像前还剩下半联"托孤尽赖老臣未死终能存社稷"。殿堂里放了 20 张小课桌，可坐 40 名小学生，这里已成为小学五年级的教室。看来，殿里的武将也要改行习文了。殿内左前角有一座 1 丈 2 尺高的大石碑"重修昭烈殿记"，是康熙十年立的，下书郑某、蔡某。俗称"称帝托孤碑"。右前角立有一块 3 尺高的铁铸观音碑记，教室后面还有一座大碑，被板壁挡住了。

在明良殿的前面还有一殿，供奉刘备，左右排列 24 名文武官员，都只一尺多高，姓名、脸貌已不可辨。

明良殿的左廊也是一个小殿，里面龙王、马伏波，各种佛像都有，聚在那里开小组会啦。

我们走后门，眺望和白帝山相接的赤甲山和对岸的白盐山，高峻雄奇。这里还见到夔关封江用的铁柱，用铁索和对岸的铁柱联起来。

我们又沿山间小路下到山脚去看观音洞。半边山都布满艳艳的红叶，老乡土话叫黄亮子叶，我们是红叶拂脸，红叶蹭脚，弯弯曲曲走完山路的。

观音洞被航标段用来堆放缆绳、三角灯标和汽油了，观音被关禁闭，大门整日锁着，很是扫兴。游人在门上写了很多骂诗。此地叫草堂乡白帝村。

晚上看一周来的《人民日报》和《文汇报》。

12月17日　星期一　奉节　阴

早起，读《夔州府志》。

上午11时，县领导三人向潘先生介绍奉节县情况，一直谈到下午1时。下午，由县里请来60岁以上的父老四人，座谈本地乡情和风俗习惯等。本地有覃、谭等姓，覃、谭认为自己是一家。也有庹姓，不是大姓，有一些。

奉节南乡有一个一二千人聚居的大村，姓向，户户都供白虎神、白虎菩萨。过去这里有冉大王，就是冉姓土司，他拥有初夜权。潘先生说，他除了在湘西听到过一次外，奉节算是第二次听到。

文化遗产方面，老人们提到这里有"巴渝舞"，有"竹枝歌"等，潘先生认为这些都与巴人有关。但须要多走，多找例子。这里有辖神庙，供的是黑虎神，但庙里的神像却是白面菩萨。奉节发现过虎錞，一种有虎形钮的铜錞，我没有见过。

今日10时吃早餐，县里规定，冬天一日吃两餐，上午10时和下午4时，吃的都是十饭。湖南、湖北的大部分地区，都是一日三餐的，以米饭或杂粮（番薯、包谷等）为主食，很少喝粥。县府食堂师傅做的饭菜很好吃，按我的饮食习惯，觉得菜里油重一点。四川人家都很会做菜。川菜全国知名。

县府食堂还专门为朱家煊同志准备了清油（植物油）炒的素菜。饭后，厨房师傅还提了一只鸡来，是专门去请回族老师傅动手宰的，还打了一张证明。信奉伊斯兰教的回族人民食用的牛、羊、鸡类活物都要请阿訇动手才能调制食用。听说鱼、兔等野生动物则可以自行采食。

夜与老朱一起上街看看，朱一路注意搜寻清真馆子，后来在街的另一头找到一个卖熟牛肉的小店，有着回族标记，老板是一位老者。老朱向他打听本县回民的一些情况。

老朱好奇地问我："你为什么称潘老为先生，像大家一样叫他老师或者尊他一声'老'，不是更好吗？"我告诉他，现在时兴叫同志，大家乍一听见叫"老"，叫"先生"，是很不习惯的，会觉得这人太老气或者落伍。我们是叫惯了，在昆明上学时就叫老师为"先生"，现在工作了，见面还一直叫"先生"。老师们也都习惯了，就没有改口。

回到宿舍，潘先生和老杨都在坐着写"报告"，给老伴、夫人写信也。

12月18日　星期二　奉节　阴

上午，一起到奉节县文化馆访周馆长，参观馆里的藏品。藏书有"二十四史"、夔州《府志》《县志》等。周馆长取出《中兴颂德碑》、郑板桥的《竹》、董其昌写的字给我们观摩。《中兴颂德碑》极大，一共六大长条，每幅长1丈多，宽3尺多，每个字大如碗。周说是真迹，那幅（竹）还不能肯定是真品。我不懂字画，觉得画得不错，字却不全像郑板桥写的那个样子。

周馆长特别让我们看几件最近出土的文物，是西坪外白马农业生产合作社社员挖出来的几件古代陶器，有三件竹簏篚式的瓦罐，二件大肚花瓶式瓦瓶，一件瓦钵。三件簏篚式瓦罐，大概是古代用来盛食物的器皿，它的盖子形似三叉，文化馆工作人员下去搜集时，见到社员家里用它盛四川人喜欢吃的泡菜，后来是用三个普通的泡菜坛子换来的。对文物，我们都不懂，看不出它的年代和用途。潘先生很关心奉节有没有土家的文物和古老一点的用具，一再提醒他们注意搜集。

12时辞别后，我们准备去补游瞿塘峡。我们走的是南城门，叫作依斗门。杜甫诗中有一句："每依北斗望京华"。

要去江边，就要从城门不远处下石级，也是200多级。我们乘坐的是航标段的检查艇，大家都穿上救生背心。小艇向东顺流而下，速度很快，从奉节去瞿塘峡西口的夔门，约7公里，谈笑间就到了。有"夔门天下雄"之称的江面，宽不及百米，可是两岸削岩垂直而上，仰视远远超过百米。瞿塘峡从这里开始，大概8公里，到巫山县大溪乡东口为止，连上巫峡，是三峡中最短的一段。一进夔门，就能望见盘踞在长江中心的巨大的滟滪堆（作者按：1958年冬，整治长江航道时，滟滪堆这个大祸害，被彻底炸掉。）。本地老乡又叫它燕窝石。现在是寒冬腊月枯水期，江水可算是最低位置，滟滪石显露了它的整个笨大体形，现在它高约20米，宽约15米，长约40米，这块礁石在夏秋季时大部分没入水中，涨大水时节可全部淹没。民谣有"滟滪大如马，瞿塘不可下；滟滪大如象，瞿塘不可上"之说，元朝末期的孙蒉写了一首《下瞿塘》的长诗，描绘在瞿塘峡行舟时的经历和感受，峡中滩险水急的景象，其中也引用了这首民谣的部分。可是船上艄工和水手主要还是依靠滟滪堆正面（西面）刻的"对我来"三字而定航向的。汽艇绕着这块大石转了一圈，让我们瞧个清楚。在江面仰视南北岸的白盐和赤甲二山，比在白帝城山顶所见，更为雄伟险峻。

在峡中还见到了孟良梯、风箱匣，南岸石壁上有古人的题诗石刻，其中有《中兴颂德碑》，在广水大山中见到实物，显得字和整体都太小了。但它刻在石壁高处，激流之上，把它拓下来，真不容易。

潘先生对风箱匣谈了几句，他说，这种高山悬箱在别处也有，有称兵书匣的，这儿的可能与仡佬族有关。

晚饭后，有回族代表来见潘先生。

晚上，潘先生看《冉氏家谱》。

12月19日　星期三　奉节　阴

早饭后，我去江边，准备采访航标员，航标工作对发展水上运输很重要，还没有见到哪份报刊报道过，题材比较新鲜。先去航标段找陈慕诚代段长，他在江边船上开会总结近两周的工作。正好旁听。会后，陈向我介绍奉节段在三峡内艰苦工作情况。最后，他说，航标工作直到现在没有来过记者。

下午2时，随着两位航标员去工作，上了航标小汽艇，他们帮我仔细穿妥大红色的救生背心，在三峡急流里，它可是保命符。艇上摆满航标灯，准备替换昨天的。小艇驶行于管辖段，我用120相机和黑白胶卷拍他们怎么

1956年12月19日，航标员在瞿塘峡中维护航标灯。远处山腰是人工开凿的古纤道。

维护和替换浮在江面上与江边岩石上的主角航标灯的，并在黄昏时用彩色片拍了一张，准备做封底用。

潘先生、杨重野、朱家煊三人则去城西十里的白马农业社那儿去看"蛮王洞"。他们回来说，那个洞不见得是真的居住过"蛮王"，当年少数民族受汉人欺压掠夺，生活贫困，不得已住在洞穴或古空坟里，被人叫作"蛮子洞"。他们参观的这个"蛮王洞"，曾经发现过唐俑等文物，老杨和老朱也试着挖掘，居然在地里挖出一个人俑、一个红陶猪和一个黑陶蹲虎。有农民前来围观，潘先生向来者宣传古文物的重要和作用，希望他们保护和上报。

拍摄的胶卷得尽快邮回单位冲洗，文稿也得抓紧写出。

晚上整理航标员材料，须再去访问补充。

继续读《夔州府志》。

潘先生原计划从涪陵乘船由乌江去彭水县进行调查，再及各县。但在奉节具体了解后，知道走乌江的船无定期，逆水上行慢，延误时日，而且彭水借不到汽车，乃决定先去重庆。

12 月 20 日　星期四　奉节　阴

奉节县地处在北纬 31° 左右，东经 109° 50′ 左右，气候温和，水量丰富。我今日早上一个人在宿舍楼前的院子里走走，就深深地感受到了。在院子的东南和西南两角就各有一棵巨大的黄桷树，其大大到树身需要五六个人才能围抱。二树枝叶繁茂，足足遮荫了四分之一的院子，树叶依然青绿。黄桷树，学名黄葛树，桑科，大多种做绿化树和行道树，主要产于南方，木材可制家具和农具。

想不到居然能在院子里见到这么巨大的黄桷树。院内四丛高大的芭蕉树，吸引人们的视线，每丛有五六株，高的已达 2 丈多，快和种植才三四年的瘦直梧桐等高，都要跟二层楼的屋顶平起平坐，将能透过屋顶更宽广地观望远处文峰诸山山顶上白亮的雪冠了，它们是不是希望有一天自己的头上也能戴上一顶白帽子呢？从这里经过的县人委的一位女同志告诉我，这院子里的四丛不全是芭蕉，其中有一半是香蕉树，我听了非常惊奇，这儿又不是海南岛，就是用老母鸡孵也长不出香蕉来呀！她说，这四丛都是大前年栽的，长得够快的，你自己好好比比看。经过仔细辨认，发现东边有两棵上面还残留着一二挂小青香蕉，这两丛的树干都是圆的，西边的两丛，树干稍扁，我只能辨出两个不同处，不由得叹服香蕉树的适应能力。院中尚种植几大畦菊花、鸡冠花，虽然盛期已过，花尚可观，还种有我初次见到的黄葵、金边菠萝、四季桂等。院子中间有一个水池，以竹笕接引山泉蓄入池中，用来浇花。据说用竹笕引水是诸葛孔明来夔州后发明的。

旁边的东院也有菊花、香蕉、芭蕉等，另外还有十几棵高大的兰科植物，叶子有二三尺长，傍着它们有一株大仙人掌，再过去是五六株半人多高的夜来香，含苞未放。院中还摆着两个大缸，缸内水草很密，隐约见到三五条金鱼。

在我们宿舍走廊前不远，孤零零地立着一株1丈多高的小树。树叶大半枯落，普普通通的一株乔木，在院内充满花朵绿叶的花树丛中，毫不引人注意。但是，经计划统计科王良华和一位女同志的指点，方才知道这位貌不出众的年轻小树竟然是世界闻名的"活化石"水杉。它的祖先是在第四纪冰川期子遗下来的，一直以为它早已绝迹。1941年，才偶然在湖北利川的谋道镇森林里被一位知识分子发现。近年在四川万县也发现了一棵，这是用它的种子育苗，院子前后种了三棵。不是他们二人热心介绍，我几乎错过了。擦擦肉眼，用尊敬的心情细瞧，它跟普通的杉木，还是有些区别。一般杉树，四季常绿，水杉冬天落叶，条形的叶子，比普通杉木小巧，枝杈较密，相同的是，树皮都是灰褐色，躯干笔直圆满。我在地上拾了几片叶子留作纪念，并且去招呼潘先生和老杨来观看，院里院外的寻觅另外两株。

王良华领我去看甘夫人墓。一边走一边指点着告诉我，这个山坡上的大院子是奉节县人委的所在地，在此以前，原是旧政权的县政府，再从前，就是夔州府衙门，所以房屋比较高大，前后院子、园子也大，花木茂盛。院前的第二栋房屋，是解放后新建的，父老传说，那里原来有一口洞，可以曲折通向甘夫人墓内。传说古时有一位知府，叫许由的，夜间由此洞进入，妄想盗墓。他曲折深入。看见远处有一点灯光，再往前走到尽头，洞里空空，只有一口大油缸和一盏油灯，缸里已无油，灯火即将熄灭。他见灯下压着一张纸条，伸手取过来，看见上写：许由，许由，你我无冤无仇，为何侵入我墓，请你为我加油。许由惊逃，后来依言进去加油，总也加不满，最后取女人梳头用过的油倒入，方才盛满。王带我穿过一个篮球场，走上一个小山坡，说此处屋后有一小洞，传说刘备死后并没有运回成都，而是就近葬在这个大土堆下，里面还有弩箭等。曾经有人挖过，底下的石头太硬，挖不下去。我读了府志，知道三国时此地尚无城池，原永安即鱼复县城在奉节县东北，在东瀼水和西瀼河的中间。现在的奉节城是在西瀼河的西边了。而且刘备之死是件国家大事，刘备于章武三年（223年）四月逝世于永安宫，搬回成都，八月葬于惠陵的。

甘夫人墓不远，步上石阶就到了。府志说墓在咸阳门背后。墓前由近人立碑"汉昭烈甘皇后墓"，即刘备的夫人。碑有一人高，乾隆年代立的旧碑已断裂，移放在墓后，墓是圆锥形，墓顶有土，长满了翠绿的兰草，开白花，已谢。

墓地周围有不少大树小树，花花草草，颇有野趣。

王良华说，每年白帝城下洪水消退时，很多沙石随水下流，总有小孩和银楼的人二三十，到这一带淘金，很容易淘到砂金，大的能有胡豆（蚕豆）那么大，一般多像萝卜子那么大。有一次有人种豆子时，挖出一块一二寸长的金子。一般每人每日可得到几角钱。老杨一早准备去游览访问县里的杜甫草堂，原来约好周馆长同去，可是不巧有学校请他去做报告，推不掉。老杨已经请县里代雇了两副滑竿，不便退掉，潘先生见此情况，提出和他一起去。

我留在宿舍里看《夔州府志》和抄录潘先生在府志中指定标出的一些段落。老朱到街上回族群众中了解情况，这里发生了几起汉人不尊重回民风俗习惯的事件，需要加以解决。

下午老朱回来，一起上街走走。

县虽小，五脏俱全。店铺分类很细，一个店铺只卖一类货，要买几件东西，要一家家地跑。我在一家代销店，找到县人委用的竹纸，且里用的竹纸暗格信笺很好，薄而坚滑，钢笔、毛笔都适用，写上去不洇。信纸已经卖完，我买了一些竹纸，4分钱一张可裁成8开，合1分钱两张，是武昌生产。

奉节不算繁华城市，大轮船不停靠，又没有公路，货物运不出去，所以物价便宜，打听了一下商情，大米1角一二分一斤，红苕（番薯）1分多一斤，牛肉1角6，羊肉2角多，鱼3角6分，鸡蛋4分半一个，川冬菜3角2分，包心菜8分，白萝卜1角四斤，川橘3分一个。著名的夔梳普通的1角多一把，水杨木的4角。本地盛产的柚子，河边5分三个，挑到街上8分，盛产的葵瓜子也很便宜，3角6一斤。一般人每月伙食费约5元，县里吃的中灶13元一月。

晚上约好的去访问航标段段长陈慕诚，谈得很痛快，介绍了他的生平和工作情况。他是广东人，广东航海学校毕业，海上船少，先调川江上的轮船工作，三年前调来奉节航标段，负责四个站。喜欢音乐，自己有一台手风琴，闲时就拉拉。

老杨从草堂回来后，晚上忙着翻阅和抄录有关杜甫的文字。

潘先生访杜甫草堂遗迹赋诗一首：

瀼西踪迹付波光，庙貌空余蹴鞠场。何事一生干淡泊，灵魂今日傍盐仓。

我不知道唐朝大诗人杜甫和奉节有多少关系，怎么会有个草堂？晚上听潘先生谈起，才知道杜甫一生不得志，乾元二年（759年）杜甫华州辞官职，于七月到秦州（今甘肃天水），十月到同谷（甘肃成县），在那里于十二月一日全家启程，于月底到达成都，见到好友严武。严武时任西川节度使，推荐杜甫为检校工部员外郎。后人称他为杜工部。杜甫住成都南门外浣花溪畔的草堂。严武于765年四月40岁时去世，杜甫凄孤无依，乃于五月间，全家乘舟东下，766年三月，来到夔州（奉节）住了三年，时已56岁。他住的草堂就在奉节的瀼西。

12月21日　星期五　奉节　阴

从决定离开奉节继续前行开始，等了两天，轮船还没有着落，这里是大轮船不靠岸、小轮船不定期的山城，公路还没有修建，可见到崇山峻岭的少数民族居住地区的困难。潘先生原定一个月的调查计划只得延长了，急是没有用的。

我建议，入川正式作业以来，工作一定繁忙，时间也会紧张，大家第一件生活准备，都去理发吧，至于洗澡，那就只好走着瞧了。心里想，潘先生那个"热水澡解疲劳"的妙方进入山区八九成是行不通的，幸喜潘先生是个"随遇而安"的乐天派。

奉节电力不足，白天的电都给工业等生产部门使用，不提供给民用照明。理发需要吹风、烫发，没有电怎么办？理发店的师傅有办法，他们用一个小型炭火钵，将炭火燃烧的热气，通过一根长约3尺的小弯管输送，就能随意吹、烫头发了。看起来很有趣，吹发时还没有电转的噪声。理发2角，热气吹风5分。等到我们快理完时，突然送来了电，就给我们改用了电吹风，价钱也改为1角了。我们没能享受到民间炭风工艺，颇为可惜，眼见社会发展，即将失传了。我们一边走一边吹，这次来电十成是县里照顾我们理发的。于是一起哈哈大笑。

理发时，一男一女问答，说"杀过了"，真是可怕，比上海的"打过啦"（洗过了）还要厉害。四川话把"完成了，做完了"说成"杀过了"或"归一了"。传说唐末农民起义领袖黄巢杀人时，杀人者回报总是说"杀过了"，是这样流传下来的。其实，黄巢根本没有到过四川，四川自己有一个农民领袖阡能，四川安仁（今大邑县）人，他在黄巢占领唐都长安的鼎盛时期，于882年三月带领农民起义。"杀过了"会不会与他有关?

我们去的理发店比较大,已经率先加入生产合作社,理发员改成工资制,每月30元,又伙食费9元,忙时,一天有100多顾客。

整天抓紧看《夔州府志》,将有关巴人和土家的材料、重大的和有趣的事物记在一个活页笔记本上,以后整理时便于分类。

5时晚餐,都是川菜。大师傅很热心,顿顿变花样,老朱是回民,就设法使每个菜他都能吃,有鸡鸭,还专门请回族老师傅下刀。听我们说都能吃辣椒,高兴,可以大显身手了,就麻辣一起上,辣椒放得不少。潘先生吃得直流汗,老朱只缩嘴,老杨光哈气,我稍微好点。我虽然是湖南人,但在北京已待了好几年了。菜做得好吃,就是油放得多了些,后又加上红油(辣椒),不敢多吃。走的时候结账,每人每天才合9毛,这里的物价真便宜。老朱催办公室找船,说是今晚可能有船到,8时听准信。8时说已到的是江和轮,明晨将到的是江川轮。江和先到,船的吨位也大些,但我们考虑跟江川上下都混熟了,好相处,而且白天行船,可以看到美妙的风景,决定还是乘江川轮。

重野昨天听我谈起想写一篇《江城水手夜市》,描写水手生活,也很感兴趣,今晚拖着我和家煊,去逛南门夜市。南门靠近长江，做过往船只的生意，夜巾很热闹，两条十字街上，尽是酒店、菜馆、抄手铺、醪糟（江米酒）摊，街的两旁密密麻麻排满了小摊摊，每个摊上都点着亮得刺眼的电石灯，出售本地生产的柚子、柑子、川橘和橘红。橘红是清朝将领鲍超由台湾将橘红种子带回家乡奉节的。果实成熟后，既不红，又非橘，皮是黄色，形似柚子，在西洋叫葡萄柚，是一种热带作物。摊上还有柿饼、炒花生、葵瓜子……夔梳生产合作社也在自己的店门前设了个摊子，顶上吊盏电灯，摊上周围挤满了江和轮上和木船上下来的客人，争着选购各种名梳。个个摊上都挤满了顾客，喧闹声、炒菜声、吆喝声，混和着菜味、香味、人味，飘摇在山城上空。

我们买了些柿饼、葵瓜子等，我试吃了一个柿饼，软软的，真甜，比在河南省买过的好。我又发现一个小摊在卖对岸出的柚子，皮薄个小，6分钱一个，比这边草堂河的大柚子甜得多，不含酸涩味，水分也多。我催新上任的总务老朱多买一些柿饼、柚子船上吃，上午老杨已经把总务重担卸到他的肩上，上任伊始，开口说不行，路上吃不完，只买了四个。

昨天，潘先生和抬滑竿的老乡聊天，他们叫外婆作"家家"，这是土家语。今天早上，潘先生见一个小孩在院子里玩，跟他聊天，很大方，有问有答，姓向，也叫外婆作"家家"，潘先生很高兴，要小孩将他的在县教育科工作的父亲向洪图找来，谈了一阵，得到不少土家情况。我也想试试，可是大家一买一卖太忙，插不上嘴，只好作罢。

12月22日　星期六　冬至　江川轮上　阴

江川轮已于清晨到达。我们和船上老熟人相见，相互高兴。这次将我们安排在5号舱房。

自奉节至重庆，三等舱票价21元，比宜昌至奉节贵一半，宜昌至奉节约200公里，江川航行一整天约16个半小时，奉节至重庆约450多公里，江川轮逆水上行约需2天多，票价是上水贵，下水便宜，宜昌上重庆三等28元，重庆下宜昌，就只要15元。上海至武汉，长江坡度不大，上下水都是一个票价。听船员说，上水这么贵，轮船不但赚不到钱，还得赔上一点啦。

老杨开始写通讯《抚今追昔话长阳》，介绍巴人的过去和土家的现在。我也坐在上铺低着头接着写《川江上的航标员》，因为船体颤动和声音嘈杂，思想集中不起来，没有写好，心里很烦躁。

我们在船头看自己所乘的船上浅滩，听说前面不远就是东阳子滩，那里的水流更急，必须绞滩。我们就等着看险滩，冬天水浅水急，过滩更困难一些吧？驶行不久，水势愈来愈急，船头激起的浪花愈来愈高，船速愈来愈慢。前面滩上正有一条轮船在绞着，我们的船停在洄水湾等候。不久，就轮到江川，水手们都穿上白色救生马甲，在左舷准备缆索，右岸石壁下，停着一艘木船，站在上面的绞滩站工人都卷起裤脚，还有的甚至把裤子全脱了，岸上还有好几十名工人在等候着。光看这个架式，就知道上滩不轻松，是个险滩。轮一靠近木船，就甩出缆绳，绳子粗重，甩了几次才被接住。费了很大劲木船终于靠上岩岸，把绳子递给岸上工人，几十人拉牵，拉完缆绳，带出船头舱内的钢缆，使力拉着向上游 200 米开外的立在水中的大桩上靠去，把钢缆固定在桩上。桩旁没有蒸汽机绞船，绞船是泊在对岸，没有动静，看样子，得由江川轮自己发力绞动。果然，工人们把钢缆理顺后，船上的绞盘开始转动，绞得转盘冒青烟，需要不停地往上浇润滑油。轮船随着绞索的缩短，一寸一尺地往上挪，终于绞上了滩。大家都松了一口气，不知不觉，一个多小时在紧张的气氛中度完了。

我想象不出，当年古三国木牛流马时代，蜀吴交战，双方出动上百艘战船，他们是怎么在三峡的急流险滩中，上上下下，来去自如的？

　　下午 1 时到达云阳，停泊在江心。在云阳城对面，长江南岸，飞凤山下，有著名的张桓侯庙（张飞庙），这是三国蜀汉朝时，刘备手下大将张飞的庙宇，传说张飞的头就葬在这里。张飞是在章武元年（221 年）六月，被属下张达、范强杀死，取了他的头投奔吴国孙权。祀庙很大，庙前有树丛，从江上不好拍照。张桓侯庙（张飞庙）是至今约有 2000 年历史的古庙，清同治九年（1870 年）长江大水，庙大部毁坏，经过重修。（三峡工程中将被淹没。现已将张飞庙连同周围百余棵百年大树一起搬迁到长江南岸的盘石镇龙安村，按照靠山面江的原样重建。）从江上望去，云阳也建筑在高处，能见到其中有不少洋楼。

　　小摊贩划着小船来卖本地特产桃片酥、千层糕、云片糕之类，3 角 2 分一包。桃片酥切得很薄，中有核桃仁，蛮好吃。

　　轮船停在江中，装卸货物半小时，随即启行。

　　傍晚 6 时，船靠川江大城万县，天全黑了。

　　万县的码头相当宽大，从码头开始，一直上到坡顶城区，都是石砌阶梯，总有二三百级，宽五六丈，上下很方便，潘先生走在上面也很容易。快到最后几级的时候，旁边立着一块石碑，上面赫然铭刻着，这里是 1954 年万县最高水位之处，高度为 38.8 米（当时武汉水位是 20 多米）。街里沿江的胜利路，尾端较低，都被洪水淹没了。

万县山城很有意思，马路曲折而上，转了好几个弯才进入热闹街市。万县的皮革制品便宜，质量也好，老杨要买双皮鞋，老朱想要皮箱和皮鞋，潘先生说，他那只正在用着的公事包，伴随他足足有 30 年了，皮带已经磨断，表皮已斑斑驳驳，面目全非，早就该放长假了。街上皮箱店、皮鞋店有七八家，家家挤满买客，也许是因为星期六，也许是今天靠的客船里，喜欢皮革的人特别多，买卖兴旺，我们提出要皮箱，家家都脱销，说是上一批靠岸的客人把皮箱都买走了，新货接不上。潘先生需要的公文包，只有一家有一只，是上海货。老板说，万县已经很久没有制作公文包了。上海生产的皮包，很贵，潘先生没有要。皮鞋倒是很多，价钱都在十一二元一双，是很便宜，可是式样难看，又笨又重，都没有买。潘、杨二人上茶馆泡茶听江水，我陪老朱再走两三条街买点清真食品船上吃，还发现两家旧货店，东西少而贵。10 时余回船。

卧舱顶灯开关坏了，彻夜不灭，我睡在上铺，被灯光照射，醒了几次。

读《夔州府志》等。做了一些笔记，在船上从笔记本上摘录几条，希望沿途有新的材料做补充。

1. 蜀汉刘备等在永安县（汉名鱼复，唐名奉节）和白帝城居住的时间、次数及情况。

2. 杜甫在奉节三年的具体情况，写了哪些诗？

3. 找陆游的《入蜀记》看看。在奉节做过官。

4. 多处提到刘禹锡作竹枝词，竹枝词原为巴人唱的歌，四字、七字一句，刘首先引之为诗？别人有否引用？

5. 奉节送我们上船的同志中，有提到奉节有白虎神庙。

6. 万县有冉家坟。潘先生看过《冉氏家谱》。

7. 白居易在忠县写过关于巴人的诗。他在忠州（唐将汉临江改名忠州，民国更名忠县）当过官？还立有祠？

8. 忠县发现过虎铮？可惜被美国人盗走？

9. 涪陵在南宋时有不少巴人（见范成大《吴船录》）？

10. 涪陵是虎铮最早发现地。

12月23日　星期日　万县—涪陵　小雨

晨3时，江川轮自万县启航。

上午10时余，到忠县，停半个小时。

忠县的房屋建筑离水面近多了，可以想见春夏发洪水时，水势不会太大。航标段陈段长曾经向我谈到，奉节洪水水位涨到八九十米时，上游水位才20多米。忠县沿岸一带山的姿态也在变化，跟下游的有所不同，山势比较圆缓，成为像馒头一样的丘陵了。三峡风味消失，没有了那种硬派作风。

这里已进入四川盆地，红土显现，两岸青绿，一片片橘红铺满枝头，四川物产的丰富不用登广告就知道了。其中也有巴人、土家的辛劳。潘先生在抗日战争时期来过四川，一般是从昆明先飞重庆，这一带没有来过，我是第一次入川，啥也不知，只说了一个"川江水碧蜀山青"。老杨来过，都听他介绍情况。

看忠县城中树木众多，青翠可爱。

下午4时，到丰都。丰都在老百姓中是大大有名的，因为它是个"鬼国"，人死了都要到这里的阴间地府，向十殿阎王报到，接受惩罚，受苦受难。来我们舱串门的周芝文先生说，丰都东北角有座名山，靠近江边，那就是鬼都。那里有报恩殿、奈何桥、望乡台等与阴曹有关的建筑。丰都城所在地就叫名山镇，就在城的下方靠近名山那儿，真有一个去阴间的洞。洞口像井一样是垂直下去的，下到底，有个洞门，进去后，走一段路，就有一个阴间的殿庙，很多既信神当然也就信鬼的信男信女，不远千里来这里烧香磕头，塑送金身。有了他们，养活养肥了不少和尚。也有在里面做坏事的。地庙里有一尊菩萨，上半身是硬的，和普通泥塑一样，但是他的下半身却是软的，和活人一样。其实是和尚把下半身故意做得和沙发一样软软的，好骗钱。这个地庙现在已经衰落了。

潘先生和老杨说笑话，可以在这里开个孟婆店，卖孟婆汤；再做一些艺术价值较高的牛头、马面、判官、无常，划着小舟，卖给过往的船只，销路一定很好。

老朱在万县买到的梁山橙子（其实是柚），花3角5分，个大皮厚，吃起来甘甜多汁，奉节的有点淡，沙田略嫌干，大家说这次吃到一个最好的柚子。潘先生说，越南的柚子比这种还要好吃，今年在北京可以买到，但要1元钱一个。

晚上8时多，船抛锚停泊在涪陵上游的一个小镇上装卸货物。相当热闹。老朱乘划子去镇上走了一趟，买了五个橘子，才1毛钱。出名的四川红橘，可真是越吃越便宜了，宜昌1角钱三个小橘子，奉节1角钱三个大的，万县1角钱四个（1角2一斤，6个左右），涪陵五个，到重庆1角钱，大概可买到六个了。

在船上，可以看见对岸南边的乌江口，灯火明亮。

白天和晚上都在赶写《航标员》一文，老杨也在赶，他的关于长阳的长文，已脱稿三分之二。

12 月 24 日　星期一　涪陵—重庆　阴

江川号于晨梦中通过长寿，下午 2 时余，即可远远望见重庆市。一路上沿江都是矮墩墩的丘陵地带，岸边种的冬庄稼，成行成列，苗儿尚小，但已是绿油油，片片相连。夔门号轮航行在我们前面，它是腰斩后再接长的。

3 点多，看见了，先看见的是水，两条泾渭分明的江水，汇入长江的嘉陵江水清碧，长江的江水黄浊，汇合在一起时是一边清，一边黄。这是初到重庆的第一景。

3 时余，船靠重庆南岸。我是第一次到重庆，抗日战争期间，我在昆明，没有机会来看看著名的陪都雾重庆，看看饱受敌机轰炸的苦难的重庆，引以为憾。今天第一次见面，倍感兴奋。

我们乘轮渡到朝天门码头，一件皮箱收运费 5 毛，潘先生坐滑竿上到坡顶要 8 角。没有车接，老杨打电话去催问，半小时后来了一辆小汽车，二话不说，把我们一直往西，送到远远的城边的大溪沟学田湾的重庆市第一招待所。到了那里，司机才告诉我们，市里正在开全市人代会，位于闹市中心重庆宾馆隔壁的四川省招待所住满了人民代表，没法安排我们，只好送到这里。

招待所把我们安排在二楼犄角上的两间房子里，每间都有两张弹簧床。服务员问我们吃哪一级的伙食，我们都随潘先生，一起吃特灶，四个人一桌吃，热闹。同时我们也提升为特级，是高干了。

　　第一件事，去洗澡。到澡堂里大擦大洗，澡堂有一些服务项目，潘先生是全套都要，擦背、捶背、捏脚、修脚一起上，还有扦脚啦。我也第一次尝试，捶了一个背，很是舒服。这种服务还很专业，一种是一行，互不串行，擦背的不捶背，捏脚的不管修脚，至少我在重庆看见的是如此。澡堂盆浴，每人3角5分，擦背、捶背等都是3角一次。澡堂晚上打烊后，又改做客店，一个铺位睡一个人，每夜都客满，可见重庆外来流动人口之多。晚饭吃得很好，四川菜是有名的，而且物价便宜，饭菜不贵。招待所的小灶是每人每日7角，特灶是由厨房配菜或由客人事先随意点菜，临行时结账。

　　大家提前休息，老杨和我赶写文稿，延长到11时半休息。我和老朱住一间，熄灯后，老朱睡不着，向我谈起他的恋爱故事，愿意将他的欢乐倾诉，滔滔不绝地聊了一个小时。

12 月 25 日　　星期二　　重庆　　上午雾下午晴

重庆多雾是它的特点，今天它就来欢迎我们了。早上8时多起床，天还是暗沉沉的，原来是雾老人家上门拜访。山城的特点是路多，马路还拐来扭去地爬坡，另外还修了上下坡的人行石级，比汽车弯曲的缓坡马路便捷。市政府花在道路上的工程不小。房屋依着山势高高低低地镶嵌在各个山头上，一到夜间，灯火满山满谷，煞是好看。

早饭后，按照计划，先坐车去近处人民路 302 巷 32 号民盟重庆支部，谈了一会，他们介绍了几处游览地点。其次，去枇杷山重庆市博物馆。

汽车往西、再往南驶入中山三路，再往东走枇杷山正街就到了枇杷山公园。重庆市博物馆在山坡上，雾越来越大，已经到了对面不见人的程度。我们往上走，就像在庐山等大山深山中行走一样。

马馆长耕渔，广东人氏，陪我们参观。潘先生边走边谈，今年七八月间，他在北京见到四川省博物馆馆长冯汉骥先生，听他介绍重庆市博物馆藏品非常丰富，其中有与古代巴人有关的文物。他那时就决定至少要来参观一次。

博物馆的建筑很好很美，雾里看它，更觉别样，进入大门，迎面是半个大地球模型，绘制着中国的地形，设计得很妙。

先看铜器馆。馆中陈列着古代铜器和秦汉历朝的铜器，非常丰富。新石器时代室收藏也不少。又见到北京人人头模型，旧石器时代资阳人人头模型。还有一处陈列着本市南郊30多公里巴县冬笋坝古墓出土的铜印章十多枚，它的图案，象形文字还无人能识，潘先生觉得它们可能与巴人有关。

走了这么长的路，到这里才看到一个真正的錞于（虎錞），在铜錞的顶上有一个虎钮，虎形的钮，雕刻得极为生动有力，这是一个四脚站立在圆形铜"鼓"中心的虎，上面还有几个象形文字。潘先生看了极为兴奋，他说虎錞是巴人军队作战时与战鼓一齐敲响的铜器。他在阅读古书时，就在《南齐书》上见到一幅图形，以后北周也有。宋朝在长阳出土了几个。推定巴县、长阳、奉节一带都可能再有发现。我们这次去长阳，长阳的虎錞已遗失，去奉节，虎錞也已搞丢，一说是被美国人盗走了，前不久有人掘地，挖破了一个，奉节师范陈校长答允还能找得到。潘先生要我将錞拍一张照片，马馆长说，馆里有底片，以后放一张送先生，就没有拍摄。

我们此行的重要目的是"船棺"，潘先生推想，这也

　　1956年12月25日，重庆两路口的缆车。缆车在两路口沿着斜坡上的铁轨上下运行。坡底是成渝铁路的终点站。

是巴人遗物，至少它是少数民族的，所以亟想观览。我们看到的是昭化宝轮院出土的船棺，为巴蜀时期（公元前403~221年）的文物。船体是一段沉重的整木雕成，在船内放棺材，棺内发现有很多随葬物，有铜斧、矛、剑、鞘、陶器等物，都陈列在展厅内。四川全省挖出的船棺有十几艘，棺内发现有头发，所以判断是棺，因葬地潮湿，骨骼都已腐化。

有一个展厅，陈列的全是汉砖，是汉画像砖，砖面雕刻的人物车马极为生动有力，大家啧啧称奇，希望馆里能印制一批画页或画册出售。展品中有一具从沙坪坝出土的石棺，棺外四面都有浮雕，棺前端有伏羲、女娲人首蛇尾的雕像，有一面是送葬出行队伍的雕像。最有趣的是，画面上有一幢楼，楼上有一女子，半开窗户向外张望，整副棺材上，就只有这一扇窗户是向石棺内雕进去雕得很深的，极为别致有趣，可见古艺人的创新大胆。这一扇窗增添了生趣和人间情味。棺已无盖，石棺又曾被学生打碎一大块，虽然补全了，但损害已不可挽回。

展出的铜鼓，不像是诸葛鼓，应是仡佬族文物。

在楼下参观了四川省工艺美术展览会，选看了几个室。其中的成都银丝工艺品很好，有一个大银盘，是两位巧手艺人花了三个多月编织成的，一座美丽精致的银丝宝塔标价600多元。还参观了自贡竹扇、梁平竹帘、安岳凉席、西昌皮火画（在软皮上火筷烫画），等等。休息喝茶时，马馆长谈了他的许多想法，中心思想是要抓紧保护文物，收集文物。12时半离馆，在两路口找到一家清真馆子，吃包子和面条。

我们到两路口去试乘缆车，对我们来说是个新事物。缆车是为成渝铁路火车站设立的。重庆市面街道，大都在山坡顶上，而火车站是设在坡下的，为了众多乘客上下坡方便而设的。这个缆车不是空中的吊缆，简而言之，就是将铁轨铺在斜坡上，用钢索拉着火车厢上来，另一端的钢索同时把坡顶车厢从相邻的铁轨上放下坡去。同时对开，利用下坡车厢重量，可以节省动力。缆车下行，每人1分钱，上行2分钱。我们一上一下坐了两次，感觉感觉，又参观了成渝车站。

又到曾家岩50号瞻仰抗日战争时期的八路军重庆办事处，这幢房屋原为陈长蘅先生、赵佩姗太太转让给周恩来总理的。当年周总理和董必武等都在这里居住。不久前，上海《文汇报》曾发刊了黄裳写的参观曾家岩50号的散文，老杨就不用写了。

潘先生于抗日战争期间曾经八次来到重庆，大多是为了西南联大的校务，或是来开会。

1945年10月，潘先生曾到八路军重庆办事处拜见周总理，在楼下右手小房间谈了一个小时。大家又一起去参观了体育馆、校场口和米亭子旧书市，已公私合营，只有一间门面，书也不多。潘先生以10元买了一部乾隆年版的《巴县志》，4元买一套《华阳国志》；老朱花3角买了本《回教真相》；我挑了一部郑板桥手写《四子书》（《大学》《中庸》等），共6册，索要5毛，真便宜。又去热闹的都邮街解放碑一带，杨、朱各看中了一双皮鞋，是样品，没买成。

潘先生和重野离开重庆，一晃就是10年，这次重游，感慨良多。二人每找到一条认识的、旧游的路，就高兴得叫起来。

晚饭后，重庆任白戈市长来拜会潘先生，答允借一辆吉普车供我们去川东一带调查、访问土家族，并派一位熟悉川黔、川湘公路的司机驾车。

我们决定后日出发。

晚上，潘、杨去看川剧《治中山》，我和朱去重庆最好的和平电影院看苏联喜剧片《锦绣前程》。

12月26日　星期三　重庆　阴

潘先生想去船棺出土处看看环境，打电话向马馆长打

109

听。马馆长说，去那里没有公路，不通汽车，但可以坐成渝铁路的火车去，10时有一趟，大概2个小时可以到达。路远，潘先生有点犹豫。马馆长很热情，说自己也没有去过，愿意陪同一起去。潘先生就答应了。我因为要补日记，整理此行材料，就一个人留下，没有随行。

阅本市报纸，知道劳动人民文化宫有"西南第一届国画展"，乃于下午搭无轨电车前往。展出的画总有七八百幅，挂满二三十间房，是四川、云南、贵州三省画家的作品，以山水、花鸟居多，这一部分质量也高些，次为人物、工地等。参观到5时。

文化宫以前是川东师范学校和国民党的教育部。文化宫内还设有硬地冰鞋溜冰场，还有三个气枪打靶摊子，我上去端枪瞄准，开始时差不多枪枪中的，降落伞下来了，飞机下来了，轮船下来了，盘子转，铃铛响，鬼子也翻了跟头，摊主大为惊讶。打了四五十枪，才要我5分钱。原来，射中的就不计数，不要钱，没有射中的，每三枪收1分钱。我是射击到后来，手端不稳枪了才脱靶的。

16日出版的《新观察》二十八九日方能到渝，没买到。

回招待所后，继续写日记。

晚上8时多，他们才回来。他们是乘将闷罐车改装的儿童车厢去的，他们来到冬笋坝铜罐驿附近的一个砖瓦厂工地，船棺是在那里发掘出来的，那一片地里共有墓穴50多个，初步推断是巴人的墓葬。

那里有一处橘酒厂，那一带橘子产量极多，多到吃不了，运不走，需要专门雇人剥下橘皮和橘络，橘瓣丢弃地上，有的堆成小山一样，没人吃。在那里，100个橘子只卖4角钱，你把橘皮还他，还收回2角5分！

12月27日　星期四　重庆—綦江　上午小雨、阴

9时余出发。

重庆市交际处借给我们吉普车一辆，司机名申成荣，是个青年。在路途交谈中得知，他是四川秀山人，家住酉阳县城。小申现年24岁，从12岁起就学开车，跟着师傅跑车，主要跑川黔路。天天一早起来给木炭车摇风扇，吃了不少苦才熬成一名司机。他离家12年，还没有回去过，这次借送我们去川东南，顺路回酉阳老家去看望父母。

这是一辆几乎全新的吉普型汽车，英国生产，名Ranger（漫游者），形状似乎略大于美国军用吉普，美军吉普车身以钢、铁板为主，多数没有设置车篷，前后四个轮子一起驱动，适于跋山涉水、行军作战，马力大，费油也多。英国设计，加以改进，使它适合日常山地使用。车

座有软垫，后排可坐三人，并且装了固定的帆布车篷，可以遮风避雨，这使我们冬季在田野山岭驶行，少受风寒之苦。车子也是四轮驱动的，在高山公路上疾驰，称得上是如履平地。我们依靠它，在川东南山地顺利穿行。

我们在重庆，买了几部旧书，又向招待所借了两床毯子，路上御寒用，又带上一篓广柑，东西就多了一些。我们把简单的行李捆在车后，潘先生坐在司机台的副座，他的腿下有点空隙，正好可以塞入那篓广柑。我们三人（杨重野、朱家煊、我）穿着厚厚的棉服挤在后座上。

清早起，即下毛毛雨，路湿而滑。先去博物馆辞行，并送还《关于船棺发掘的报告》。重庆船棺开挖出来将近两年，报告也早已写好，但因领导持慎重态度，迟迟没有批准发表。同时，文章还牵涉一个发掘人排名次序问题，谁在先、谁在后、怎么排、怎么列，一直没有定妥。

老杨准备写一篇《船棺》通讯寄回文汇，我则觉得我们刊物不大适宜刊用，倒是当地剥橘子只留橘皮、橘络的"买椟还珠"的无奈可以写个短篇，再配上一张照片蛮好。可惜昨天我没去现场。

出发时忘了通知市人委，请他们打个长途电话给綦江县，给我们准备住宿处。现在只好由老杨借博物馆的电话一用。

随后开车去七星岗桥下瞻仰巴蛮子将军墓。潘先生告诉我们，巴蛮子是巴人，战国时的巴国人，是位将军。相传巴国内发生内战，巴将军无力平战，只好向楚国求援，应允平乱后用三所城池酬谢。于是楚王出兵救了巴国。事后楚国来讨要三城，巴蛮子说，要钱没有，要命有一条。举剑自刎以谢。楚王很敬重他，用上卿的礼遇葬了他的头。国内的人敬重他保卫了国土的完整，也用上卿之礼将他的躯体埋在这里。将军又名巴曼子。传说是埋在这里。

走储奇门，摆渡到海棠溪。天雨路滑，好处是没有尘土飞扬之苦。走了十多里后，前面不远处就是有名的南温泉，大家一致同意去洗个温泉浴，去去疲劳。汽车再前行一段，就拐向南温泉。走向南温泉这一段，两旁风景幽雅，有一片山长满黑色石块，非常奇特，可惜我们被关在车篷内，不能畅目舒心。在温泉游泳，每人票价6分，租一条游泳裤2分。老杨、老朱二人嫌天气冷，都不敢在露天大泳池游，我也只好依他们，在傍山的一个室内游泳池，约5米宽、15米长，温水不冷不热，正合适。游了一个小时，老杨就要收场，怕潘老先生一个人在室外喝茶不耐烦，又怕赶路的时间不够用。我是真舍不得起来。等到换好衣服，转到露天游泳池一看，池水碧绿，清澈见底，只有三五游者，而周围山石竹木，风光之美，无以形容。

在这样的美景拥抱下游泳，真是太快活了。真是后悔莫及，没早来这儿。

在南温泉合作食堂午餐，要了 4 两大曲，又有大盘好泡菜，味道比往日不同，菜也炒得不错，吃得非常痛快，大家都说好。

下午 2 时半，回到川黔路上继续南下，过了土桥后不远就是抗日战争时期在此处设立的清华中学旧址，现在改名为二十九中。抗战时，潘先生曾多次从昆明西南联合大学飞到重庆，他那时是清华的教务长。

不久来到百节乡，潘先生认为，百节和别兹族是一个音，此地和土家可能有关系，于是停车下来打听。这里有向姓等人家，在这一带山区，向姓多为土家大姓，人多。乡府旁有公路桥，大概是綦江的一条支流，水色碧绿，河旁几处竹丛，也碧油油的，河的不远处，还伴流着一条小溪，两岸长满略为不同的绿色的水竹丛，密密连接；加上远远的翠山衬托，好大一片幽美的田园。桥头有贞节牌坊一座，乡人指告，桥下有一只白石象，象身上还有几个字。现在，石象身上已无字迹，倒更像是一头虎。

街上有挑着一担竹火笼卖的，竹笼颜色深绿，店铺里卖的箩筐也是深绿色，它们不是用楠竹做的，楠竹（毛竹）绿中有黄。向老乡打听，他说，本地楠竹长得少，多的是只有五六米高的散生水竹和高到二三十米的丛生慈竹，慈竹虽然可以和楠竹比高，但竹竿还没有锄把粗，比楠竹细多了。这两种竹子都可以破篾用来编织，竹火笼就是用慈竹编的。火笼里面装有砂钵，那大的卖4角8分一个，小的3角8分一个，拿回去从柴火灶膛里铲出柴火灰和红木炭，倒入砂钵内压实，用热灰埋住红炭，就可以用来烤手烘脚，连续五六个小时热乎乎的。川黔路修得不宽，泥土混合碎石做路面，平坦好走。公路两旁种树，约四五龄，左手边大多种的是洋槐，右手边多为桐子树（油桐），其他树种很少。树的根部都涂了三四尺高的白石灰，沿路和桥上两旁都间距整齐的设立有涂成白色的防护石块，这对行车安全起了良好的警示和防护作用。朱家煊说，我们湖北还没能做到这样。

迎面驶来的以运货的卡车居多，老朱的眼力很好，他过去曾经考取过国民党空军，没有去报到，看见其中有些卡车车头前的保护杠上，挂着一块白底红字的小铁牌，上面写着"安全行驶18万公里"，或是"16万""11万""9万"的安全无事故跑车里数，这种公开表扬的办法，鼓舞人，激励大家的斗志。于是，准备找个大运输站，采访一二位尖子，写一篇。从百节开始，汽车沿着一条小江南行，从地图上看不是直接灌入长江的綦江，是从鱼洞溪并

115

入川江的。小江沿岸长满水竹丛，水清山秀竹绿，这种竹子细长脆弱，不适宜做器具，最好做纸浆，国家大量缺纸，多设几个纸浆厂好。向南行，车的右边即西边，馒头山和梯田，相间相接，一路迤逦。山不算大，开辟出来的梯田也是一小块一小块，弯弯曲曲的，平且宽的坝子少。

从海棠溪开始，经过土桥、巴县、百节、一品、杜市等乡镇后，在广兴我们的车开始与綦江水和铁路并行，有时在江左，有时过桥在江右齐进，一段一段的碧绿江水，被石坝拦腰挡住，提高水位，用来灌溉、发电和行船。

5时半到达綦江县人委会。县里正在召开第二届第一次人民代表大会。县委、县长们接待到后面的办公室，休息、晚餐。

晚上，县长们介绍本地情况：

綦江全县56万人（厂矿工人4万多在外），有汽车配件厂、国营炼铜厂等。全县南北长150公里，东西宽约100公里。县城（县府古南镇）在县北半部。

四川省各县差不多都以稻谷为主，田坎上还可以播种大胡豆（蚕豆），产量也多（记得抗日战争时期，重庆的中学顿顿吃蚕豆）。秋收后大田里播种豌豆、胡豆苗做绿肥。县里产竹，慈竹丛极多，尚有水竹、斑竹、楠竹等，用竹浆制成的是很粗糙的土纸。

本县树木以青冈树为主，青冈子实的菠萝壳现在有人收购，很卖钱。子实富含单宁，可制拷胶和染料。山蚕（柞蚕）能吃青冈叶，县里正在推广、发展，最近去吉林买回200万粒柞茧做种子用。现在年产柞蚕丝三四万斤。青冈树有40万株。

晚上，读《綦江县志》，也谈到本地盛产青冈，说青冈就是槲（hú 胡）树。在川江轮船上时，有人称它为橡子树。槲，壳斗科，栎属，又名青冈，是可长到20米以上的大树，落叶乔木。橡树是栎属各种树木的通称。本地俗称菠萝壳的种子外壳，就是本科树种的特征"壳斗"。果实还可以磨了做豆腐，咖啡色，较硬。湖南俗称为"苦珠豆腐"，因为它味略苦，又是用卵形种子制作，像珠子样。

山野产五倍子（五棓子）、枳壳、木瓜等130多种药材。油桐子七八百万斤（土法榨油，100斤桐子可出桐油三十二三斤），棕榈树上的棕皮，一年也有几十万斤。

水果以广柑为主，好的才1角二三一斤，红橘（出省叫川橘）年产20多万斤。南铜矿区（现属重庆市，欲称飞地）除出产铜砂外，还有两处是煤矿。赶水乡南边的土台乡一带，因为发现了铁矿砂而专门从重庆修建一条铁路，将铁矿砂全部运往重庆钢铁公司。

綦江山多，最高的山峰约1200米，1000米上下的山岭积雪有 2 寸厚。山上冷，平地暖，山多风少。成都地势高，地土平，比这里要冷，因那里地平风大。綦江县城海拔 240 米，四周处在千米高峰的包围中，太阳闷晒，清风不来，热得人们透不出气。大家常说，重庆、武汉、南京、开封，是全国四大火炉，綦江排第五，当之无愧。只是名声不在外，无人知晓。

谈到野物，山里就数猴子多，青龙乡一带，成群结队。猴子祸害庄稼，结伙到地里偷吃包谷时，还有专门放哨的猴子。

会后，杨、朱、我三人上街逛逛夜市。綦江生产的糖果出名，的确种类很多，大多是洋糖果形式，土样式不多，我们买了点寸金糖、瓜片和橘饼。

我们走过一个茶馆，这是四川人摆龙门阵的地方。现在茶馆里正在说书，听的人极多，大冷天，街上都挤满人。可见农村群众缺少和需要文娱活动，县里有两个电影队，经常下乡放映。

县政府新建大楼房一幢，把我们三人安排在三楼，小申硬要留在车上睡，照顾车物。夜间读县志，潘先生关照我，今天经过的地方，巴县是周朝武王等封给本家姬姓的小国，到北周时改名为巴县。不知本地县志会不会谈一点关于当时的人和事。有关巴人、土家的人、事、风俗习惯、姓氏等，希望都别漏了。

县志、族谱等有几本，大家分开看。

楼里打字室彻夜灯火通明，打字声滴滴答答，躺在床上听得很清楚，天明方止。大概是赶人代会的文件。县里有电灯，只有汽车零件制造厂是用水力发电的。

12 月 28 日　星期五　綦江—武隆　阴

晨 8 时半从綦江县出发，穿过正街，很长。南行约 20 公里，从三江镇过綦江河，汽车开始向东行驶。河旁有冒烟的工厂，这一带是南铜矿区，产铜砂和煤，还有路旁延伸的铁路，风光很美。矿砂和煤，经铁路运往重庆大渡口，供应重庆钢铁厂。这里是一块属于重庆市的飞地。本想下车拍几张山谷间的工厂，可是今天的路程相当远。要赶到武隆。从綦江县城到武隆，有 220 公里，而且都是山路，要过很多山头，车行得很快，加上天阴沉沉的，摄影效果也不好，就忍着，没有提出停车要求。从此地途经石角、蒲河，公路两旁有男女工人在打石子，这儿是产煤区，看起来还有点工业区的模样，路旁还有不少房屋，其中有一些是新建的，看得出是职工宿舍一类的平房。汽车再行不久，大概进入万盛场地区之后，就开始爬山，像南坪、文凤一带，都是在山上盘旋，盘过一山又是一山，愈盘愈高。山上已有数处略为见雪，我们以为到了高山了，小申说这还不算高，我们今天要过的最高的山还在前面呢，那叫白马山，到了那里你们才知道什么叫高山。

中午12时，我们到了南川县，就在这里找个馆子午餐。老朱是回民，信奉伊斯兰教，县里原来有一个清真馆的，但现在没有了，街上的馆子也都没有准备植物油，也没有鸡蛋和鱼。这两样东西，老朱是可以吃的。老朱说，他自己去想办法，他去找素油和素菜去，就一个人走了。原来南川养猪户多，猪的产量高，数量大，现在是12月底，要过阳历年了，这里山高路远，运输不便，都是将生猪宰杀后，将去掉内脏后的整只猪身运往重庆、成都等大城市赶新年旺市。于是菜馆里有大量的猪肝等内脏和板油，荤腥满桌了。我们和小申四人要了红烧蹄筋、京酱肉丝、烧牛肉、白菜和菠菜肉片汤，泡菜更是每顿都少不了。每个菜都做得很好，盘子有7寸大，有的看来简直有1尺大，饭后结账，总共才2元零3分，真不贵。

老朱找到一家回民老乡，在那里吃饱了，高高兴兴地回来。

小申从同行的口中打听到，新近从涪陵那儿修了一条公路，通到南川，才修铺完，不怎么好走。我们从重庆出发时，还不知道。

　　从南川出发不久，开始爬大山，车子一直在山腰山顶盘旋，经过的能够叫得出名的大铺子，双河场、水江（水江石）、百顺、长坝等店铺乡镇，它们都是位在山上或山腰。我们从三溪（三江）开始，不论怎么盘旋、拐弯，大方向是一直朝着东北走的，到了长坝，再往前走不远后，再折向东南，就可以到武隆了。我们正在攀爬的一群山峰，都属于大娄山脉。大娄山源起于西边贵州高原毕节、金沙二县，向北东经娄山关等进入四川南川、武隆一带，是綦江与芙蓉江的分水岭。在四川，位于南川县南边的金佛山最高，海拔有 2251 米。我们向东南进白马（乡）、羊角碛镇的地区后，就踩上白马山的泥土，在它的身上盘旋回转，左绕右转，愈盘愈高，阴沉沉的天，也不知道东南西北，反正，刚爬过一座山，一拐弯，迎面又是一座更高的山；再爬再翻，一山高似一山，道路狭窄曲折，有的拐，窄而陡，连吉普车转动都不方便。这条盘山公路，真不亚于抗战时期贵阳不远处的著名的二十四拐路段。高山上有雪，开始山不高，雪也不多，只在背阴处和路旁石子堆上罩着一层薄雪，都很干净，可见山上尘土不扬。爬到后来，高山上的雪越来越多，上到白马山顶上，整个山头都铺满了白雪，足足有 2 寸多，遥望四周，白茫茫的一片。

白雪虽多，还是压不住满山的翠绿，环顾群山，有树有草的地方，就有鲜绿，就有生机。长江以南的冬天，怎么说也比北方暖和，我在车上就曾看见有农民在水田里吆喝着水牛在耙田。我们在车上，山顶的雪风从脑后吹过，也只感到阵阵凉意，没有北国北风那样冷冽刺骨。白马山高约1700米。在高山顶上休息时，我居然发现山上草丝间还开放着一些花朵，我就近采了一枝，这种小花呈铃状、蓝紫色，花上有细毛，长得很柔美；结的果实是朱红色的小珠子。小申说老乡们叫它红珠子花，又有叫它救兵粮、救命粮的，也是一种野菜，灾荒时可以充饥。潘先生也认识，说，这种花在欧美叫作 Holly，冬12月过圣诞节时用来装饰在圣诞树上或用作其他。潘先生又说，Holly 是冬青属的植物，在它的后面，再加一个英文词，就可以变成另外一种植物，譬如我们比较能知道的贯众、十大功劳、蜀葵等。蜀葵有蜀字，可能四川种得多，其实我国各地都有，一般叫它锦葵，可比这种小花大得多，高一二米，开的花有饭碗那么大，红、粉、紫、白、黄等各种颜色。这三种花，四川都有。对于花，我不知道它们，但我的老师潘光旦，多少知道一些。

潘光旦先生在众多专家头衔中，有一个叫优生学家。他于1922年23岁时留学美国，在新罕布什尔州哈诺浮镇达茂大学（编者按，即新罕布什尔州汉诺威镇的达特茅斯学院）插班学生物学。1924年毕业后，又在纽约哥伦比亚大学研究院学习动物学、古生物学、遗传学，1926年毕业得硕士学位。期间，又利用暑假，参加人类学与优生学研究工作。通过这些方面的学习，他对于天上飞的、地上跑的、水里游的、土里长的，比一般人是要知道得多一些。

今天跑了一二百公里，映入眼帘的，是一路的山，看多了，发现山与山并不全一样，坐火车上，为了赶路，火车又跑得快，只看见：有的山绿油油，有的山光秃秃，有的山尽是黄草，有的山长满石头，有的山凸出一大块一大块的石头，非常壮观，还有的山，本身就是一个完整的石山，见不到泥巴。总的说来，还是青翠绿山占绝大多数，但是人力还是大有可为，可以下功夫把山岭变得更为美好。

越过白马山不远，终于到达武隆县。武隆县城（县府巷口镇）就在大山里面。

我们走进街口，就看见武隆县人委的办公楼，这是一幢依着山势而建的砖瓦结构的楼房。农村乡镇修建房屋，一般都是背山面水，背山面田，或是依山面园、面池塘；这里却是背山面山，不是小山小岭，而是大山高峰，四面包围。县府的楼房是依山而建，顺序修盖，一幢高似一幢。汽车无法上石阶，将就停靠在路侧墙旁。我们踏着新石阶上到大门，进门之后是一个大广场，县长们在门口迎候。广场上正在给群众放电影，有不少人不再看电影了，围过来看我们，可见我们比电影更好看，或者是外地客人比电影更难得看到。我们连上二层大石级，上到第二栋大楼，潘先生和老杨二人住二层楼一个大间，我们三人在三层楼一大间。新楼盖得真结实，砌的砖墙竟然有2尺厚，房间也高大宽敞。令人为难的是，厕所很远，在另外一个小山上。至于潘先生，只好请人为他准备一副便具。大山窝里的武隆比较穷，建国后，地区将彭水县的江口场镇划归武隆。江口在黔江江畔，有水舟之便、灌溉之利，比较富裕。

我们在来前已由綦江电话通知武隆代为搜借当地县志、家谱之类文件供我们阅读。县长们说，武隆没有县志。因为过去只是个分县，故只在《涪陵志》中提了一两笔。我们请他们找到一部《涪陵志》，是民国十几年印的。当夜，我、潘、杨三个人分头把它们看完，只能粗粗地翻翻。

武隆县唐朝才建置，叫武龙县。可能是因为当地有座武龙山，以山为县名。到明朝初年，才改称武隆。旧县治在涪陵县东南，即今县治巷口镇的南边。

涪陵、武隆过去都种鸦片，武汉、广州、上海客商都坐镇在涪陵收购。过去卖鸦片的大户是冉姓，冉家为当地六大地主之一。（据潘先生考证的，冉是土家的姓。）

以上是《民国涪陵县续修涪州志》上说的。

12月29日　星期六　武隆—彭水　阴

8时余告别武隆，沿山傍黔江而行，山险江清。行十多里后进入山峡，两旁的山峡极为高削；山壁多为石山或黄土构成，山壁上削，直到山顶，方是树木丛丛，翠绿片片，夹山带水，险峻曲折，一点也不弱于闻名世界的长江三峡。和三峡相比，这里的江流和岩壁当然要小得多，但是，它的黔江水碧绿见底，两岸景色清秀幽美，是以胜过三峡。车行数十里方才驶出这条美丽的峡谷。潘先生说，四川美丽的景色真多呀，不知还有多少没有被发现的。我们这趟川东南之行，大山重重，外人很少进来，春光没有泄露，肯定可以大饱眼福，看到不少妙景胜地。不久，即到江口场（镇），武隆至江口30公里。江口有一条芙蓉江，从贵州正安一带，自南向北，经过江口，汇入黔江。

江口有出名的普溪茶，我们在这里喝茶、看报、聊天一小时，喝的茶不是很好，才4分钱一碗，不可能是普溪茶叶。不过，泡茶的水质真好。这里有唐朝长孙无忌墓，墓地年代久远，已毁坏，只剩下一块石碑和两匹石马等物。潘先生对古史很熟悉，他说，长孙无忌是唐初的大臣，河南洛阳人，是唐太宗长孙皇后的哥哥。他协助李世民征讨有功，又参与"玄武门之变"，官做得很大，封为赵国公。到唐高宗即位以后不久，高宗要立武则天为皇后，长孙无忌坚决反对，等到立为皇后，武则天要拔去这个眼中钉，设法诬陷长孙无忌谋反，流放黔州，后来又迫令他自杀。黔州在北周时就设立了，有1400多年的历史了。唐朝在黔州置都督府，改名叫黔中郡，后又恢复为黔州。它的府治就设在我们今天要去的彭水县。江口场一直属彭水管，解放后才把它划拨给武隆，所以长孙无忌就是葬在彭水县的江口，他的流放处。彭水是我们此次调查土家的重点县之一，想不到千多年前，长孙无忌就到巴国来与巴人结交了。

汽车需要渡过芙蓉江，汽车上渡船后，渡船需要用绞索绞，船上是一人掌船，三人绞动摇柄，我和老杨二人也帮着拉绞索。离了江口，我们很快进入彭水县境，汽车一直向东，先到第一区的福尔乡、火石乡，当然，还一直是在爬山。山也高，但达不到白马山那一段的高度，山顶积雪却是不小。有一列山峰，像煞老母猪的奶头，一个挨一个地往下排，足有七八个，排得很整齐，真是有意思。而公路也一直在或远或近地跟着黔江走。再过张家乡，于下午1时半，渡过黔江，就到了彭水县人委的所在地，汉葭镇。从武隆到彭水，行程89公里。山路是很难计算时间的。

在办公室，白胡子覃副县长陪着我们摆龙门阵，摆县里的情况，有趣的事，深山老林里的飞禽走兽，大小野物。候到3时半，方开午饭。摆上桌的是烙饼、面片汤。

饭后，我们三人看《彭水县志》《彭水概况》。

贵州发源的乌江，从龚滩出省后，进入四川彭水，改称黔江。彭水古称黔州，故名黔江。但因早年从彭水到涪陵入长江一段叫过乌江，后又叫过涪陵江、小别江，所以当地还有不少人叫它乌江的。这不正确，在1956年时，应称黔江。

县志中有一篇谈"小三峡"的，其实，它的本名应是凌傲山峡。

1934年5月8日，贺龙将军率领红军，从本县东南方向的第六区高原桑柘坪，以7小时急行45公里解放彭水县城。

夜宿1953年建的新的大办公楼，楼梯很宽，房间也高大。我们住三层北屋两间，潘先生和老杨住的那间比较严实，我们三人住的这间，窗户有细缝，上端的半圆形小窗没有玻璃封闭，也没有用纸糊住，不停地进冷风。我睡的床栏杆上有鸟粪。房子有很久没住人了。夜间，朱、申二人受了寒冻，大声地咳嗽，我被吵醒好几次。还好，三人起床后，感觉正常。

12月30日　星期日　彭水汉葭镇　阴

彭水前日开完二届一次人代会。綦江、武隆也召开了。彭水即将调集一批干部组成工作组，县电影队也调回来了，准备放映一两次电影后，把工作组派下乡去。

县人委的院子里有两棵巨大的古树，我们一路行来，见到的树木就数这两棵为最大。要三个人伸手才能合抱，树径在4米有多。院里干部说，这个树叫黄桷树，在四川很多，很普通，在人家院子里、河溪边都见得到。再往南去，在福建、广东有很多，那里叫榕树，长有气根，下垂扎入土中像一株树，一棵树很多气根，就像一片树林。这里偏北，较冷，就不长气根了。我诺诺称是。但心里打个问号，气根是榕树的特点，但不能冷上几度就把特点给冻掉了。（后来查书，才知道榕树是桑科，榕树属。小叶，常绿大乔木，高可以达到25米，树冠大，有下垂气根。而四川常见的黄桷树，学名应是黄葛树，也是桑科，榕树属，但它是大叶，椭圆形的叶，最长可达15厘米，是落叶大乔木，没有气根。它们应该是同科属而不同种，两者不是一个品种。）

从早上起，潘先生和杨重野二人在隔壁大房间召开座谈会，请本地 60 岁以上老者、土著来谈古，谈谈本地的历史情况、生活风俗情况、少数民族情况，各个姓别、族别等。来多少人，谈多少人，一个两个，三四个，一大批的，都谈。出出进进，一批一批，谈得很是随便，很是热闹。整整谈了一天，潘先生说，收获很大。

分工我和老朱，看报和阅读县志等，并记下来。

潘先生此次来到川东南，主要是到这一带进行土家识别，了解土家的历史和他在众多古书研究上了解的史实相互印证。这里，乌江以西是大娄山脉，乌江以东是武陵山脉，历史上巴人、土家人很多居住在武陵山脉，武陵山的主峰梵净山，海拔 2494 米，就在邻省贵州不远处印江、江口两县中间。武陵山位于湘西张家界，至湖北、贵州两省边界。川东南的一个角，伸入湖北、湖南和贵州边境，这里山多，少数民族也多。潘先生在川东南的重点就是这个角里的酉（阳）、秀（山）、黔（江）、彭（水）四个县，估计这几个县土家人多。

12 月 31 日　星期一　彭水郁江　阴

今日去参观仡佬族的悬葬木棺。悬棺在郁江上游的岩壁上。郁江在彭水县北门外东北方向，郁江起源于湖北利

129

川县南乡，由北斜向东流，经四川境内黔江县的白石关，再经彭水县四区的凤鹤乡、郁山镇、竹园乡及五区的大河乡、保家楼镇、兴隆乡，过彭水北门，然后并入黔江，向北流向涪陵。约长一百三四十公里。

我们9时出发，走北门到郁江边的白鹤滩码头上船，同行的有县办公室副主任梁德明（四川荣昌人）、县文教科刘运全、公安局刘际平，加上我们，共8人。加上于10时到齐的4位船工（带了纤绳），共12人上了这条平底薄木船，沿郁江东北方向溯江而上。

小篷船轻飘飘地、静悄悄地在水面上滑行，四位船工，一人在后艄掌舵，三个人在船首撑篙，在平静的水面上飘动，似乎毫不吃力。老梁看出了我的心思，对我们说："这山洞里的水可和大江大河的水不一样，大河水坦坦荡荡，一个人就可以管住它，顺流而下，扯起帆，大船自己就往上水蹿。山里的水，说变就变，现在水平浪静，一遇滩、坝，他们四个人还不一定能撑上去。春夏之间，山里也会发桃花水的，大水可以漫到县城的街上，上涨二三十米啦！"我注意到，船艄的舵不一般，普通船的舵很短，像一把蒲扇，像鱼的尾巴，押在船后摆来摆去。而它像一支橹，一支比橹粗壮得多的橹被固定在左舷尾上，艄公双手摇动它来定方向，并帮助前进。艄公费的精神、

1956 年 12 月 31 日，郁江柜子岩上的岩棺（悬棺）。

　　1956 年 12 月 31 日，四川彭水县郁江激流行船。在此跌水处，上水要靠几十个船工扯船。

力气更多。它又是舵，又是桨，灵活多用。大家从水、船又谈到交通问题，彭水也罢，酉、秀、黔也罢，都深藏在深山老林里，交通阻塞，山与山之间开出来的小路，走起来像梯子，只能用背篓，也叫背筐。最近新修一条涪陵到彭水的公路，却没有汽车，缺买它的钱。有一条长年流水的黔江，滩多、石多、暗礁多，水流湍急，白马镇那里风景美，临近县城还有老虎口、美人山，那里都是又美又险，白马浅滩水特急，没有纤夫纤绳难上滩，干生气。从涪陵到彭水的货运费，要比万县或重庆到涪陵贵十倍。现在木船只能顺江上溯到酉阳的龚滩。要等到疏通河流，大船才有望通航彭水、龚滩，以及联通贵州乌江段。

　　说话间，木船飘进第二道双峰夹峙的峡口，河水碧绿，清澈见底，河底的卵石、游动的小鱼，随意指点，逐个计数。正因为水清，水静，竟不知其厚、其深；两岸翠山绿树，尽收水中。水里的石纹、翠山，比水上的更细更翠，纤微毕露，难道水的深，比山还要高吗？水下还有白云蓝天啦！潘先生惊叹："真是到处有美景啊！长江三峡绝对看不到这样的景致，因为长江终年水流浑浊，很难见到山岩的倒影。"大家也都看得高兴，说是看那些倒影比真景还美。

　　前行不久，河左岸（右手边）有一处水里直冒热气，是一个小温泉，温泉附近有些大石块，有大大小小的不少孔洞，很像江南的太湖石，潘先生说，"提到太湖石，你们有机会一定要去苏州看一看。苏州景德路有一所环秀山庄，原是五代时金谷园故址，明为宰相申时行的住宅。申是长洲（今苏州）人，号休休居士。清朝是汪家的'耕荫义庄'的一部分，更名环秀山庄。乾隆时请叠山名家戈裕良在园内用半亩地堆砌一座假山，那是一处瑰宝，真是'山形面面看，景色步步移'，玲珑剔透，值得看"。潘先生学识渊博，肚里装了不少东西。

眼望江前无路，高山挡驾，山峦云雾朦胧，半山白云绕腰，极细水珠飘游水面山间，扑向人脸，翠鸟低飞，万籁俱静，此时胸中块垒顿去，心畅意适。

木船顺山拐弯，渐渐水显波纹，水流渐急，水浅可见沙底，滩上波浪奔走跳跃，我们来到了小麻柳滩。四个水手分站前后，又撑又划，出了好大一把力上了滩。上午11时到的大麻柳滩，水声轰轰，水流湍急。船儿靠岸，让我们上岸走纤道，到前面等候，潘先生也不例外。我们走到一处大石块上下望，河水在山石中拥挤下走，白浪翻腾，礁石乱立，水面落差有二三尺，有一条船正在上水，岸上有二三十人合力拉纤，声势宏大，也很壮观，石坡上正有人在背柴，我抓紧拍了一张。有雾，衣尔福胶卷200度，

f8，1/60 秒。稍后，有近十条小船空载，联袂顺流而下。然后我船三个水手拉纤。第一次往上拉时，船头泼进很多水，三个拉纤的几乎被船拉下河去。把舱内舀干后，又加上三个纤夫相助，终于把船拉上滩。花了三刻钟。

上滩后，前行不久，我看到岩上的木棺。仡佬人在酋长等首领人物死后，出于保护，于是将他们安葬在绝壁高岩、下临江河的地方。猴鸟都到不了。他们在高不可攀的石壁上，凿山洞，放进棺材，叫作岩葬；又或在悬岩横插木桩二三，将棺木架在木桩上的，叫作悬葬。这里被一般人称作柜子岩。该柜子岩在河左岸半山上，二棺相距近，一个比另一个略高，棺浅黄色，能与褐色石壁分清，木棺底部垫有一些泥堆，棺约 1 丈长，长方形，距河高约 20 多丈。上一小滩后，又见二棺并在一起，也在半山上，有一口看得很清楚，另一口只剩二三片木块了。拍了一张。

梁副主任说，彭水县南 62 公里，八区龙洋乡也有柜子岩，上有柜一。

潘先生说，中央美术学院石钟健先生曾经考证柜子岩是仡佬族的酋长墓。石钟健是昆明的西南联合大学历史学系毕业的，1946 年夏，34 岁的他和芮逸夫两人，曾经去四川兴文县和珙县，对悬棺葬做过两个月的现场考察，取下过 6 口悬棺进行研究。

船上有人说，麻柳滩应是麻油山，是此地的一个小镇，是青麻和桐油的汇集处，所以该叫麻油滩。麻柳二字没有什么意义。不知确否？

我们走的一段纤道并不长，但因是从山崖上凿出来的，凸凹不平，潘先生上坡时困难，只好由刘际平背着。

12时余往回走。归途看到捕鱼的小褐鸟在水中泅泳，山上小鸟鸣叫不停，温泉中五个中学生洗澡，皮肤通红。

刘运全在船上大谈老虎、马老虎、猴子等。

县志（作者按：我读过并摘录过的各地府志、县志、家谱等资料另有本记载，已失踪）记载：

郁江在县城北门处，经白鹤滩、老虎口入乌江。源出黔江县西武陵山，西经郁山镇，西南经县城，北受九曲水，西入涪江。（作者按：可见贵州乌江入彭水县后，多年来，乌江、黔江、涪江、涪陵江之名都用过，因此出现混用情况。1954年3月彭水县人民政府所制定的《彭水县行政区划图》就标为"乌江"，又县志言老虎口在郁江，人们口中谈的却是在黔江，是否人从涪陵回，都转入郁江白鹤滩方下船？县无黔江码头？未实见，不清楚。又郁山镇西，县图上标"保家楼"，几本全国性地图皆标"保甲楼"，全国地图标郁江源头在利川一带。县图上无九曲水。）

麻油滩在县东北五里，涛浪奔腾，石梁错互，舟自石隙而下。

白鹤滩在县城北，浅沙激浪，势如飞鹤，故名。

温塘水在城南甘山麓，水冬夏保温，人语喧笑则热如沸……按长溪之侧亦有温塘。（作者按：县城南郊五里有一城南乡，黔江经过这里。）

《彭水县志》艺文篇（卷四）中，清知县陶文彬《祀四井前记》中写他去祀井情形："井离县治百里而遥，溯郁水行数里许至麻油滩，怒涛汹涌，巍石错拄中流，舟不可上。易小舟缘溪而行，溪水清浅，轻倏可数，沙石参差，浮光耀日，两崖峭壁千仞，苍翠掩映。因忆摩诘'随山将万转'之句，恍似身游于辋川图画中也。前至柜子岩，崖列三厂，厂置木柜各一，悬绝于峭壁千仞之上，藤葛蒙茸，猿狖不敢近。不知其几历年，经风雨之激啮漂拔，而不折不腐，疑是神仙鬼物之所为也。或曰汉陈平略地至黔中，置木柜藏兵符于此，在传说无可考，则其说荒诞勿敢信。"（作者按：辋川在陕西蓝田县西南 10 公里，川水由此北流。）

彭水位东经 108°18′，北纬 29°18′，气候属云南高原区，平均气温 19℃，县城海拔 300 米，气候较温和，比西阳常低 10℃左右。四季多雨雾，冷热俱烈，变化甚速。地质多原始生代和古代岩层，由片岩、沙岩、花岗岩、石炭岩（水成岩居多）组成。

武隆、彭水听到不少野生动物的故事：

武隆山区酉、秀、黔、彭和湖北利川、宣恩等大山里的农民、山民跟深山老林、原始森林的邻居（野生动物）经常打交道。他们常说"一猪、二熊、三老虎"，从他们自身的利益出发，他们最恨这些大野兽，它们祸害庄稼、牲畜。

一、野猪

野猪，加上一个"野"字。它们比家猪就厉害得多。野猪尖嘴獠牙，头大，占身体长度的三分之一，圆锥形；后身小，四腿短，行动敏捷，喜欢夜间集群活动。它的武器就是头和獠牙，可能因为寄生虫和皮肤痒，经常用身子去蹭松树，蹭得一身松油，体毛粘结成块，又厚又滑，子弹和枪尖都很难攻进去。它的头一撞一蹶，树干折裂，人被撞飞，它的嘴和牙伸进地里，不停地往前拱，一垄包谷或红苕，就会全部躺倒、翻出，吃一成，糟蹋九成。去年咸丰永丰社 12 万蔸红苕，一夜间，就被一群野猪刨光、糟践光。有的地方，红苕种一次糟蹋一次，连种五六次，都是还没有出芽生根，种秧就被野猪啃光了。庄稼人一年的生计，山里人主要以包谷、红苕为生，因此他们最恨野猪，经常进行围猎，保护庄稼。去年光酉阳后溪乡就捕杀

138

三十多头。

二、熊

熊，熊是大动物，西南地区可能狗熊（黑熊）较多，一般藏在老林深山中，杂食性，所以常为害庄稼，但它习性独来独往，为害不显著。人怕它，它害人，它追人时跑得快，又能爬树，受伤后就跟人拼命。去年宣恩在椿木营的原始森林里打死过一头大熊，一只熊掌有几十斤重，放在县里展览会上展出。

三、老虎

老虎，关于老虎的故事就多了。老虎是肉食动物，到处觅食，居住在山里的山民容易接触到它。

1.武隆有一户山居人家，听见自家的牛在叫，主人赶快开门去看。看见一只老虎在咬牛，见了人，又转过身来咬人，扑过来时，被主人一板凳打晕，打死了。

2.有一家人在墙根周围摆上皂角刺防贼，一只老虎晚上摸到这户人家，被皂角刺刺伤脚，又去咬鸡，两只脚伸入一只篾笼里，被竹篾卡住脱不出来，鸡叫声把主人惊起，开门去看鸡，老虎急了，双脚带着笼子就来扑人，篾笼绊腿，行动缓慢，被主人用扁担打死。川、湘、鄂一带的虎都是华南虎，体形比东北虎小得多，力气和威风相应也小，不须山东大汉武松出场，也能把它收拾。

3. 在栽秋季节，有一个人送饭回来，把空竹箢套在头上遮太阳，正上坡时劈面遇见一只老虎下坡，那里没法让路，老虎从上往下跳，张大口一咬，正好咬住竹箢，竹箢塞在嘴里把它的牙陷住，竹子有弹性，闭不了嘴，老虎一边走，一边用前足扑打竹箢，不小心一下滚入稀烂的稀泥水田里，把自己陷在泥里面。那人正低头上坡，头上的箢子突然被人拿走，抬头一看竟然是一只老虎和他"开玩笑"，吓得他大喊大叫，大白天老虎居然下山"洗澡"，附近插秧人听见叫声，赶过来把这只泥老虎打死。

4. 彭水县，1951年各县人民代表会议期间，突然有人惊报，郊外有一只老虎和两头野猪闯进城来了。吓得街上家家关门闭户，县政府大门没有关，用一挺机关枪守着。这只老虎是从北边泗过郁江进城的，野猪是打山上下来，走的另一个方向，二者采取同时发动、分头包抄的形式。县政府赶紧调兵遣将，分别狙击。民兵队长李振华带领几名民兵去迎战老虎，走不多远就在街上和老虎展开遭遇战，凶猛的老虎向他迎面扑来，他顾不上多想，赶忙蹿过去一把抱住虎腰，用头死死顶住老虎的下颏，虎和人扭在一起，老虎挣扎不掉，又无法用嘴咬人，只有用前爪抓他的脑袋，虎爪尖利，抓得他血流满面。一起来的民兵也无法开枪，围着虎和人转。最后等到一个机会，方才开枪把老虎打死。那两只野猪进得城来，没来得及发威，就被打死一头，另一头只好赶快逃走。

5. 彭水西乡的郁山镇，有一头老虎跑到一家人的水缸里喝水，那家人见怪不怪，没有干涉，互不侵犯，相安无事。你不招惹它，老虎一般也不会攻击人的。

6. 彭水县有过一只小老虎钻进一间茅草屋和小孩子一起玩的故事。彭水县志也有一只老虎和小孩一块睡了一夜的故事。

7. 湖北鹤峰有一个乡支书的妹妹在屋里洗澡，一只老虎在门外等着吃她；她哥哥回家发现有老虎，赶紧上楼，老虎改变主意，跟上楼要吃他，幸亏隔壁的弟弟听到声音，赶过来把老虎打死。这是老虎主动攻击人的例子。

老虎和人的主要矛盾在于，老虎要吃农民豢养的家禽、家畜，不论是鸡鸭鹅、牛羊猪，老虎是见一只咬一只，比在山林里捕食野味轻松。农民的牲畜受伤害，损失重大，影响生活，像牛更是他们的劳动帮手，不能缺失的。这里也要猎杀老虎，各县每年都要捕猎十几只老虎。

老虎能卖钱，虎皮、虎骨等全身都是宝，最贵重的是虎骨，一只大老虎的骨头值五六百元，虎膝和前胫骨是伤科良药。

四、马彪

马彪，这里的老百姓大都叫它为马老虎。来川鄂边境后，好多人都提起过，而且说法大同小异，可见这里确有这么一种动物，是生物学家、动物学家还没有注意到的。中国人讲究相生相克，老乡说，马老虎就是老虎的克星，马老虎能吃老虎，它的头长得像马头，大家习惯叫它马老虎，山里有它在，老虎就不敢大声吼叫，声称它自己是"大王"了。马老虎像狗那么大小，黄黄的毛，马头，长尾，行动极快，喜欢集体行动，一群一群的，在山里，一个跟着一个地到处游动。它们喜欢吃老虎、野猪，也有本领吃它们。马老虎见到老虎就追，追近后，纵身跳上虎背，先用尖利的爪子，把老虎的眼睛抓瞎，这样，老虎就跑不快。然后，它就咬老虎的屁股，把肠子撕扯出来，吃它的内脏，然后再吃其他部分。它们捕食野猪，也是这样，一个上去，一群围着咬，另外还有放"哨"的照顾。马老虎还知道在野猪经常来往的路途上埋伏，等它经过时，突然上前狙杀，这样比追捕更为省力。老乡对马老虎又爱又怕，觉得它好是它们能吃老虎、野猪，帮助他们除害，怕的是它们又吃牛吃马，又是农民的对头、害兽。彭水去年有个农业社，社里有 12 头耕牛，由一个牧童负责放牧。一天他放牛在山边吃草，那天是赶场日，他去场上看热闹，这时候，一群马老虎来到牧牛地。也就是个把小时，12 头牛被它们吃掉 9 头，等到人们赶到，草场遍地血迹，剩下几条牛腿。正是即将春耕时节，没牛不行，社里哪里拿得出这笔巨款，只好由县府设法，贷给耕牛款救急。

对于马彪的利害评价，众说不一，主害主利都有。还有趋利避害的，出主意说，用四五个牧童放牛，马老虎就不敢来，在每头牛脖子上挂个铃铛，马老虎也不会动它。说马彪是害兽的，建议猎杀它们。其实，出主意的人自己也知道，要抓、杀马老虎谈何容易，直到现在还没有捉到或打死过一头，它跑得快，又机灵，还成群，不好对付。我们在武隆第一次听到有马老虎时，很感兴趣，曾向县领导建议，想办法捉一对马老虎送给北京动物园展览，也好让科学家进行研究，公之于世界。县里找来老猎人一起研究，老猎人认为抓活的是相当困难，但不是不可以的，试几次，总可以抓到它们。

五、猴

1.猴，山上猴子很多，有好多群，一群有一个大公猴当"王"，众猴都听他的。猴子杂食果子、枝叶和小虫蚁，它们祸害庄稼，损害农民利益。农民在地里、山坡上种的包谷、红苕，青秆绿叶、包谷灌浆，还没有完全成熟时，就开始来偷盗了。猴头先派出"哨兵"到地头侦察，见没有人看守，"哨兵"就通知众猴前来，它们跳进地里，乱折乱踩，吃下去不到一成半成，却把包谷等全部糟蹋了。

农民最恨它们，想办法驱赶，到山上毁坏它们的巢穴，采用设计一些捕捉的办法，常用的如在庄稼地不远处挖一个大坑，上面有个进口，先盖上固定的板，再都盖上树枝等，在坑里和坑外周围撒上包谷粒、红苕块等食物。猴群下山来到，小心怀疑地测试，掀盖子，拔树枝，没有发现问题，开始入坑捡拾，吃了几次就胆大心粗了。猎者于是换成可封闭牢固的活盖，躲在另外一个小坑里，等待猴子全部进入大坑内，拉动绳子把活盖扣死，就捉住了。捉时将第一个跳出坑口的猴子一刀杀死，杀猴给猴看，比鸡的作用更大，其他的害怕了，全部举手投降。

2. 在江口场（镇，原属彭水，前几年划归武隆）的山上，出产一种黑猴子，全身的毛有三四寸长，这种猴很名贵，它的毛皮更名贵，很多人叫它金线猴。潘先生说，所说的形状，可能是"狨"。北京皮草店叫它金丝猴。

山区的武隆、彭水等还有豹、獐、狐狸、水獭、飞鼯（《涪陵县志》叫飞生）等。獐子吃草、果，对人无害，是弱小动物，可怜它肚脐处能产麝香，能够入药和制香料，售价很高，因此被人捕杀，几乎绝种，省人委已经下达通知禁止射猎，进行保护。

关于虎，"土家"人信奉虎，敬拜白虎神，专门修建白虎神庙祭祀，视之为祖先。他们在精神上信虎敬虎，顶礼膜拜。可是在现实上，老虎对人有危害，要吃家畜，吃牛、马，破坏劳动力、生产力，有时还会攻击人。人们要对付它，逐杀它，包括"土家"人在内，从猎人的姓氏上看，其中有不少"土家"人。大山区的人靠山吃山，狩猎和采集是他们的主要经济收入、生活来源之一，经常要和野生动物虎豹等作斗争的。在精神和现实中，敬虎和斗虎是个矛盾，不知如何解决？

观看墙上挂的《彭水县行政区划图》时，发现一个有趣的现象，即以"龙"字为乡镇名的不少，不知何故。我把它们抄下来，拿给潘先生看，潘先生一下也解释不清，留待今后研究。

彭水县计有"龙"字乡情况

一区（汉葭区）青龙乡

二区（高谷区）龙平乡　龙共乡　尚有马鞍乡

三区（龙射区）龙射区

四区（郁山镇区）龙桥乡　龙溪乡　有走马乡

五区（保家楼区）龙凤乡　龙泉乡　高龙乡

六区（桑拓区）

七区（鹿角沱区）龙门乡　龙门峡　双龙乡

八区（上岩西区）龙洋乡　龙塘乡　马头乡

九区（普子区）

十区（蔡家区）龙池乡　回龙乡

十一区（双鹤区）

共 16 个"龙"字乡镇

1957 年 1 月 1 日　星期二　彭水—酉阳　阴

今日是 1957 年公历新年。

早上 5 时即醒，是因为小申咳得厉害，老朱也咳了几次，房子虽新，配件（玻璃窗）不全，住房进冷风，二人受了寒。6 时半，隔壁有动静，鞋响凳移，潘、杨二位起床了，我们也起来到厨房去打洗脸水。收拾行李时大家都包扎安放得更合适些，使它们少占车位。小申将那个备用的 5 加仑小汽油桶从车内取出，改用棕绳绑在车后面，这样坐在后座的我们的脚可以伸得舒适些，以后跑长途的日子要多起来。

早点尚未做得，我们今天要赶到酉阳县，中间经过黔江县一站，直抵酉阳。彭水县至黔江县计 129 公里，黔江至酉阳 117 公里，今天共须驶行 246 公里，必须早行。于是我们没有在彭水等候早点，即于 7 点 55 分启程，顺公路向东北行驶。晨雾比昨日稍薄，估计整日天气也要好些。经兴隆乡、保家楼区、清平乡、天池乡。第一站是郁山镇，60公里。9点40分到，费时1小时45分。合作饭店早餐，又有好吃的泡菜。五菜一汤，菜也很好，五个人，才1元7角1分，很便宜。在这里听说彭水县的小吃糯米白包骨和羊角豆腐干好吃，有名。

镇上有元总管向午凤的墓，是巴人。本地叫状元堡，就在镇上停车的旁边。年轻人已经指认不清，有一个土堆，上面只有一座抗日战士纪念塔，七尺高。还有二座王姓的坟。再问，谁也不知，都说不清楚。后来有一位老奶奶和一位老大爷说，他们小时候在这里玩，曾见过一座古坟，那时已只剩下一点点土堆。在镇上有一个向瞎子，70多岁年纪，曾经说过，这是他的祖坟。有一年，有人在这个坟上挖土，急得他和人吵，和人打架。他还健在，耳朵还好，可以问问他。我们正吃早饭时，他们果然把盲老人接来。潘先生和他谈了一会，他叫向文明，78岁，他的儿子参军转业回家，现在盐厂工作。

10点45分出发，改为一直向东，去黔江。酉阳位置在彭水的东南方，若有公路直通，从地图上计算（山的阻拦盘旋不计），也就是一百一二十公里，现在从黔江县绕路而去，要多走一倍左右的路。从郁山镇东行不久，出了朱砂乡界，就进入黔江县境。昨夜摘录《彭水县志》至今晨1点半方睡，趁机在车上打了个瞌睡。在车上，老朱谈，今年湖北荆江大堤人民大垸丰收，农民生活改善，收入增加，人人都戴手表、插钢笔、穿皮鞋。又谈到湖北沔阳有名的民谣是"沙湖沔阳州，十年九不收，若有一年收，狗仔不吃糯米粥"。这是我们昨夜听县长介绍彭水人民解放前生活困苦的情况，而现在在路上，见到老乡背着的背篓上不是盐巴、木柴，而是新买的花布棉被和毯子了，起变化啦。沿路见到一些"立场不稳"的人，汽车行驶时，公路前面常有一二个人在路的一旁走得好好的，听见汽车声，看看自己这方只有一二人，觉得不妙，慌里慌张地突然穿过马路，跑到对面人多的路边，好像人多就安全似的。这样突然穿过马路，常令小申措手不及，几乎出事。人的心理真有意思。

车要经过白腊园、蔡家槽、西泡、石会、栅山几个乡村，方才到达黔江县城。在距黔江县约30公里处，汽车过梅子关，潘先生想到"梅子"与土家的"别兹"同音，可能是个土家地名。

听说在全国解放战争时期，有一位司机同志被迫运送国民党反动派的军队，他把一卡车士兵和他自己，一起开进这几十上百丈深的梅子关山谷里去了。

公路修到这一带高山，的确是不容易，我们只见到汽车盘上旋下，弯弯曲曲，坡陡拐急，路旁或是石崖峭立，或是万丈深谷，公路从石块中硬劈而过，挖洞钻行，一山紧挨一山地爬。到了一处山顶，开始往下溜行，司机更要把稳驾驶盘，弯弯曲曲，下山也在十多里以上。下到一小半，停车休息。我们才有机会近观山体，原来这山都是灰不溜秋的风化石，毫不坚固，雨淋会垮，日晒能裂。公路修得平整光滑，都是两旁石块粉碎成泥铺设的。昨夜张县长介绍情况中谈到的农民耕种时把地底下的风化石翻上来就是肥土，指的可能就是我们现在看到的这种石头。小申说，这条公路过去很不好走，山上滚下来垮下来的石头，大大小小，乱堆在路面上，现在经常有养路工人清扫、养护，好多了。就在我们休息的地方，路侧就堆着大小石块，像煤一样灰黑，拿起一块用力一捏，比煤软，也容易碎。老杨抬脚朝石壁上一踢，很轻易地掉下一大片。

停车后，我发现车后的备用汽车油桶漏油，赶快帮着小申解下油桶，将汽油全部倒入油箱内。不然，油漏光了，车就到不了酉阳了。

路旁有一座因为劈山修路留下的大石山堆，形状极似埃及的狮身人面像，潘、杨等四人站在它前面合影一张留念（底片在动乱时期损失了一部分）。正要拍时，太阳突然从云层里露出笑脸来，呵呀，自从到达宜昌，踏上四川大地那天开始，总有十多天没有见到他老人家了，没有他，照片可是不好拍呀。可惜他只出面一两个小时后，又缩回到云帘后面，天又阴沉沉的。

过了石会乡，快到黔江县城时，从县城方向，走来十几个红领巾，潘先生说，这个近午天时候见到的学生，一定是放学回家的，他们从城里往外走，大概就到这么远，正像山民双肩挎着背篓早上从山里出发往镇上走花的时间一样。怕我们不服，还举出这个学校是实行二部制的，才有这样的放学时间。坐在他旁边一直在专心开车，很少说话的小申，这时却忍不住蹦出5个字："今天是元旦。"潘先生听了，哈哈大笑："人之主观也如此，瞎说不算，还要拉些所谓的理由来做证明。"于是，车里哈哈一片。要知道，受教育的时候是也可以在哈哈声中进行的。

汽车要先过一条长长的公路桥，才能从西门进联合镇——黔江县府所在地。公路桥上盖有长长的亭子，可供行人避雨、遮阳和歇脚，挺为大众着想。这种公路桥亭我只在湖北、四川见到，湘西是同一个山区，可能也一样，我还没有去过湘西。

我们过的这条河，人说是唐岩河，发源于湖北恩施的南边，向东南入四川到龚滩汇入黔江。可是看到几本地图，至少在黔江附近走向不一致，有的将唐岩河画成经湖北石门坎乡西边进入四川，离黔江东门好几里路，有的就距东门很近；而我们过的唐岩河是在西门外，可见地图测绘准确很重要。地图上几百万分之一的比例，那真是"差之毫厘，谬以千里"（《礼记·经解》）。

县城广场上聚集了很多人，有很多红旗，还有一个戏台。我说他们是在开会。潘先生反对，元旦还开会，一定是在演戏。随后我们在街上听到有线广播，会场上硬是一位大首长在做演讲。我于是口占一"绝"："元旦过黔江，广场闹嚷嚷。问君何所事，县长在演讲。"大家哈哈大笑。茶馆喝沱茶半小时，5分一碗。开车返回公路桥，过桥再上路，是去酉阳。若在黔江城里往前开，那是去湖北咸丰县。

黔江公路上，骑自行车和挑担子的人多起来，可县城附近比较平坦，是个坝子。

兴之所至，肚里装着沱茶当醉酒，大着胆子又作打油诗一首："五人车一乘，翻山逐浮云。朝饮汉葭水，夜宿酉阳城。"又出一上联，"千里江山尽入千里眼"，盖潘先生近视达800度，常用望远镜看风光。今天是新年，大家高兴，互相讲了些小故事和趣话。老杨谈早年一小报嘲笑国民党反动派元老褚民谊，"踢，太极，司马懿，蜈蚣胡蝶，斯乐不可及，先生乐此不疲，得得的的是马蹄"。我小时看报，只知褚自驾马车载电影女明星胡蝶郊游的事，其他不知。

　　1957年1月1日，四川黔江县公路桥。传统的风雨桥样式，可供行人遮阳、歇息。

谈笑中，不知不觉过了正谊、冯家溪、濯水（濯河坝）、犁湾、两河口。冯家溪那儿有条冯安坝桥，桥上有亭（屋顶），是川湘路上第一桥。两河口的河水冬季已枯，原来摆运汽车过河的渡船固定在河床上成了舟桥，汽车直接在上面安然驶过。

下午5时15分到马鹿池，距酉阳尚有20公里。老朱说，巴东公路上也有一个马鹿池。翻下马鹿池的山岭，眼前展现一个长形的大坝子，两旁相对的山岭虽然相距不远，但它是我们离开重庆以来所见到的唯一的一个大坝子。这里地名小坝。公路平而直，两旁的行道树也高大挺直，一条汽车路笔直的，有十几二十里长，山里很难见到，平川上也不多。土地肥沃，水田很多。可以看出，酉阳县比较富裕。再前行，公路分为两条，右边的去龚滩。龚滩那里，同一条河，四川叫黔江，过省界进入贵州叫乌江，因历史原因，很多人习惯称这条河水为乌江。龚滩险危，船不能行，要将货物卸下，搬过省界。走下水时，木船运货到涪陵后，把货卖了，又把船卖了，不再循上水往回走。

我们沿公路一直往南，有路标指示，可到湖南沅陵县。那是从酉阳经秀山，在那里出省进入湖南花垣，从花垣选向东行的公路到吉首，再前就是沅陵。

潘先生注意龚滩，提醒我们，龚姓与"土家"有关，龚为板盾蛮七姓之一。

我们走完小坝，进入一个山峡，等到出了山峡，想不到又是连绵曲折的下坡路，傍山而下，原来小坝不是平原，是高山上的高原坝子，真有趣，大自然有趣，千变万化，叫你捉摸不透。

傍晚 6 时，到达酉阳县。所在地为钟多镇。酉阳街道比彭、武整齐，也长得多。很多人在街上散步。

华增修县长等在县政府门口迎候我们。

晚餐很丰富，是请我们吃新年饭。有一样菜叫"轰炸东京"，是抗日战争时期陪都重庆名菜，菜因其名而出名。它是先上一碗配好菜肴的大米锅巴，再用炒菜铁锅或大碗盛滚油肉片汤，在极热时倒入锅巴碗中，只听"滋啦"一声响，锅巴被烫泡软了。大家都爱听那"滋啦"一声。又有腊肉和涂上辣椒末的豆腐乳，已有湖南"霉豆腐"风味，还请大家喝大曲酒。席上谈到县里娃娃鱼很多，甚至发生过大娃娃鱼上岸追小孩的事。

县里原来在二楼为我们准备了住处，为了照顾潘先生行动不便，改在一楼，把会计科办公室腾给我们用，是一大间房，摆上 5 张大床还有空地。夜间，政协副主席甘兀立将《酉阳州志》送来，我们立即开卷阅读。这套州志是清同治年间冉崇文修的，木刻版本，很好。送来橘子，换上一个 250 瓦的大灯泡，大木炭火盆一个，光亮房暖，跑了一整天，都累了，12 时入睡。

1 月 2 日　星期三　酉阳　阴

今日大家看《酉阳州志》一整天。

这部州志编得很好，内容充实，又有编者自己独到的见解，可见编者下了功夫。不像别的州、县，修志不动脑筋，只是照抄书。潘先生看过不少志书，也认为这一部是编得好的。下午，县里请我们洗澡。老杨、老朱先去，洗完回来说很好。接着，我和潘先生去洗，浴室就在隔壁的大木房里。室内烧起两盆大炭火，两个大木澡盆临近火盆，虽然这间房很大，又四面透风，但是洗得很舒服。后来，县干部告诉我，去年酉阳发大水，大水进了街，一直淹到县政府的一楼办公室，大礼堂也被淹，淹得比较厉害，退水的时候倒塌的，现在改做篮球场。那次浴室也被淹坏。现在这个是临时性的。去年发大水的原因是河里的落水洞来不及出水，总还是雨水，水的总流量大而集中之故。

看州志到下午 4 时，我想出去走走，看能否拍几张照片。老杨、老朱愿意一起去。先在街上遛遛，不是赶场期，人不多；走到一处，大街的侧巷有一口井，有不少人在井边洗菜，有生活气息，拍了一张。走出街尾，从排列在河中的石礅上走过河，爬上山顶，俯拍了一张西阳县全景。我脚下站的是个石山，满山的大石头，上山的路是凿山石而成的石阶。在石头和石头之间有些石缝，石缝里有些泥土，有人就在这石缝的一丝一厘的土地上种了白菜，长得还很好。这是人向石头斗争出来的蔬菜，是在虎口里夺食，是人跟天斗。我想拍一张，见上面山坡上有位妇女正在锄菜除草，经向她打听，知道这石头地的白菜就是她种的。请她下来劳动，拍了一张。她是个自愿参加劳动生产的尼姑，更增加一层意义。早饭、晚餐县长们都来相陪。晚饭时我跟莫德华副县长商量，介绍我去参观西阳师范学校，他是该校的副校长。饭后，老杨、老朱也跟着一起去。西阳师范就在县府的隔壁，校址原来是地委的房子。解放初期，这一带山区土匪多，猖狂，政府在这儿设立专区，职责就是剿匪，任务完成后，专区撤销，房屋就交给师校使用。西师的校园很大，相当宽敞，有原有的老房子，有去年、前年新建的校舍；1951年修建时，学生们还在课余参加义务劳动，抬运石头，不但加速了进度，还锻炼了身体，加

　　1957年1月2日，四川酉阳驻地钟多镇。川、湘、鄂、黔边区，由于多为山路，人们搬运物资主要靠大背篓来背。图中农民手里的工具叫"打杵"，成T字形，木头所制。路途中累了，就将打杵撑在背篓底部，站着小憩。

1957年1月2日，酉阳城郊，人们在石缝里种菜。

深了对学校的感情。我们发现有一幢作为学生宿舍的旧房，不仅建筑高大，屋脊上还爬着两条长大的黄龙，这里原来是县里的文庙大殿，整个文庙设施恐怕就只剩下它了。师校旁边附设有小学。校园后面是石山，时有豺狗出现。学校的运动场很宽大，很多学生在场上活动，场边摆放着不少传统形式的石担、石锁。莫副校长说，体育教员是个大学生，工作很积极，体育运动开展得不错，酉师的团体操和多项体育运动，在酉阳是有名的。

县城附近豺狗也多。1955年寒假1、2月间，一位老师去小坝赶场，在水田的田埂上，一只豺狗在上面行走，回头看看公路上赶场的人，一点不害怕。1955年5月，酉阳师校开运动会，场上很热闹，一只豺狗从坟地跳过来找东西吃，和运动场只隔一条小河。1956年12月，酉阳城里一座仓库，三个人在仓库外面围着烤火，一条豺狗也溜过来烤火，被发现后，开枪没有打着。

酉阳县三国蜀侨置，寻废。故城在今四川酉阳县北。晋永嘉后没于"蛮僚"。唐末黄巢之乱，酉阳"蛮叛"，驸马冉仁才征之，留守其地。其后遂世有之。宋置酉阳县。元置酉阳州。明玉珍又改为沿边溪洞军民宣慰司。明初归附，仍为酉阳州，升为宣抚司。冉氏世守其地，所属有九溪十八洞。其民分为三种，口冉家、南容、伧僚。又改为宣慰司。清初归附，于司治设县。又升县为州，直隶四川省。民国改县，属四川川东道。

宇文周打奉节冉氏后，冉氏后辈主要部分可能迁西阳和贵州。

明冉如彪献楠木与皇帝，送到北京，赐一套绯鱼服。

谢土，为受汉人影响，也认左青龙、右白虎。小孩不许进堂屋。

送白虎，土家原先敬白虎，后来赶白虎，乃是受汉人影响，加上受湖南方向影响。

西阳西酬乡有土家，西酬、龙潭乡、小寒乡三地都有"土"族。（田秘书谈）

本县如小寒乡等尚有少数人能讲"土"语，小孩尚用"土"语骂人。（兴隆区小寒乡支书李盛昌谈）

陪十姐妹、陪唱山歌等。嫁时新娘不哭不合规矩。是"土家"风俗。

男女打山歌，山歌唱过来，你不回歌，对方就骂。

龙冬乡的田家不纳税（指田赋），说他们家的土地是皇帝赐给的。（王东星谈）向、尚一家。

莫家有改姓牟的。（牟姓人是屯田兵来此。）（莫副县长谈）

1月3日　星期四　酉阳　阴

上午 9 时余开座谈会，请来两位 80 多岁的老秀才，另外几位老人也都 60 开外。会上谈得很好，冉子华老先生（商）还把祖辈第 30 多代的 200 多年前的老老祖母杜氏的喜容（画像）带来给大家看。我抓紧机会，用业余牌闪光灯泡拍了一张。冉老谈得很有意思，还带来一部《冉氏家谱》。冉老谈话中提到，冉氏曾有一支迁往浙江仁和县。（改土归流后，清统治者采取迁移大姓办法，宋设仁和县，冉氏可能宋时迁移。仁和今为杭县，可能有冉姓。）

10 时余去酉师摄影，昨夜和教导主任谈好先拍手工劳动课。到后方才发现学校的钟比我的手表慢半个多小时，第三节尚未结束。乃约定第四节下课前 10 分钟去拍，免得扰乱学生的劳作。于是先随贺焕然主任到学校函授部，听 7 位老师谈他们的函授教学和下乡辅导的情形。他们的工作很有意思，他们通过函授，帮助一些县、乡、村的小学老师提高了教学水平，也教育和锻炼了自己。

函授部老师：语文：朱榕阳、黄汉、张宗沛、卢绪高；数学：孙定远、胡清仁、萧祝华。

拍了八一班劳作课和函授部老师工作片段。

　　1957年1月3日，酉阳冉子华老先生（右2）展示他老老祖母杜氏的喜容。

1957年1月3日,酉阳师范。这里设立了函授部,帮助小学老师提高教学水平。

下午3时余从酉师归来，继续读《酉阳州志》，替潘先生做卡片，抄录"志书"中有关"土家"的方方面面，以及其他潘先生认为重要或感兴趣的内容。这部州志内容丰富，记载翔实，潘先生过去没有见过此书，所以需要抄录的不少，我得抓紧抄写，不早些赶，到走时就来不及了。

解放前，酉阳、秀山一带土匪很多，其中有几十年的惯匪，土匪头子到处抢掠，杀人放火。那时酉阳城一到黄昏，天还没黑，就关门闭户，街上见不到行人。

20年前，有一批土匪，头子张绍清，自封旅长，张洪顺，自封团长，干了很多坏事，1936年左右，一个保安团长带四十多名兵士，前去搜剿，行进在山谷中，被埋伏在两边山上的张匪，把这个"兽牢儿"（俗称，即捕兽笼）一收，冲下山来，将保安团长等全部杀死，后来在大酉洞附近将他们四十多人埋葬成一个大坟。土匪原来只有土枪、大刀、棒棒，这次夺得机枪2挺，步枪几十支。

两三年后，又出来一个大土匪，杨树成，外号杨大胡子，做了几十年的惯匪，杀人放火，派捐派款，强索枪支、子弹、鸦片等。像木桶一带，几乎一间房都没了。这批土匪还敢跑到国民党一个师的仓库抢劫一百多支枪，一百多箱子弹。

杨卓之是几十年的大惯匪，安家在秀山县龙凤乡，抢劫发了财，还大做生意，贩卖鸦片。在自己住家修了小马路，有小汽车等。1949年下半年，杨卓之、熊子云、陈光佩三个大匪首纠集在一起，从四面包围秀山，县政府只好转移到城外。匪帮攻入秀山城，占据了三四天，把县贸易公司的桐油等财物都抢走了。走时烧毁了公路上一辆汽车。杨匪随后逃往贵州，1952年，他和陈光佩一起，都被枪毙了。

酉阳等初解放时，惯匪们在国民党特务利诱操纵下，很嚣张，在四面山上游走、放枪，扬言攻城。人们都不敢出城。汤县长在此时期遇害。人民解放军抽调部队前来剿匪，从1949年9月开始清剿，向群众宣布，要在三四个月内彻底消灭害虫。老百姓都不相信，这么多根深蒂固、气焰逼人，几十年都奈何不了他们，怎么能在短短几个月内扫清呢？但共产党说话算话，1949年底就全部肃清，彻底铲除掉这些毒瘤。

1月4日　星期五　农历十二月初四　酉阳　阴微雨

早上，参观县文化馆。县长在介绍全县情况时，曾提到文化馆保存的铜器中，有一件可能是錞于。潘先生认为

165

錞于与巴人文化有密切关系。它的上面铸有虎钮，这是崇虎，以虎为神，为祖先。传说中有说錞是"诸葛鼓"的，是三国时期蜀国的诸葛亮发明的"行军鼓"，行军扎营时，翻过来，是饭锅，煮饭用。打仗时就是指挥用的信号。

县文化馆离县府不远，在县府的右边，今天出门可以看清楚县府的围墙是用泥新筑成的。1950年（前次有人介绍说是去年，大概是记错了）6月，山洪暴发，河流中原有洞泄水，这次水大，来不及排泄，导致水涨，淹了县城。街上的民房全被水淹。县府的水有一人深，大礼堂是泥墙，县府的围墙也是泥的，全被水泡垮了。县文化馆大水齐屋檐，幸好它是石条和窑砖建成，房屋建筑没有遭受太大损害，可是收藏的书籍全部损坏，未能抢救出来。大水共淹了15天，水最深时占8天，水深时，木排可从这山划到对山。90里外的龚滩来了1000多人协助抢救。这次是因山洪被堵不及流走成灾，水流不急，减少了一些损失。我们在重庆时，有人谈到当年（即1956年）6月下旬，四川盆地暴雨，成都和温江地区北部，和绵阳至广元一带发生洪涝灾害，嘉陵江沿江几个县，市、镇被淹，损失惨重，全国震动。

文化馆尚未安顿好，文物全堆在一间房内，尚未进行整理。铜器是不少，果然其中有一个我们关注的虎錞，是

166

一个小型的，上面的虎钮也没有重庆文化馆的有精神，也就是制作技巧、工艺精度不及重庆的，而且还打破了一点，很可惜。铜质文物中，还有一口一二千年前的编钟，是一种打击乐器，顶上有一个洞眼可以吊起来敲打，像钟形，全身排列着凸起的母牛奶头。有大大小小、样式不一的明朝宣德铜炉（点香用）七个，宣德炉很名贵，潘先生说，宣德年间皇帝御制的铜炉不多，分赐王公大臣后，所余不多。所以在当时就很名贵，一些权贵仿制了一批，可能还是由原厂铸的，但因铜料等达不到原品的成色，质量要差一些，但仍然属于上品。历朝各代仿制的不少，但真正的官制宣德炉，流传极少，很难找到。其他还有康熙（乾隆）蓝色瓷瓶一个，哥窑小壶两把，商、鹿钟（扁形），瓷牛二，铜剑，铜佛，玉酒杯八只及一些土司的物品。一个县文化馆，能够收集保存这么多文物，很不错了。像錞于，很难觅到，像编钟，我们都是第一次见到。另外，馆里还有一本石印的《荆南萃古编》，是记载古代文物，如铜器、汉砖等，里面还有对虎錞的说明。

文化馆的后面正对有名的玉柱峰，馆右边为西山沟，住了很多陈姓人家，那里的陈姓曾改姓冉，酉阳州一带的土司姓冉，可能陈家为了躲避土司的初夜权，改姓的冉。清改土归流后，他们又恢复为陈姓了。据说元末的陈友谅,就是西山沟人。其实,他们搞错了,曾和朱元璋对着干的陈友谅是湖北沔阳人。

上午还准备去参观大酉洞,天冷,吉普车发动不起来,大家推,一直推上了街方才发动。想去的人多,第一批潘、杨和县领导先走,我和老朱第二批,出镇外一二里地,就在公路旁边。我们从彭水来时,曾经过这里,大酉洞很大,洞不是很长,大约一百多米即是另一端出口。《酉阳州志》里说,大酉洞可能即是东晋诗人陶渊明所写的《桃花源记》里的人迹罕至的"世外桃源"。我们看了,倒也有点。《桃花源记》是这么说的:"晋太原中,武陵人捕鱼为业。缘溪行,忘路之远近,忽逢桃花林。……山有小口,仿佛若有光,便舍船,从口入。初极狭,才通人。复行数十步,豁然开朗,土地平旷,屋舍俨然……"而我们所见的大酉洞,也是洞尽头豁然开朗,众山包围,有良田几十亩,石壁上有"太古藏书"四个大字。只是洞显得太大,进出方便,离县城也近,公元220年以后,三国蜀时就在这一带有酉阳县了,不像山野偏僻避乱之地。大家议论认为,大山里面,洞穴很多,为了逃避压迫剥削,人们躲进山洞是很可能的,如福建、安徽等地也曾发现过。少数民族生活单纯简朴,要做到自给自足,不与外人来往,还是可以做到的。州志上说,"核其形,与渊明所谓桃花源者，毫厘不爽"。

我们在湖南家乡念中学时，各个学校都很重视古文，教科书上的文言文都要背诵，书上就有《桃花源记》，我们多半还自动背诵《古文观止》上的文章。而那时传说是桃花源在湖南桃源县，桃源傍沅江，近洞庭湖，农村有桃花林、有山洞等。在这里，西阳也有桃花源。谁是真正的桃花源，陶渊明写的是不是真有一个那样的避难山洞，有待有心人考证。大酉洞、二酉洞，传说都是藏书洞，我们未去二酉。

今天是赶场日，四乡都来赶场。下午3时，副县长陪我们去赶场。到了那里，人群拥挤不堪，卖木柴的，背木炭的，抱着鸡的，赶着小猪的，扯布、称盐巴的，热闹得很。桥堍一头二三十斤重的大黑羊，开价5块5，真便宜；烧火做饭用的很整齐的大块木柴，40多斤一挑，4角钱；木炭，100斤2块1角，质量上等，用木炭互敲，"咣咣"响，湖南叫"钢炭"；发出香味的包谷饼1分钱一个，这儿用玉米面做饼，比长阳山民干炒玉米碎粒（磨碎）要好吃得多。

参观中药材收购门市部的仓库，药材大包大桶地堆满整个仓库。门市共收购340种药材，其中有：麝香，现收到十几两，可望收到一斤多，1955年收六十多两，每两收购价42元；牛黄，蛋形的每两140多元，管形的，80多元一两，去年收入五六两；蜂蜜，从10月起至今已收5800多斤；光前葫已运走三四万斤，年可收三四百担，不敢大量收；苏麻子，已收一百多担。枳壳、吴芋都用囤装；也收生漆、硫磺，用高炉烧制，年收七八百担；松香，也有好几百担。库里装了那么多种药材，我能够有把握说出的，大概就是红枣和橘皮二种。

县供销合作社还用山洞做仓库，存放桐油和瓷器，他们正在忙着盖新房。从盖新房、文化馆文物堆集一房和大礼堂改成操场来看，应是去年（1955年）发大水，淹县城。到底是哪一年，一忙就忘了找人确认。这次参观供销社中药材，也忘了问他们有没有收购到龙骨。太粗心大意了。

酉阳的山货、药材不少，只是交通不便，很难运出去。而且运输公司愿意跑彭水，不愿意跑龚滩；彭水跑得远，每担可多收几元路费，龚滩距离不到百公里，比彭水的200多公里，运费自然要便宜得多。可是运输公司说那是条新修的路，不好走，也就是说，要费时费油，划不来。供销社也没法。

几年前，公路比现在少，交通不便，酉南和龙潭以下的人和货物都走酉水去湖南，顺水下到湖南保靖，再下到沅陵，酉水汇入沅江，到桃源县，入洞庭湖。再远就可以进入长江了。酉西方面则可以走龚滩，下水经彭水到涪陵了，一般都是连货带船都卖了。山里木材多，打成船下去卖了，有赚不赔。卖掉了货船，船员则坐汽车或走回来都比逆水撑船、拉纤轻快，又轻又快地回家也。

下午，杨重野偶然发现，隔壁县财委会门前的石阶级中，有一级是用一块碑石做的，因太长太大，锯去了一半，仔细辨认，是乾隆五年制的耿寿平的墓碑，杨赶快去告诉潘先生。潘先生正在看《酉阳州志》第十二卷，卷里提到，耿寿平是清朝酉阳州的第一任知州，志书里记叙他是清实行改土归流时在酉阳的第一任州官，他为了实施改土归流政策，即废除世袭土司，改行临时任命的流官统治，实行和汉族地区相同的政治制度。在推行赋税征收、编查户口、建立乡勇等各方面遇到的困难重重，等等。而老杨领着潘先生察看的这块碑文，正是记载这些事迹，真是巧合。还有一件巧事就是，院子里对面的一排石阶级中，也垫上了另半边碑石，正好配齐。潘先生后来向县领导建议，耿寿平碑是酉阳县一块重要的历史纪念文物，应该将它修复，树立和保护。

晚饭前，酉阳师范的教员冉鼎来看望潘先生，他是四川大学学生，在抗日战争时期读过潘先生写的书（潘著《冯小青：一件影恋之研究》），记忆深刻的是关于冯小青的生平，于是和潘先生人谈他的自我恋（影恋），等等，最后介绍了一些冉家的情况。

夜，继续阅读《酉阳州志》，并助潘先生做卡片，至12时熄灯。

1月5日　星期六　小寒　酉阳—秀山　小雨、阴

今天要去秀山，我还有几本《酉阳州志》没有看完，心里很着急，7时半即起来赶着翻看，老杨也还有一部分想看、想抄的。潘先生说，今天去秀山，路程才104公里，不远，路也不难走，大家把书看完再走吧。结果，我们二人一直看到10时，方才出发。

在酉阳，我们受到县领导们的热情接待。每顿饭都有人陪着同吃，边吃边谈，不让我们感到受冷落；每顿饭都有酒、有好菜、有火锅。而且锅里离不开麻辣，要放很多的花椒和大红辣椒，让你吃得大口哈气，头上冒汗，用麻辣这味古老的"药方"助你驱除高山和盆地淤结的寒冷和湿气。四川人和四川厨师在外省做菜，老是埋怨烹煮的菜麻辣味不地道，就是因为外省市生产的花椒不行，没有川椒的味又劲又冲。不少四川人回乡，临走时带的土特产中少不了一味川椒。酉阳上桌的是山区一带的土火锅，铁制

172

三角形炭盆上放个小铁锅，虽然外形不如城市专用的铜火锅，但其内容、其鲜美麻辣不亚于大城市。当我们在言谈中夸赞四川的泡菜，说我们这一路下来，无论是在县、镇食堂，还是一路打尖，在饭铺吃早饭、午餐，第一盘送上来的泡菜，家家不同，一家一个味道，可是又都酸香好吃，四川人腌泡菜真有一手。陪同的领导谦虚地连说："平常，平常；一般，一般。"可是，从下顿开始，送上来的泡菜就开始起变化了，顿顿都不一样，日常泡菜一般是青菜、红白萝卜条、红辣椒等，现在则豇豆、刀豆、洋姜、莴笋、丝瓜、黄瓜、苦瓜、芥菜、苤蓝、元白菜和叫不出名的瓜、菜，都做成美味泡菜，我们大饱口福，赞不绝口。有些菜不是三五天就能泡成的，大概是厨师到镇上饭店、家庭找来的，甚至是干部家里的，真得感谢他们的一番好意。

住房里整天烧起大盆钢炭火，晚上是大瓦数灯泡，我们可以一直看书、写作到晚上12时火电厂停电熄灯为止。木炭燃烧无烟、无味，火力又强，冬天烤火和一年四季离不开的火锅都少不了它，应用广泛，所以场集的柴炭市场上它是一大类。

上午10时，在小雨中出发，今日沿途要经过钟岭、渤海、龙潭、苦竹、龙池、官庄等乡镇。在路上见到雨天背东西的情景，川黔一带大山多，出门就要爬山，扛、担东西都不方便，甚至困难，不像湘鄂赣的平坦道路，可以挑担推小车。他们背上背一个高出头顶的大竹篓，装的货物或家用物品更高出竹篓口一二尺，将遮雨的大斗笠戴在篓顶上，而不是自己的头顶上，看起来很新奇有趣，我因坐在车后，又在下雨，未能下来拍一张。像这样日常司空见惯的生活小景，活跃在这里的四川摄影工作者是不会启动照相机的。这就是"少见多怪"和"见怪不怪"，这就是创作灵感的一刹那，往往在人们认识的一点小差异中产生出一幅好作品。

为我们开吉普车的司机小申叫申成荣，10岁出头就离乡出来学开车，十多年成了棒小伙子还没有回过家，这趟申请为我们开车是想借机回家看望老祖母。好了，今天就可看到了，前面不远的渤海（过去叫蒲海场）就是他的家乡。我们都笑他，今天真有劲，真精神，车也开得快多了。小申只嘻嘻地笑，我们都为他高兴，叫他猜，回到家中，哪几个还能认得出他来。我的心中有一丝歉意，拖拉到今天早上还在看州志，耽误了他回家的时间，能让他在家多待两三个小时多好。11时半到达小申家。

下午1时，在龙潭午餐，汽车不能入街，就在汽车站对面的馆子吃。

龙潭为酉阳第一大镇，也是酉阳第一大平坝子，在四围大山里，它平坦宽广，土地肥沃，出产丰富。龙潭也在大娄山山脉范围，山高 1200 米以上，坝子在海拔 500 米上下，位于酉阳东南约 50 公里处。从酉阳来，须环绕高山走一个 90 度，直角形路线经龙潭再到秀山。就像我们在彭水走时，从郁山镇到黔江县也走一个 90 度直角形路线，然后顺线一直南下经两江口再到酉阳一样，在山上绕来绕去。这种顺依山势或山脚或山腰或山顶绕山修建公路，道路增加长度，车辆多费时间和汽油，而且容易破坏环境的幽美和产生污染。这种状况须待今后修建技术的提高和机械设备的改进与创新，开山凿洞，让汽车、火车在大山肚子里直线通行，节省占用表面土地和尽量避免对环境的损害。

龙潭古时地方志书言，"在四川酉阳县东九十里（古时无公路，乡民背篓爬山间小路，更快更近一些），与秀山县连界。为湘蜀要道，商务亦繁"。按说以龙潭的地理、经济形势，是可以考虑设县的，但因它与酉阳相距甚近，又局处川东南一小角，缺乏土地面积，很难并设二县。清朝时在龙潭设县丞，将他作为酉阳的副职。"雍正十三年改土归流，废除土司，在此设巡检，相当于县的分司。乾隆元年升酉阳为州时，龙潭同时成为'州同'，设州同理所。民国初年，改称县佐。"说明历代对龙潭这块肥沃坝田和湘川黔三省山地交通枢纽之一，是相当重视的。而我们此次之行，则对改土归流后，酉阳冉姓土司及酉、龙二地的"土家"后代寄以关怀，因为酉、龙二地，地势平坦肥沃，"土家"人生息在此地的一定不少。州志给了我们不少回答。

下午4时抵秀山。

张副县长，山东人氏，陪我们说话。他说，秀山被人们叫作"小成都"，是指这里有点像四川盆地，地土平坦肥沃，物资丰富，西边的大娄山，东边的武陵山到这一带，山势比较平缓了，平原坝子大了，多了。川东南酉、秀、黔、彭这一片地区，盛产油桐、油茶和黄连、银花等经济作物。秀山还是在众山环抱之中，气候温和，雨量充沛，十分适宜油桐的生长。秀山的"秀油"（桐油）在全国有名，已经有二百多年的历史，交通方面，公路向东90公里就进入湖南省地界，物资运输出口，主要是一条陆路——川湘公路。川湘公路从重庆起始，经綦江、武陵、彭水、酉阳来到秀山，出境进入湖南花垣，走沅陵、吉首都可。另一条水路，走酉水下到湖南沅陵，两条路都是依靠湖南帮助。秀山处于三省交界的境地，就像常有人说的，会出现三不管的情况，山又大，所以土匪多，生活不安定。1951年，我省涪陵等地都已开始土地改革，我们呢，我们县里还处在大剿土匪的阶段，比兄弟县慢了一大拍。

小申等行李安顿好，马上就去张罗汽油，国营百货公司无货，再没有第二家，只好向汽车运输公司借油。缓解了燃眉之急。

傍晚商量明日去县城东乡访问土家。计划由妙泉乘船前往，经过打听，妙泉近日无船。只好决定坐汽车到龙池，先行通知石堤方面找船来接。

潘先生和比我年岁大些的老杨合住一间，这一间是县计委会主任让出来的新婚房，结婚不久。潘睡的枕头还留有香味。

小申回家。但因为离家十多年了，走时又年轻，记忆不清，认不出哪里是自己日思夜想的家，东瞅西认地找了一阵，最后看见一棵熟悉的大树，方才恍然大悟："怎么我的家在那个地方？"我们来到酉阳后，展开调查，用不着车，小申就想先行回家看看，他去长途汽车站，客人多，买不上票。他也未向车站协商，也没有亮出自己的司机身份，他已经考取二级驾驶证，怕引起同行的忌妒，反而不好交往。就老老实实地不走了，也没有和我们商量。他已经12年没有回家，能够这样，也真不容易。

1957年1月5日,潘先生一行在酉阳的公路上遥望龙潭大坝（山间的大平地）。

小申的家就在公路旁，汽车一停，家里就有人迎出来。潘先生也想去看望一下，问个好。雨后土路滑，由小申的弟弟背着潘先生进去的。

小申的祖母70多岁，母亲40多，二人见到小申，高兴得流泪。小申的大弟昨天到酉阳去卖苕粉片（用从红苕中提取出来的淀粉制成的），卖1角8分一斤。将近50公里路来回，当天赶回。他大弟在酉阳街上见到一辆车，开车的似乎是他哥，多年不见了，不敢冒昧相认。原来果然是哥哥。大弟今年23岁，结婚已经5年了，生育了3个孩子，前两个都扯惊风夭折，现在的第三个是个男孩，快满周岁了。做哥哥的小申到现在尚未结婚，我们笑他，要他抓紧。申说结婚的事不想太早了，晚一点好。

这儿的农家平房，很像湖南的房屋，是用土砖砌墙，黑瓦人字形坡顶，请我们坐在堂屋一侧的右厢房，是厨房。在墙脚用土砖围成一个方形火塘，内铺柴木灰，中间烧木炭，大家围着烤火。炭火上面吊着一块三斤多重的新鲜猪肉。（记得在湘东家乡是丘陵地带，土砖瓦屋后有小山，有树林、竹林，冬天室内也烧火塘，不同处在于秋后无事时，后生、小子们到山上去挖大树根，把它们晒干，每个树兜都很粗大，十几个堆在墙角就有一人高。烧火塘时，一定煨一个大树兜，傍着它烧柴火，以木柴为主，烟少，耐烧，树蔸靠柴火引燃缓慢地燃烧，一个可以自燃几天几夜，在它旁边把红苕埋在热灰下煨熟，就跟烤白薯一样，又香又甜。一般火堆上吊一把瓦壶，烧开水泡茶喝、聊天，也可以熏鸡、熏腊肉。）厨房的大灶是三合土的，略带弯形，灶上安了三口锅；灶的一侧有一口安放在木方筐内的水缸；柴火是草和包谷核儿，坝上柴火少。后门外是一小块菜园，左边是一小片箬叶丛（包粽子，做斗笠），园中一棵大栗树，就是小申认家的标记。刚才他母亲告诉他，有人想买这棵树，小申对妈说，千万别卖呀！没了它，我回来就找不到家了。在右边的屋檐下，有一排叶子很大的大芋头。园里有 3 棵柚子树，加上屋周围的，共有 8 棵，每年可结柚子 800 斤，1 分钱一斤，真便宜；运到酉阳，可卖到 3 分一斤。剥了两个请我们吃，相当酸。渤海也出红橘，1 角钱 5 个。

小申全家都加入了农业生产合作社，1955 年已是高级社。申家是中农，有 60 挑田入社，祖母已是 70 高龄，仍然身体健康，外貌不像 70 的人。母亲也能劳动。考虑到家务事不少，二人都没有参加主劳动，由大弟和弟妇参加劳动，是工分制，今年二人做了 3000 分，分到稻谷 1800 百斤，红苕 4000 多斤，苞谷 500 多斤，人民币 8 元。大弟又在附近的磷肥厂工作 5 个多月，月工资 18 元。大妹也在磷肥厂工作。小申还有一个小妹妹，他12岁离家时，她才一二岁，现在上小学，尚未放学，小申未能见到她。

他们全家生活很好，叫小申不要记挂，也不必寄钱回来。他们全家都用白布包头。

1月6日　星期日　秀山—龙池—石堤　晨雪　雨转阴

半夜醒来，窗外沙沙作响，小雨不停地下着。一只小老鼠在房里跑来跑去，我怕它吃我们的橘子，又不敢轰，怕吵醒老朱、小申。后来，这只小耗子越来越不安分，居然爬上我的床，我拿电筒一照，只有大拇指那么大，它见到亮光，吓跑了。早上7时，小申即起床去发动汽车，听见他们好几个人在院子里又烤火又推，发动汽车打火的"卜卜"声，都清晰入耳。后来好几个人共同把吉普推上街去了。接着又是一位男士在我们窗外的草坪上吊嗓子，在那里高声歌唱，旁若无人。秀山县报时，没有庙钟（彭水），没有汽车铁轮圈（酉阳），起床号是吹大哨子。

8时起床，方才发现，天上在下着小雨夹雪。早饭毕，小申先送保卫人员和统战部龙同志去龙池，再回来接我们。此地去龙池22.5公里，很快。在等候期间，张副县长和潘先生聊起他在胶东老区埋地雷、打麻雀战，和日本侵略军、国民党军作战的故事，听起来很有趣。他年轻时当过渔民，在海里捕鱼4年，又去盐场晒海盐4年。

10时我们才坐上小申的车，小申说车冻坏了，后来找汽车站用大汽车拖才发动的，所以第一趟就晚了。道路平坦，小雪子也下得少了，车行甚快，一个小时就到了龙池，都在粮库休息。

雇来的农民们正在绑滑竿，一共四副，其中有我一副。我根本用不着，有手有脚，能走能跑，坐它做啥，年轻轻的，坐上去让人看了难受，自己更难受。但又碍于还有杨、朱二人，自己特殊不好。只有到时找个理由不坐。这种由人来抬的事，心实不安。看他们做滑竿花了40多分钟还没有好，有点焦急，就催老龙，龙说绑好了三顶，还有一顶未到。我听了大为高兴，于是说，不用等了，我走得动，可以不要，还是赶路要紧。滑竿做成躺形，潘先生不习惯，要他们改成椅形坐姿的，第三副滑竿，老朱不坐，他从昨夜起开始拉稀，怕摇晃受不了。我劝他，拉稀身体弱，走不动山路，还是坐好，走了一段路后，还是坐了。此次下去调查，县人委很重视，虽然社会秩序一直很好，但为了防止万一，除老龙同志外，又由县人委派警卫员魏同志，公安局派傅、杨二警士，还有县委一位张同志，一共9人浩浩荡荡的，够一个调查团了。

潘先生要小申借这个机会直接开车回家去陪陪祖母、妈妈，明天下午5时至5时半再来龙池这个老地方接我们。

雨雪天路况不佳，虽然出发时雨雪已止，不用手打雨伞，但是我们走的乡间小道，一条窄窄的时断时续的石板路，其余都被雨雪融化成烂泥路，走上去，溜滑溜滑，须要集中精力，眼睛瞅准地面，全身肌肉绷紧，一步一步踩向前，一不小心就要摔跤。我本来想和老龙并排走，打算摆一路龙门阵，搜集些本县资料，现在举步维艰，一心自顾自，哪有余力进行采访，只好作罢。爬一个大山梁，过一处自生桥，桥下水流被引入一条小水渠，可以推动一座石碾。山涧溪流，别看流量小，善于运用就是水利，就可以造福人群。

一路小山小岭，我们就在这山山岭岭中，爬上爬下，转来转去。看两旁，山上土色黄红，约有半数都种上松树，没有长树的长满了茅草，茅草已被割光，做了柴火，剩下的草根，明春又是一片绿。石多土少的山坡很少，这里的山岭树木，很像我的家乡，当山坡出现整片油茶树林，满头绿翠，曲树老枝，久经沧桑的模样时更是感到兴奋亲切。我向老龙指点、介绍，又问他，这里有没有传统的利用水力研磨油茶籽、蒸熟榨油的油坊，油茶山坡挖掘和松土除草是不是用尺把长宽不到两寸的刁锄，龙说大致都样，刁锄这里叫挖锄。说着走着，就看见前面不远一个农民扛着一把挖锄向山上走去。

解放前，秀山土匪很多，我们经过的这一带原先就是土匪窝。解放初，一两个人白天不敢从这里过，要结伙搭帮十几个人一起走，县里送通知到区乡，七八匹马成群地跑，单独的行人常被剥个精光。有一年，腊月寒冷天气，十几位女学生、七八个男学生，相约一起走，也都被剥了。老魏指给我看，那个路边的瓦房，那时就有土匪住着。你能逃过这岭，却逃不过那坳。又告诉我，别看周围山岭不高，土匪躲在里面，他熟山熟路，很难抓到。酉、秀大山里，尚没有发现种植鸦片的，因为这里离城较近，容易被发觉。再往前，前面的石堤和它附近八面山一带，解放前，是种植鸦片的大本营。那时土匪多，国民党反动派的官吏，也就限于在县城周围活动，他的势力从来没有达到石堤一带，更别说边远山区了。

在道路泥泞滑溜溜的情况下，我和魏、张、朱等几个步行者还是先于其他的人们，于下午2时前一刻到达宋农。从龙池至此，步行15公里，从这儿起，就有小船浮梅江水直放15公里下抵石堤。今日宋农无航船下石堤，是由石堤派船来此接。我们顺着镇上的街道向街尾走去，街道整齐，石板铺地，相当干净，在乡政府对面有一个大木棚，是赶场的场所，五天一场。街道很长，约有半里多路，镇不算小，有两条并行的街道。河码头在镇东街尾，船尚未到。

在街上见到一位卖葵瓜子的老妈妈，整个人坐在一个木桶内烤火，双手索索抖动，看着很可怜，我跟我们的总务老朱商量，买她一点瓜子。老朱用2角钱抱回一大包望日葵子。1分钱一酒杯。老朱和她聊了几句，82岁，孤苦一人，入了农业社，社里照顾不够，她把家里能卖钱的都卖了，做了这么一个小本生意。听了心里发苦，对老人们应当设法照顾好。轿子和人到齐后，在镇上唯一的一家饭铺休息用饭。铺里有纯糯米粉做的汤圆，还有自酿的醪糟（问什么是醪糟，就是酒酿，甜甜的江米酒），还有面条，都很好吃。我要了一碗醪糟汤圆，真不错，吃完肚子一直热乎乎的。不敢多吃，怕糯米难消化。我忘了，下一个节目是乘船，水流滔滔，是最容易掏空肚子的。饭吃完，船也到了。

临走，我和老朱又找老妈妈，把她剩下的葵瓜子全买了，付给她6角，多算了一点钱。冬天水浅，河岸露出一大片湿滩，陷脚，潘先生的滑竿就一直涉水抬到船上。

从秀山去石堤，是东北方向，大概有60公里左右。从地图上看，石堤镇就在龙潭的东边，几乎同在一条纬度线上（约在北纬28.7°上），而且相距很近，不加考虑的

1957年1月6日，秀山县。梅江小篷船在山涧激流里送我们下石堤。

话，好像从秀山川湘公路北上，汽车很快走完大约50公里到龙潭，向东步行二三里不就是石堤吗。可惜，地图上能提供给你的情况太少，你看不见，龙潭与石堤那几毫米空白距离中，实际上其间有多少山岭溪谷在阻隔着呢。"望山跑死马"，站在对面的山上，看得见，说得上话，要握上手可得爬一天。从贵州南来，经过秀山的梅江，向东北流到石堤，汇入从湖北北下的酉水，再流入湖南。以江为名的梅江，流量小于以水为名的酉水。可不论大小，它们都是从万山丛中搏激、冲刷，左绕右回，闯出一条水道出来的，它们像一条纽带，把湘、川、黔三省串连起来，发挥它们应有的灌溉、运输的才能。

下午3时40分启航。这是一条很新的木船，不大，船体窄而长，平底。老板娘说，船是新钉的，很便宜，只花了七八十元，上个月共收入160多元，枯水期收入很少。这条船是老板娘的，她家原有一条大的，丈夫（姓何）去世不久，她不会驾大船，交给合作社，由社里另选船老大主持。自己驾艘小船跑石堤附近的短途。石堤到×塘是一条5里长的平稳水道，每人3分钱一趟。有点渡船性质，坐满开船。此船载重1000公斤，估算可装载20人左右，船有篷，我们前舱坐5人，中舱坐了潘先生、老杨和我，给我们放上一个灰钵烤火（就是用陶、瓦一类钵子，草木灰上盛放烧红的木炭或柴火，用热灰薄盖，缓慢燃烧，可烤手烤脚）。后舱坐一人，颇为宽敞。船行时，船头一名船工掌管棹（一种桨），用来拨水，可插到河底，下滩转弯最得力，船艄一名艄工掌舵和桨，船老板娘则高坐在船尾，四处张望，招呼她进舱烤火不来，她要利用这一次跑长途，学习使船技能。河水平稳时，船首船尾都用桨。开始下滩时，船头的黄老大于是换用竹篙和棹，篙尖用来紧插河底或石壁，阻拦船头撞向河岸、石崖，在浅滩多湾时，换用长棹拨水，引导船头拐弯抹角，不致搁上河滩不能行动。不久，坐船要过第一个滩，这第一个滩就很险恶，要考一考新船，给它一点颜色。那滩水像开锅似的沸腾，喷着泡沫奔流湍急，湾折又多，木船身不由己，急冲而下，船工们一起合力驾驶着船儿左拦右挡，随势而转，顺势而下，安然闯过一关。像这样的急滩险滩，沿途有好几处滩浅时，水势更急，像我们这条半载（千把斤）的船，船底也免不了擦着沙石，沙沙作响，颤抖着过滩。真是拐了一弯又一弯，过了一滩又一滩，滩滩好似鬼门关。潘先生过一滩数一滩，最后高声宣布，一共过了 17 个半滩，最后一滩小而短，只能算半个。这是枯水期，夏天水大时，可由秀山城直接装货，由梅江经妙泉，到石堤，汇入酉水进湖南。

4时半，船过黄花溜时，老龙指给我们看，就在那渡船处，土匪抢得最凶，建国初期，我们一排人，跟狗日的这些家伙干了一家伙，把他们吓得全跑散了。沿途见到一个柜子岩。6时1刻拢的石堤，船走得蛮快。石堤区人委驻在镇上一幢原是地主的院子里，房子是砖瓦结构，高大结实。区委周同志接待我们，谈了一会儿就吃晚饭。我只记得他说明，他们这里的干部，互相称呼时都叫指导员，老乡们也有不少叫他们指导员的。我想，建国初期他们来到这里工作，当时这里土匪很多，为了建立革命政权，巩固和发展政权，他们率领干部、战士、老乡与明显的和暗藏的敌人进行激烈的战斗，有了这一段生死搏斗、团结互助的宝贵经历和友情、同志情，因此一直保留着当年的战斗称呼，更为亲切和怀念。饭菜很丰富，那碗腊肉炒青蒜很有地方特色，用大把干红辣椒一提味，香气扑鼻。

　　区里协助我们请来一些土家族老人，8时多开始座谈，有6位六七十岁的老人，大家围坐在一个小办公室内，一边烤炭火，一边磕葵瓜子聊天。潘先生要老朱买来3元钱的瓜子、花生，有半篮花生、一大盘葵瓜子、一大盘橘子（虽小，很甜），还有四五包香烟，真便宜。开始大家还有点拘束，后来愈谈愈起劲。他们都是比较早地承认自己是"毕兹卡"、土家人的。

灯光较暗，不便记录，谈话内容约有以下几点：

1. 石堤一带有彭、白、李、马、蔡、田六大姓，自认为土家，年纪大的老人能讲土家话。

2. 羡慕湘西的苗族被正式承认为一个单一民族，得到政策照顾。建国后，农村有了农业生产合作社，生活好了，提高了，更希望早日得到承认，和其他兄弟民族平起平坐。

3. 有天王庙，敬拜天王。同族人有事争吵，争论不休，无法解决、辩清时，就到天王庙赌咒发誓，求天王断案。

4. 头、二路神。土家信头、二路神，认为是自己的祖先。指出，头路是真正的祖先，是本来的、原来的，也是天王。传到后来，子孙对他渐渐不知道了。以后就出来个二路神，他叫彭祖爵主，他是篡位的，搞什么初夜权，糟蹋新娘子，还有许多作风不正，做坏事，土家子孙不喜欢他，敬他就差些。

5. 还信奉罗神爷、罗神娘。

6. 风俗习惯有请土老师、接娃娃粑粑等。

7. 唱孝歌。

8. 土家腊月二十八、二十九过年。汉人是过年三十。

9. 张、章二姓是在大年初一（即正月初一）过年。他们是仡佬。

10. 赶白虎。土家人原来是敬奉白虎神的，但后来受汉人影响，也和酉阳、彭水一样，开始赶白虎了。

1957 年 1 月 6 日夜，秀山县石堤土家族老人座谈会。

1957 年 1 月 6 日夜，潘光旦先生和石堤土家老人聊家常。

大家谈得很起劲，不知不觉到夜11时才散。潘先生和老杨二人住桐油仓库内的一间房，仓库里摆满了大木桶装的桐油。我和老朱住办公室隔壁，前后二窗都有破洞，有风进来，设法用纸挡住。老朱肚子受寒，白天还泻了一次，也只有给他多盖一点保暖，没有对症的药。半夜里，还有弹棉花的"嘣嘣"声传来，走了不少路，太累，睡得很熟。

秀山县领导介绍的情况：

1.龙凤乡前进高级社主任黄世前：1956年有6户农民害烧热病，给每人预支十多元看病。秋收时，又有50多户人生病，从早到晚黄看视30多名病人，晚饭都没吃上。黄与党分支书黄宗茂商量，组织6个干部到各家慰问，由社里预支120元给大家治病。秋收得以顺利进行。贫农杨秀凡一个月才出工7天（晴天），因为穷，穿不起裤子，社里知道情况后，帮助他解决衣裤等生活问题。杨秀凡感动得流泪，于是劳动积极，10天内干的活，超过上个月40工分。群众称他水、饭、猪、小孩都解决了。

2.广播设施。1956年冬到1957年春，全县安装广播喇叭300个（石堤、龙池、洪安三个区在外）。

3.清溪农场。1956年"南瑞苕"丰收，每亩产量平均4700百多斤，有一兜红苕结了5个，4个总重量21.5斤。

4. 黄角大埝。12 月利用冬闲水枯，于 4 日开始兴修黄角大埝，经清溪、涌图、美沙三乡，全长 37 里。大埝可以灌溉 17 个农业社，14,200 多挑水稻田，可使 1610 多挑包谷土（旱地）变成浇水田。修建大埝时，每天有 500 多人参加劳动。大埝可使受益田地增产 30 多万斤。

5. 川河盖。离秀山县城八十多里的川河盖（盖，指高山顶上的平坦地土，有大有小），是有名的高山大盖，每年的冰冻期在半年以上。大盖到处是鹅卵石、茅草根，茅草根又长又韧，串遍地土层和地心。每年种一季大麦，能收七成就是好年景。农民穷得吃菜菜，穿巾巾。1955 年冬，各县都要实行合作化的指示下达后，全川河盖 80% 农户入了农业社。入社后社里土地加工 2800 多挑，在土上加肥泥，锄除石块和茅草根，并且全部种上苞谷。全盖 8 个社，1956 年比 1955 年增收 40 多万斤，增产 54% 强。每人分到 550 多斤。社员钟志国未入社单干时住了十多年岩洞，如今，他搬进了新瓦屋，原来的草荐和破棉絮，也都换上新棉被和新棉垫。

1 月 7 日　星期一　石堤—秀山　阴

晨 8 时起床，老朱偶然发现我的床下有 2 枚炮弹，不禁大吃一惊。因为昨夜烤火的炭盆就靠在我的床旁，很有可能引燃炮弹的信管发生爆炸。要是那样，我就会被炸到楼上去睡了。

8时余，我们上船回秀山，今天是逆水行舟，行得慢，得早点出发。还是由昨天的白老板娘的新船送我们回程。上水要拉滩，增加水手成为5个人。今天由老黄换到后艄掌舵和撑篙，并管理纤绳，船头有一个撑竹篙，另两个上岸拉纤，老板娘专职给十多个人做饭。老龙开船前在石堤街上买来好多菜，有腊肉、豆腐、鸡蛋、萝卜泡菜等。10时后开饭，分前后舱两批吃，饭菜都好，有家常菜，有青蒜炒腊肉，四川人好像人人都是大师傅，做得一手好菜。再加上河水的震荡，个个胃口大开。

昨夜住在区政府发生了一件又吓人又好笑的事，潘先生与老杨睡着一阵后，忽然有人在外面拍窗户叫："老陶，开开门！"回说："我们不叫老陶。"又叫："我就住在这里。"潘、杨只好说明："我们是客人，不知道在哪里开门。"那两个叫窗的只好走了。潘先生心里很难过，觉得既霸占了人家床，还不给人开门。估计他们先是敲门，没人开门，见到后面有灯光，才过来的。老龙与老魏（警卫员）二人同住在靠近后门的一房，睡中听见有敲门声，初以为是床板翻动的声音，后再听，是后门响，老魏觉得不对头，马上起床，"嚓"的一声，手枪子弹上膛，老龙还以为是老魏在擦火柴响，就说我这里有手电，话未完，老魏早已冲出门外，门敲得更响，"嘭嘭"声不停，把几个警卫都惊醒了，衣也顾不上穿，打着赤脚出门就警戒，枪都上了红火。把后门一开，进来一男一女，大家一拥而上，手电照着，手枪比着，喝问："什么人！"吓得男的脸都白了，女的怔怔了，男的忙说："我是这里的青年干事，她是妇联干事。"警卫中有认识他们的，于是向他们道歉，说明今晚情况特殊，做了简单介绍，然后请他们赶快休息。老龙将昨夜的故事讲得活龙活现。老朱昨夜也听到敲门，但以为是弹棉花，就没有注意，我可是睡熟了，全然不知。龙说，昨夜为什么这么紧张，是因为他们还布置了民兵在大门以外守卫，不知怎么被他们摸进来的。

拉纤上行船速还是很快的，岸上有人在同方向行走，我们的船居然还赶上并超过了他。打破了我对拉纤的固定看法，以为他们一定是像牛车那样"吱呀，吱呀"慢腾腾的。中午船家停航吃饭时，我们几个上岸走走，顺着岸边小道向前，走了一段方才发觉这条路和平常的不一样，不那么好走，简直是很难走，小路极窄，窄到只容一个人走动，迎面来人很难擦身而过。道路高高低低、上上下下，一边是石壁，一边是河，有的路面只容一脚，脚下就是奔流的河水，只能面朝巨石，扶壁而行。我身背相机，右手拿着一根捡来的竹枝，慢慢地往前摸索往前进，这哪里有方寸立足之地容我拍照啊！有些路面还是从石岩上硬凿出来的石磴，粗糙不平尺把宽，比四川著名的栈道还窄。原来这是一条纤道，石路凹凸不平才能脚板用力，是紧贴着河岸修建的。

下午3时到达妙泉，上面水浅，船不能走了。乘船60多里。在妙泉乡人委候到5时半，小申方来，又是发动困难，机油太浓之故，最后是求过路的汽车拖动的。潘先生我们4人先走。在河边买的1块钱4斤的活鱼也上车了。车到官庄，离城只剩9公里时，汽油烧完了，车子走不动了。天也快黑了，我和老龙赶快去有二里远的乡人委打电话，请县里设法向汽车站借几公升汽油应急，用汽车或自行车送来。我们离开公路拐入小道后，道路泥滑难行，幸亏只有半里。老龙打电话时有人抢线路，急得他大喊大叫，好不容易接通，县长、主任都看戏去了，只有请会计去想办法。我们回到公路上时，见一辆汽车刚刚驶走，大喜，有救了。果然，一会儿小申的车就开过来了。老龙在打电话时那么急，有他的原因，因为我们拐入小道时，听见一声枪响，不了解情况，故急。车上老朱打听，才知道有人在打斑鸠。

开进汽车站加油时，县里会计正在将汽油桶往自行车后架上绑。

将近10时，小申把其余的人拉回县府，他们已经步行到龙池，准备在那里住下。

10时晚餐。餐后，赶着写日记到12时半。

从昨夜起到整个白天，奇事、趣事不少，若是下来调查，天天都这样，奇、趣不断，我可以写出一本惊险小说了。

给潘先生抬滑竿的姓田、姓谭，女船老板姓白。

有乡干部说，茶洞也有土家。

张副县长谈交通：

1. 彭水过来，有个羊头铺（彭水五区兴隆乡内），过去那里的公路有一个拐最急，汽车不能一次拐过去，要倒三四次车才能拐过去。太险，那里翻的车最多，后来将路重修了。

2. 梅子关。梅子关公路一带，大都是风化石，山体不坚实，那里也险，山谷又深，翻的车不少。主要是旧社会的司机吃喝嫖赌，通宵不眠，开车上路时身子太困乏之故。川东南解放时，有一排国民党军乘车逃走，司机开车过久，累了，想歇一下。国民党军的排长太凶狠，要打死他，逼着他开。汽车驶上梅子关时，司机一狠心，将油门大开，汽车冲向山谷。司机在最后一刹那，跳出汽车。这位司机，现在就在秀山工作。

3. 江西吉水县至湘西永顺公路上，山上有一个山寨，名叫矮寨，可是它却建在最高的山上。在这儿，公路打了一个大疙瘩，先从桥下通过，拐个大弯，回过头来再从桥上向前走。有3万多民工修路，因伤病事故，死了不少，在那儿立有纪念碑。

1月8日　星期二　秀山—黔江　阴

今天要赶到黔江，路途221公里，相当远，须早一点走。小申昨夜将车停在汽车站，晨7时即去请大汽车拖拉发动，拖一次要给二公升汽油，今天发动很顺利，但等我们起床、洗脸、用餐后，启动汽车出发时，已是9时三刻。

车经美翠、庙泉过龙潭后，小申回家告别，妈妈、弟弟们把他送出来，眼睛都红红的。在川东南酉、秀、黔、彭照相的机会只剩下今天一天，过去老是阴天，下雨下雪，拍得很少，今天天气即使不如意，也要多拍几张。于是拍了公路桥，山顶上拍龙潭大坝等。过龙潭后上山，爬马槽口，山上有雪，有雾凇，正在观看时，天边忽然透出一线阳光，照耀山林，透明发亮，真美。可惜只有几分钟，太阳又隐入云中，天又阴沉下来。几个大山头都被浓雾笼罩，有一面山坡的黑石头，白雪黑石相映，别有趣味，可惜我没有时间多待，拍风光是需要耐心的。

过风化石地段时，突然想出半副对子"风化石，水成岩，都是岩石"，当然还可以琢磨得更高明一点，只是临时想来的打油对，路途解解闷，我念出来给大家听，暂时还没人对上，后来潘先生也想出一副即兴对子："酉阳坝少，小坝为大；永顺寨多，矮寨为高。"潘先生这个对子，内容简单，就是我们这几天经历的，酉阳县最大、土地最肥沃的坝子，反而叫作小坝；而湘西永顺县内最高的山上的那个寨子，却被叫作矮寨。真是又谦虚又矛盾，这是现实中的两对矛盾，内容简单，男女老少一听就懂，一看就知。可是要想对个下联，却不大容易。小时候，在还没有小学、中学之前，对小孩、子弟进行教育，主要的是靠办私塾，对小孩、幼儿进行最初启蒙的私塾叫蒙馆，在那里除了读背启蒙书籍《三字经》《百家姓》《千字文》《童蒙须知》《神童诗》《幼学琼林》等之外，老师还教学生对对子，教大家"天对地""山对水"，然后就出上句，叫蒙童对下句，对子易学难精，一个字、两个字是对，十几、二十几个字也是对，小孩子们喜欢对对，从中学到很多知识，而也要见识多、知识广、学问渊博的人才能对出好对，甚至绝对来。潘先生说他自己就涉猎过一些童蒙书，从相当早期《管子》中选出来的《弟子职》，可以说是战国时的蒙学和弟子守则，以及后来清朝末年出版过的《幼学歌》。历朝历代对青少年教育都是很重视的，不少知名的贤者、学者都动手写过童蒙书和家训之类，一直传到现在。

下午过麻旺后，2时左右到酉阳，进午饭。没有惊动县人委，自己找吃处。镇上只有一个合作食堂，汽车进街，要过大众桥才是，离县人委很近了。

往前行经小坝、黑水，将到两河口时，休息、方便。酉阳到这里，大概八九十公里，路下有一条碧绿的河水，叫阿蓬江，倒映着对岸的山林村庄，沐浴在静静的青碧的净水里真美，我忍不住拍了一张。虽然知道黑白片是无法表达出它的美丽的。这里应该有一条从湖北咸丰流过来的唐岩河，经过两河口去往龚滩汇入黔江的。可是站在公路上看不到，也许阿蓬江就和它有关联。

潘先生叹息着在秀山未能去平凯镇看看大王庙，去茶洞探视土家乡亲，时间实在太紧。我们在武汉、宜昌一带浪费了几天时间，收获不大。在涪陵，谁也不清楚沿黔江上彭水县到底有多少困难，需要几天时间，谁也不敢保证能否找到上水空船和船期。我们也就不敢冒险从涪陵水路去彭水，虽说那是最短的路线。也许陷在那里欲速而不达。而弯道先去重庆可以了解很多情况，在车辆等方面可以得到帮助。今天去黔江，还是不能多留，明天得去湖北了。而我不仅觉得时间短促，更愁的是天公不作美，老是阴天和小雨、小雪，拍不出照片来。人们常跟着柳宗元说，"蜀犬吠日"，我不是狗，我是人，我要对着阴雨天大叫"老天爷，快点出太阳吧！"

大概已过濯水、冯家坝，离黔江县城还差三四十公里的时候，朝西可以看到武陵山。武陵山很著名，盘踞在黔、川、湘、鄂四省边境，四省都可以看到它，从黔江县到山边30公里。潘先生因为巴人、巴国与武陵山有很大关系，所以很注意、很重视。这次调查，四川酉、秀、黔、彭就都在武陵山脉的西麓，土家族居住在此的很多。今后去湖北调查，也不会远离武陵山脉和清江的。

潘先生说，"武陵山在《元统志》上原名髑髅山，唐天宝元年（742年）改名武陵山。我研究发现，凡与布、涪、武等有关的地名，都与越族有关。古老传说，石达开、马伏波在此插过旗。我看石达开有可能到过；马伏波，马援，东汉时人，他晚年在东汉光武帝时期，奉命去征讨武陵'五溪蛮'时，在军中病死。可能尚未到达目的地就去世了"。古书说，"武陵山自贵州苗岭分支，行乌沅二江间，蔓延于湖南西北境沅澧二江间。高度达六千

202

余尺，至常德西境平山止，通称武陵山脉。为古昔五溪蛮地。平山一名武山，一名太和山。其自贵州北出者，经川湘间入湖北，分为二支；南支绵延来凤、咸丰、鹤峰诸县境，北支横亘利川、建始诸县境。亦曰施山山脉，郁积盘亘，山高谷深，至为险阻。利川县之齐岳山，尤为高峻，夏日积雪不融"。今人考测，武陵山在湘西、湖北、贵州边界，东北至西南走向，又称武山。面积约二三百平方公里。海拔1000米左右，主峰梵净山在贵州印江县东南大约30公里处，海拔2494米。

6时半天色昏黑时方抵黔江县，在县桥边站了一些人，原来是县长和各机关首长们在此迎候，欢迎我们，真是过意不去。新选的陈副县长，原是初级中学校长，现仍兼任。黔江县人委的县府是沿着山坡往上建的房屋，新建的一幢自然屹立在最高处，我们就被安顿在新楼的楼上用饭和住宿。

晚上，孔庆芝副县长（山东人）和文化科副科长万永庆来聊天，介绍本县情况。送来《黔江县志》，我们抓紧看完，其他《人民日报》《光明日报》《文汇报》等只能粗粗地翻阅一遍。

给我们楼上两间，窗户很多，潘先生和杨重野睡外间的大床，我和朱家煊睡内间，12时半上床。

1.陈质坚副县长（县初中校长）和孔庆芝副县长（山东人）都谈到，本县有龚、胡、秦、向四大姓。《酉阳州志》和《黔江县志》上都提到过，说龚据水寨，胡据峡口，秦据栅山，向据后坝。明初，凉国公蓝玉征平之。除胡外，龚、秦、向三姓都是土家族。现在县里已无自己承认为非汉族的人。我们不再操心了。

蓝玉是明初一名大将。安徽定远县人（朱元璋出生地，凤阳县的南邻），常遇春的妻弟。以战功官至凉国公，以功高渐骄纵，被控谋反，被族诛。一族人都被杀。

2.柜子岩。

（1）县西25公里泉门口峭壁上，二崖五柜，约20骨。（载潘先生卡片上）县志上言，泉门口在县南。

（2）正阳乡之官渡河峡上有木柜，人迹不到之处。

（3）栅山乡有木柜。

3.《黔江县志·地舆志》载，神岩，在仙人跌之北，溯流而上，相去约十数篙，仰视迤东绝壁间，有山洞外封以甓，色半新旧。稍南有木柜，悬崖上，形势敧仄，尚完固。又有木碓、杵臼等器，若隐若现。（仙人跌在官渡河峡中。）

4.黔州，北周置。隋曰黔安郡。唐复为黔州，置都督府，改曰黔中郡，寻复曰黔州。宋曰黔州黔中郡，升为绍庆府，故治即今四川彭水县。

5.黔江县，巴郡涪陵县地。后汉建安六年（公元201年）刘璋置丹兴县，属国都尉（以地出丹砂），三国汉时，叫丹兴县，属涪陵郡。晋亦如是，后废。北周保定四年叫庸州，隋大业初废庸，置石城县属巴东郡。唐贞观中移治，天宝更名黔江县属黔州。宋元属绍庆府。明洪武初改属重庆府。民国初属四川东川道。

6.黔江，即乌江下流。以其会于黔州，呼为黔江。

7.武陵山，《黔江县志》言，县西30公里;《元统志》，本名髑髅山，唐天宝元年改今名。俗呼架舡岩，以山形似舡（音船，义同船），又名卫林山。山顶有真武观，朝拜者众。此庙川、湘、鄂、黔都闻名。为修庙，死了不少人，盖瓦掉下来，还砸过人。庙曾被雷击。

8.小南海，黔江东北约30公里处，原本是高山之间的一块平坝陆地，是大路坝与湖北咸丰犬牙相错。（县志中说小南海在黔江东北六十里，该处与咸丰接近，道注。）四围皆山中，有一条从板夹溪流出来的小河，绕行坝子中，然后出山。居民有300多户。清咸丰六年（1856年）夏，五月初八辰刻地震山崩，高山倒塌，压死1000余人，房屋全被压毁。当时地震数十里，土石堆积，塞断山谷，庐舍田园，悉数移置。溪水汇集成湖，形成一处约2平方公里的地震湖，湖长12.5公里，最宽处1公里多。湖中有一个小岛，岛上有一座庙宇，名朝阳寺。高山平湖，风光秀美脱俗。这个山湖被取名小瀛海，本地人还是习惯称小南海，虽然它是在城北。

县志张公游记："节节登高，磊石渐渐如斧削，岚翠欲滴，行径益狭。忽岩豁洞开，别有天地。小南海青美，浩荡，茫无畔际。水在山巅，山为低小，阔只数里，长竟数十里。上通板夹溪，鲦鱼出没，大几盈尺。海中有朝阳寺一所。"

县领导中有人舍不得小南海底的万挑良田，提出排尽湖水，露出坝子和良田的计划。办法是湖底打通后，水可通阿蓬江，全部排入江中。（综合志书及众人所谈记述。）

9.唐钟，前志书本名钟，又名飞来钟。一向保存在玉皇阁。此钟颜色青翠，声音洪亮，传得很远。钟内腹（壁）刻有38个字，是唐汧国公赵国珍刻记。

黔江副县长陈质坚、孔庆芝介绍黔江情况：

黔江全县28万人，面积只有酉阳县的四分之一，所以上级将两河口一带划归我县。我县物产方面运出桐油，运进盐和棉布、棉花。汽车去湖北的少，要去主要运郁山盐，酉阳不吃郁山盐，一是交通不便，运费高，主要由龚滩方面运输；二是郁山盐质量差，解放前的郁山盐带红色，不好，吃了长大脖子。龚滩主要是从那里运盐巴，解放前还专有运盐大队。我县九区特产多，但交通不便，近年修了一条公路，顺便通向龚滩。

川湘公路从重庆经黔江到秀山，汽车到黔阳的多。一过黔阳，再往前跑的车就少了，因为秀山的车队主要跑湖南了。黔江有两条公路，一是通酉阳、秀山入湖南的川湘公路，一是走咸丰、恩施、巴东的湖北公路。陆路比酉阳方便。酉阳则有两条河。

酉水，宋代叫北江，沅水上游叫南江，二水汇合才叫沅江。

我们川东南酉、秀、黔、彭几县对乌江寄很大希望，1955年夏天水多时期，曾用小轮船试航。从涪陵到过龚滩，还未能再往乌江上游走。等三峡水库做起后，江水可能抬高后平一些。

贡米，黔江的特产，出自马喇湖莲花塝（bàng，音棒，四边土坡，沟镶或土埂的边），米质极好，称贡米。它生长在半山梯田，依靠水土和光照好，长成后米粒大，雪白，有油而不黏。一年才产三百多挑。

猪鬃，猪种来自重庆西边的荣昌县，一种白皮猪，它的特点是鬃毛特别长，有六七寸长，是世界第一。我县有猪5万头，平均一户一头。这种猪产肉率不高，喂养一年可以长到一百三四十斤，再就不容易往上长了，成本也高。猪肉的销路也好，供不应求。

现在构树（楮树）皮也能卖钱，听说可以造纸，制宣纸、桑皮纸一类。橙子（柚）在这里便宜得很，1分钱一个，现在光一个橙的皮就可以卖1分多钱，但有一定规格要求，一斤值6角。

山上主要产品是桐油，解放后我县每年都增长，1955年增长20%，1956年增长15%左右。解放前土匪多，农民谁敢上山，桐子一山一山地荒掉。

酉阳也出桐油，以西酬乡最多。其他山头也不少，酉阳办了个国营农场，开垦撂荒的山，然后交给农民，撤销农场。秋天收桐子后，白天黑夜地打榨。采用土法榨油。

公路桥，县域外原有一座桥，是21个乡募的款子盖的，桥长共21间，两头有台阶，但没有建顶盖，几年就坏了。修公路后，将桥改建成可行汽车的公路桥，并加上盖（木顶棚）。

冯家坝桥，在南城外不远，快解放时，国民党军把它烧毁了，现重新修建，它为西南八大桥之一。

土匪，解放前土匪多。六区太极场、火石垭一带和酉阳接界，土匪最多。剿匪追击，他逃过河去，河对面就是酉阳，就不敢开枪射击。五区和利川县交界，土匪也多。

1950年，解放军第九十五团、一百团前来剿匪，九十五团在黔江，一百团在秀山，军队战斗力强，还派便衣搜山，不久就将土匪全部消灭。

解放前，人民生活很苦，7月里，有人全身穿树叶的，土地改革时，有母女只有一条裤子的，住在山上，冬天没有棉被，只好关紧大门，没日没夜地烤大火，经常腿上烤伤，满屋的烟，是哮喘和红眼病的根源。还有的用秧苗或稻草等做垫褥，用包谷壳（玉米棒外衣）或棕片做被套，里面塞松毛、稻草之类，挨过冬天。学生冬天穿单衣裤上课。还有十天半月吃不上一次盐的。农民主要以包谷、红苕做主食。

疾病，患梅毒的多，如九区是个重点患区，有80%的人传染上了。钩虫病也很普遍，全县进行过典型调查，约有20%的人得这种寄生虫病，至于蛔虫等尚未计算。大脖子病，缺碘的也有不少。

气候方面，黔江是个四季分明的地方，不太冷也不太热，冬季最冷时在2℃左右，1954年达到零下5℃，街上店家的桐油都冻成黑色，是近十几年来最冷的一年了。热天不是太热，晚上被子可盖可不盖，酉阳晚上要盖被，它的地势较高较冷。黔江和秀山一样，地势较低，比较暖一点，彭水比我们热得多，它四面是山围住，不透风，地势又比我们低。县城共有 6000 多人，县治就设在联合镇，全县就这一个镇。

鸦片，解放前，黔江有种鸦片的，是从湖南进的种子。那时湖南、湖北有运鸦片来卖的。没有来过吗啡。那时，丰都最厉害，吗啡最多。解放后都禁绝了。

野兽，清咸丰十年（1860 年）冬，豺入城。清同治四年（1865 年）春三月，豺入城，食民畜甚多。清光绪六年（1880 年）冬，豺入城。解放后，专署等都很重视山城野物为害情况，比以前好多了。野猪为害大，糟蹋庄稼，四区武陵山一带多，毛狗不凶。豺狗酉阳多，我县少。九节狸多，黄色的贵一点。狐皮，次一点的只卖 3 元多，解放前贵。有锦鸡。飞鼯很少了，多栖息在武陵山。

梁山伯，雄鸟好的，麻花大，尾五六寸长，雪白中有黑纹，可能即一枝花。母鸟红色，尾不长。

马彪（马老虎），像豹那么大，已经不多了。（县志提到马彪，光绪十五年见之。）

老虎，有。1955 年，六区来一只老虎，一天咬坏 4 头黄牛，只吃了半只。往彭水方向跑了。

黔江对獾，俗呼荒狗。飞鼯，俗呼飞虎。催生，松鼠，俗呼貂狸子。

文教科副科长万永庆谈教育

210

解放前老百姓从来没有见过电影，现在有两个电影放映队巡回下乡演出。

全县共有210所中小学。三区居住分散，只有2万多学生。

主要为师资充实问题，省立教育行政学校只能培训校长，每年一个县只收五六个校长，半年一期，一期五六百人。一个县的小学校长轮训一遍需七八年。现在这种情况不易提高学校行政领导素质。

县教育科编制太小，我县教育科才4人，不加强，任务太重，很难负担下来。湖北的县里已改为教育局。假若中学也交县教育科负责就更成问题。区文教不敢到学校去。区里设文教卫生委员一人，过去文教不分科，去年（即1955年）才提出分。新成立视导组，用的小学经费，由小学教师担任，视导一年后，有点经验放下去当小学校长。

目前一位老师包干一个班，很紧张，课多而分散，又是复式班，水平提不高。老师与学生之比为1：30（长寿乡为1：40）。而且因为招生数不足，一个班达不到30名定额，只好一位老师教两个班甚至三个班，两到三班人数加起来为30名学生。老师的辛苦可想而知。（这个意思是教育科分配给各校的老师是以学生数为定额的，不管学校大小，班次多少，30名学生配一位老师。）这样，复式班就多了。小学学生年龄偏大，一是怕学生年龄太小，山多河多，怕掉到河里山谷里，还有野兽伤害。小学生上学，最远有10公里的，天不亮就要动身上学，回家已是天黑。二是家长大都认为年纪大一点，才能读到东西。师资缺乏，教学水平不高，都是问题。

我接手时，黔江中小学生全县才500多人，现在已有2万多学生。黔江中学（初中）有学生560多人。

明·沈启《黔江舟中》："黔阳春草碧云齐，万叠青山万曲溪。久客不禁乡土思，半檐残月子规啼。"

所读《黔江县志》光绪二十年邑廪生陈藩垣、李承德纂修。

1月9日　星期三　黔江—恩施　小雨

清早，继续翻阅县志和报纸，《黔江县志》内容比较简单，小南海谈得较多，其他可用的材料较少。

下楼到院子里拍了唐钟。小申上汽车站借汽油，需要花一些时间，于是抓紧时间上街拍点照片。此次调查行程完全按照潘先生订的计划进行，因为时间紧迫，潘先生没有安排我的拍摄时间，我只能挤时间，抢空子拍摄。我们大都是早饭后上路，中午在较大的镇子打点午餐，吃完又上路，一般黄昏到达目的地，拍照的机会很少，加上冬天南方的阴沉天气，拍摄的效果也差，只好赶上什么拍什么，没有什么选择等待的余地。

街上行人还多，街道较窄，房屋大半陈旧，整条街道就数人民银行的建筑比较新、比较气派。一直走到街尾，在街外拍了黔江公路桥，特点是桥上面像凉亭似的修了房顶，可以避雨而不遮风，主要是为了保护木质桥面。许多人行木桥，露天设置，在南方潮湿多雨天气下，很容易朽坏，而且雨雪使桥面湿滑，行走很不安全。有些冬春水浅，渡船停驶，临时搭建的简单木桥，只有一二尺宽，晴天走在上面都令人心惊肉跳，何况雨雪交加。听说黔江桥是 1953 年重修的。

往回走时，到汽车站看看小申，帮他办了借油手续，又在街上及县百货公司拍了几张。

11 时 15 分从黔江出发，走了不久，过唐岩河，然后就和平日一样，不停地爬山，爬到一处高地，叫石门坎，这里就是四川省和湖北省交界的地方，一到这里，我们就告别了相处 20 多天的天府之国，进入湖北境界。

山是一样的山，树是一样的树，我们毕竟是从四川省进入另外一个省，虽然乘的是汽车，但也感觉像是自己一步一步跨过两省的，心情自然有些异样，说不出的一种感情。可是，就土家人来说，虽然分住两省，各居一方，但土地还是土地，连绵成一片，土家人还是一家人，一样的婚嫁来往，走亲串戚，没有差别，没有阻碍。

我们现在大概已经脱离了大娄山脉，处在武陵山的山岭上了。武陵山大体上位于湘西大庸、桑植、古丈，至湖北、贵州两省边界，是东北至西南走向。是流经黔川二省的乌江和湘西沅江、澧水的分水岭，海拔1000米左右，主峰梵净山，海拔2494米。又称武山，面积约两三千平方公里。武陵山是千峰披翠、四季常青的美丽的绿色世界。主峰梵净山位于贵州省东北印江、松桃和江口三县的交界处，地域广大，方圆百里无人烟，山上多梵宇寺庙，故名梵净。它的山形下小上大，俗呼饭甑。该山在明代已非常兴盛，寺庙星罗棋布。每年4月香会期间，四川、湖南、湖北、江西和贵州各地朝山进香的信徒络绎不绝。古书上说，梵净山一名九龙山，俗名饭甑山，又名月镜山。《黔记》："贵州山以梵净山为第一，可比天台。"山上多古刹，春月上香者日以千计。又云，武陵山自贵州苗岭分支，行乌沅二江间，蔓延于湖南省西北境沅澧二江间，高度达六千余尺，至常德西境六平山上。而武陵山自贵州北出者，则经川湘间入湖北，分为二支：南支绵延来凤、咸

214

1957年1月9日，四川黔江县城街景。

1957 年 1 月 9 日，四川黔江县百货公司。

丰、鹤峰诸县境；北支横亘利川、建始诸县境，亦曰施山山脉。这样说来，我们现在所在的咸丰县山岭，正是武陵山脉的一个分支。

车行一个多小时，于 12 时 20 分过的省界，进入湖北境后，发现湖北的长途公路不如四川，很明显地可以看出，道路比较窄，路面不够平，有坑洼，破损。走了一阵，又发现，道路修得不理想的地方还有坡度比较大，用眼睛看，不容易看出来，要是车子在上面一跑，就试出来了。每逢上坡时，小申经常要挂上头挡，才能爬上去，有时候，甚至呜呜直叫，还爬不上去，甚至半途熄火、抛锚。当然这样一来，山道也试出了汽车。我们乘坐的是吉普型的山地越野车（英国产的，叫 Land Rover，是陆地漫游者的意思），前后轴四轮齐驱动，力量很大，在平坦的公路上爬坡，应该是小菜一碟，不成其问题的，何况它还是一辆新的英制"漫游者"。问题出在哪里呢？原来吉普车前后轴一齐驱动，比较费油，四川的公路比较好，市府司机班就把这辆车子前轮的传动轴取消，只有后轮发力，劲头就不足了。有一二次遇上坡度更大一些的道路，车子爬了一半，爬不上去，反而往后倒退，真是令人又好气又好笑。我们都说，湖北的路该好好地翻修了。老朱（家煊）是湖北省民政厅的干部，回答说，道路是该修整了，我们省里也早已知道这个情况，正在想办法。我们在经过石门坎、丁砦一带时，发现沿途有不少男女工人，坐在路边打石子，把大块石头，用锤子敲打成乒乓球大小的石子，有的石子散堆在马路中间，还有的人干脆就大模大样地坐在马路中间打。看到我们的车来了，慌忙地跳起来，或是急着把石头往边上搬。可见川鄂路上这一段来往的车辆很少。朱家煊说，湖北的客车只到咸丰为止。从咸丰去四川就只有运货的卡车了，近来车辆来往较少。从石门坎到恩施，马路两旁到处都有敲好的石子堆和打石子的工人，可见湖北交通部门已经在准备修路了。

沿路都是山，有的远，有的近，都青绿可爱。山上树木不少，有些山一座座长得像馒头、像棋子一样，摆列在那里，似乎天空中有两位巨人在那里对弈一样，很是有趣。

将近咸丰县城，路上行人渐多，行人和沿路打石的工人脑袋上包白头巾的多。

将近咸丰县城，用扁担挑着新鲜猪腿肉往城里走的人越来越多，咸丰农村养的猪多，县城里有一个猪肉加工厂。

黔江至咸丰县城有 57 公里，行驶一个多小时，于 12时 35 分到达。县委、县人委新的办公楼所全部建筑在县城郊外。老朱告诉我们，咸丰的城市规划将县城扩大到郊区，有一些土地将修建成街道、商场和民居，新的县府就设在旧城外面了。我们经过的街道，正在大兴土木，修建好几幢新房。

大家都进了合作食堂后，我一个人上街溜达。在街上转了一趟，市面不怎么热闹，回来一说，老朱说，你走的这条不是主要街道，正街比这一带热闹。老朱自进入自己工作、熟悉的湖北后，一路谈谈说说，指指点点，为我们做介绍、做向导。我见饭菜还没有做好，就再上街，打听到邮局，不远，可是房子盖得较高，须从一个木梯走上去，在那里买到前几天的省报，聊了一会，知道《新观察》杂志在咸丰每期（半月刊）可销售52份。这也是我们到外地采访的任务之一，要搜集有关自己刊物的一切好的和坏的消息，要打听每期刊物到达的日期和销售情况、读者意见等。

午饭上的菜不少，味道也可口，但其中的牛肉和鸡肉不新鲜。行前，我到对面杂货店看看和买水果，橘子1角8一斤。发现店里有竹制水烟筒，花6角5分买了一支送给潘先生把玩。它是四川梁山的出品，这个梁山可不是山东的那个梁山县，那是《水浒》里一百零八名好汉的梁山和梁山泊，如今水量已大不如前。被改成东平湖滞洪区，以消减黄河泛滥成灾时的洪水。四川的梁山是梁平县县府所在地的一个小镇。也不是四川凉山彝族自治州的凉山。

一支水烟筒，解决了几个梁山问题。我国同名同音的地理名词的确不少。

一个小时后，汽车继续向前驶去，经过白果坝、小关、椒园等乡镇，基本上一直向北走，公路上的坡道依然比较陡，车子上得很吃力，但总算都闯过来了。左右也就东西两边的有些山岭，树木比较少，可以很清楚地看见山上有石洞，有的山顶上有积雪。快到恩施时，要过一座天生桥，这是两座山自然长在一起，形成一座天然生就的桥面，桥下是二山合成的一个桥洞，清江的水就从山峡中直泻而来，流过桥洞，再往前行，我们下车观赏，潘先生很高兴，说，我们在这里见到清江头了，上个月我们在长阳见到了它的尾，800里清江的一头一尾我们都看到了，多清亮的清江啊，为了看到它的头和尾，我们可跑了不止一个800里啊！

我们下午从咸丰出发，跑了5个钟头，于6时半到达恩施专区的专员公署，大概有一百二三十公里吧。晚上，负责财经的副专员王宗田同志来看望潘先生聊了一会，介绍了专区的一些情况。

专署给我们厢边的二间大办公室做住房，一人一张棕绷床，两床新被子。潘先生、老杨和我三人住一房，老朱、小申一房。恩施的电灯电压不足，灯光黄黄的没有劲头，不适宜看书，我们也累了，10时钟就睡了，这是我们一路行来睡得最早的一次。这一觉睡得很香，很舒服，半夜里还觉得热起来了。

1月10日　星期四　恩施　阴雨

早8时起床，见到专署的干部们都在忙着搬家，淋着雨水，在湿滑的院子里来来去去，很是辛苦。在阴雨天里人挪窝，人累，东西湿，各方面都不方便。原来是专署和县人委对换办公场所，那里的空地比这里多而大，有发展余地。上午，王副专员和孙主任介绍专区情况，谈得很好。

潘先生想买一张老虎皮做纪念。专员应允设法替他找一张最大的雄虎皮。老杨想买十几张草狐皮（即毛狗皮）。我心里也想要老虎皮。在北京王府井西单商场一带，东至隆福寺，前门外至天桥一段大街都有很多旧货店、委托行，其中有不少专卖和兼营服装的，里面有皮草，挂着摆着不少老虎皮、狐狸皮和狼皮等，甚至还出现过罕见的成年金丝猴的皮张。这些虎皮大都是东北虎，很巨大，很威武，但都已被加工制成虎皮毯子、褥子或四周加上花纹和镶制的假眼，甚至织出表示吉祥富贵字句的挂毯，很是俗陋。这些物品都已陈旧，有的已是几十年的老货，但是标价却不低，很昂贵，很少人问津。我也想在山城找一张未经加工装饰的虎皮，将它本来的面目挂在墙上是个很好的纪念品。我若向潘先生提出，潘先生也多半会同意我买一张，后求再多想想，觉得这是国家的统购物资，我只是一般干部，还是不搭这个便车为好，于是就取消了这个想法，没有提出。以后多往店铺里走走，发现飞鼯一类的有特点的小动物或土布、摆设品等土特产，买一两件回去不是一样很有纪念意义吗？

潘先生向老杨和我商量，他今天早起思索怎样报道此行，他觉得过去的写法很一般，大家都那样写，没有什么新意，不如采用日记体，一天一天的写，而且我们三人合写，更有意义，还是个创举。我们二人听了，一致同意，并补充说，我们三个人应该站在三个立场、三个观点写，潘先生可以从专家学者、社会学家的方面写，民族学理论观点，土家族的历史、土家族的现状，亲眼所见，亲耳所闻的一切，都可以写，都可以用来印证什么什么。老杨可以从新闻记者的角度来看，来对比发挥。我则可以通过摄影镜头来议论新的和旧的，远的和近的，城市和农村，高山和平原，溪涧和大江。三个人越谈越高兴，简直就想今天即开始动笔似的。老杨当场还宣布了他的一个雄伟计划，通过前一段三峡、长阳、川东南的采访、观察、思考，他已经拟订了 10 个专题，回北京可以写个十几万字，在《文汇报》上连载。我怎么就没有像他们那样，有想法，有计划，我和他们一样听了汇报，读了县志和材料，记录了不少，采访了不少，怎么就只考虑天气不好，照相的机会太少，着急没有拜访土家人的家庭、村庄等，而不从文学上多动动脑筋，给家里多写几篇通讯报道，至于更大想法我可是没有，自知本事不大，功夫不深，不敢奢望。人贵有自知之明。

下午，我们乘车外出理发，沐浴，清洗一下旅途的疲劳，乘的是专署的一辆新的旅行车。我们先到工人理发厅，理发手艺还不错，我先理，约好浴室地点后，我先上街，走了几家，到文化用品公司，才找到匈牙利产 120 胶卷，买了 3 卷。经过"抗美援朝"的较量，美国一直没有和新中国建立外交关系，我们也没有进口美国货。我们需要的照相器材，大都由苏联等社会主义国家进口，如苏联的基辅、卓尔基的相机，匈牙利的放大纸，民主德国爱克发彩色反转片、黑白胶卷，安斯柯彩反和黑白胶卷，英国的依尔福黑白放大纸和黑白胶卷等，稍后，还进口了德国的照相机，我手头使用的禄来双镜头反光照相机和留在单位的徕卡就是德国制品。汽车主要是自己长春第一汽车制造厂的解放牌卡车和一些苏联嘎斯车，至于英国旅行车，恐怕只有整天在爬山越野的大山区里才会买。这种前后驱动的四轮吉普型汽车，在大城市里是很难见到的。那里主要使用上海牌轿车，和一些一修再修的多年前进口的欧美老爷车，以及新来的捷克大型客车、公共汽车。

我到清江浴室，它就在清江旅行社的旁边，再旁边还有一家饭店，挂的是清江食堂的牌子，这几家全是福利公司开办的。清江浴室里面，是一个大通间，摆放了二三十铺竹躺椅，室内颇为暖和，旁边就是浴室，有几间单人浴室，里面不是那种习见的搪瓷大浴缸，而是一种长腰形的红漆大木澡盆。木器漆得好，漆得遍数多，是很光滑很牢固的，像镜子一样光彩照人。这些澡盆就是这样，非常光滑明亮，洗起来很舒适，感觉比搪瓷的好。大山里的漆树是世界有名的，潘先生洗澡还是全套都做，洗澡、搓背、按摩、修脚。潘先生躺在竹躺椅上捶背、捏脚，还和我们闲聊。我在他们的劝说下，增加了一项捶背，感觉这是种很好的按摩，对身体有益。但是我很怕痒，只要有人用手触碰我，我就条件反射样地躲，捶背就捶背，捶肩吧，他还松开拳头，用手来捏筋、捏肉，痒得我真受不了。

闲谈时，我忽然想到，我们可以用"川鄂三人行"来做日记的题目、书名，他们二人也都同意用"三人行"，再加上一个副题，就清楚而又明目，引人注意。后来我谈到在这里找到了胶卷，买了3卷。潘先生埋怨我买得太少。我说我在重庆时就给家里写信寄一些胶卷到恩施来，到现在虽还没有收到，很可能这两天就会到，那样又太多了，待到临走时再补充吧。我又谈到在几个店铺里见到的一些特有物品，其中有几个大小葫芦，形状非常好看，体形匀称、圆润、光滑明亮，都是老熟以后摘下的，很可爱，想买下来，最后怕沿途颠簸挤压，把它们弄破，只好舍弃。潘先生一听到葫芦就来了精神，从躺椅上坐起来说："谈到葫芦你不是解放前在清华就到过新南院我的家好几次，近年来也常到中央民族学院费先生家来玩，我和费家住隔壁，门靠门。你还在书房里替我拍了照片，不会不记得我的书房陈列的东西吧？"我一听就明白了，于是装糊涂地说："记得，记得，满屋子的书，多的是线装本，一函一函地摆得很整齐。"潘先生期待地点点头说："还有呢？"我说："那就是大砚台，挂着的大小毛笔的笔架。我还坐过你用柏树根做成的大圈椅。给我的印象是，你书房里的用具都大，书桌比别的先生家的要大一倍，书架上的线装书比外文精装的32开本要大一倍，重得立不起来只好平躺着；那个圆砚台有蒲扇大，一定是从哪个大画家手里巧取过来的。"潘先生马上把烟斗从嘴里挪开，纠正道："不，不单是画家，写字的人也要用它来写门联、对联等大字的，

225

一次要费不少墨汁，女儿常常为我磨半天墨啦，哪像你们只会用钢笔，洋墨水瓶比拳头还小。"潘先生老书读得多，字也写得好，常有人向他求"墨宝"。我也马上改口道："对对，一物可以两用多用嘛，我无缘亲眼看着你写字时的壮举，却看到过你把写好的字挂在墙上待干的豪气。"潘先生一看机会来了，马上引入正题道："那墙上还挂着什么，它的正面摆着什么呢？"我知道不能再装了，也马上回答道："啊，对了，那里摆的是您心爱的装在玻璃盒里的一对葫芦，你还用它作为书斋的名字，称它是'镇宅之宝'。墙上挂的匾题好像是：'双葫芦斋'或是'鸳鸯'之类。"潘先生眉飞色舞地又纠正道："叫'葫芦连理之斋'。"接着又说："我为什么如此珍视这一对葫芦，并把它作为我的书斋名呢？因为它不是买来的，也不是亲朋好友赠送的，它是我亲手种出来的，所以宝贵。我的专业就算是优生学和遗传学吧，好像是很冷门，不受人们重视，甚至还发生误会。但它们是重要的基础科学，而且与植物和人类社会、家庭有密切关系。我于1922年留学美国时，我是怀着一定的目的去的，所以我进入学校后，首先就选修生物学，然后学动物学、遗传学，这对我的专业是很重要的，我学了很多对我有用的课程。暑假也不休息，有三四个夏天，我都去参加有关优生、内分泌等训练班、研究所，去实习，去接触实际。我努力地学，四年学习完需要的课程，也不要什么博士学位，那是再延长一二年就可能得到的一种名分，就于1926年秋回国了。我先在上海几个大学讲课，有些年是同时兼几个学校的课，教的课程也多，教心理学、优生学、进化论、遗传学、家庭问题，等等，在教的过程中自己同时也在学习提高，这是对自己的教学相长。1934年，全家来到北平，我在清华任教，全家就定居在校内新南院，门前的平台有一个藤萝架，屋舍周围还有一些松树。我种了藤萝和葫芦，让它们攀援藤萝架，夏天给我们荫凉。1936年，奇迹出现了，我种的葫芦里面突然冒出一对并蒂的葫芦，头靠头地在一起渐渐生长膨大，我见到它们当然惊喜万分。荷花因为人们欣赏它们的花朵美丽之外，还有实惠的莲子和鲜藕，所以各地经常大面积种植，可是受人们关爱的并蒂莲却是千呼万唤少出来，不是那么容易见到。相比之下，葫芦的种植量是很少的，并蒂的机会自然就更稀有了。我那时有些担忧，怕并蒂葫芦中，有一个营养不良夭折了，或者长得慢，变成一大一小，那就可惜了。最后这一对孪生子非常争气，居然长得一模一样，大小、身形、圆度、腰围等都非常匀润、对称，真是绝妙，非常难得。这是对我学习生物学最好的回报。为什么生物系的师生没有得到这种好回报呢？一来他们种植和研究更有价值的动植物，不会关注到只能做水壶、水瓢的小小的葫芦，二来他们没有像我那样修习优生学呀。所以，清华的生物系允许跨系选课时，生物系的一些同学就到社会学系选修我开设的优生学课。"潘先生是越说越得意了。潘先生继续说："自从我的书斋里陈列了这对并蒂葫芦后，清华和燕京大学的老师、同学听到消息后，有的就光临敝舍欣赏赞叹，清华生物系的老师和学生也来欣赏和研究。"谈到这里，他盯着我，恢复到老师的状态，问我："你认识生物系的老师吗？"他这是要考考我。我答道："我在高中上生物课时，就知道陈桢老师是研究金鱼的遗传变异专家，还找过有关金鱼的参考书，到清华后还没有见到过他。生物学系系主任李继侗我倒认识，因为在昆明西南联大时，他又是先修班班主任，我在先修班念了一学期。他和你一样，也是江苏人，你是宝山，他是兴化，是大同乡。李先生个子不高，脸上总是眯眯笑着，对待同学宽厚，但是对同学们的学习却是抓得很紧，很认真。我的生物考试成绩比较好，做生物实习时，各项操作都中规中矩，李先生比较满意，所以在学习结束，选报学系时动员我入生物系，可是我那时更愿意了解人和社会，就选择了社会学系。"我对潘先生说："我还认识一位生物系研究生，当时留校当教员的吴征镒，我们是因为业余爱好相同，都是联大剧艺社的社员而相识的，他虽然戴了大眼镜，但是喜欢演话剧，就和我们这一群学生混在一起了。他还喜欢拍昆曲，联大一个知音很少的昆曲组织他也参加了。"

"1938年，从北平、天津南下的北大、清华、南开三校在长沙组成临时大学。上课不久，因为战火迅速蔓延，又要西迁昆明时，吴征镒随着李继侗、闻一多先生等老师和部分同学组成湘黔滇旅行团，徒步去昆明上学。步行的生物系师生，沿途观察西南山区植被情况和采集植物标本。吴先生擅长植物分类学，很专业、很用功，可他又是个活泼好动、业余爱好又多的人，是个学生味浓的老师，那时他是一位才二十八九岁的青年嘛。"潘先生满意地点点头说："看来你对生物系老师还是比较熟的，那么，在联大时你知道张景钺先生吗？"我摇摇头，潘先生说，"很巧，张先生也是江苏人，武进的。他是美国芝加哥大学的博士，植物学家，专长形态学。他和我很要好，他说的，能种出这么一对并蒂葫芦的几率大约是亿兆次之一，是非常难得、非常珍贵的。他的这些话，生物系的老师们是都会认可的。你别看生物系学生人数比我们少，一个班不到十个人，全系学生总人数不到30人，可是生物系是一门很重要的学科，和我们系关系密切。生物系的老师阵容强

229

大，有好几位博士，学识水平都很高的。你知道中国科学院的学部委员吗？他们的学术地位相当于国外的院士。"我回答说："前年，1955 年，国务院聘任第一批中国科学院学部委员，共分五个学部，总计达 172 人。我们《新观察》很重视，准备研究，从中列出一个采访名单，进行访问调查，陆续报道。人物各方面的照片，由我拍摄和组稿，因此我对这批名单进行了研究学习，后来因为工作太忙，一直拖到现在尚未进行。"潘先生说："这一批学部委员中，清华大学的教师和校友们有不少人名列其中，是清华的光荣。譬如生物学部的 60 名学部委员中，就有 18 位校友，差不多占 1/3，比例是很高的。刚才我们谈到的张景钺、李继侗、陈桢和吴征镒，就都是学部委员。吴先生当时大概还不到 40 岁，是比较年青的。在总数 172 人中，有清华校友 82 人，将近 47%，人数很多。"

在浴室中，我们躺在竹椅里，边聊边喝茶，谈得很愉快，这也是一次很好的休息。这个，在四川叫"摆龙门阵"，不知道在湖北叫什么？

在回家的车上，老杨意犹未尽，要我谈谈其他几个学部中都有哪些清华人？我说他们都是科学家，知道的人很少，我把我能记得，大家熟悉的念几个：如数学家华罗庚，物理学家周培源、钱三强、钱伟长，化学家曾昭抡，地理、气象学家竺可桢，水利水电学家张光斗，桥梁学家茅以升，建筑学家梁思成，哲学社会科学部的于光远、马寅初、王力、冯友兰、冯至、吴晗、吕叔湘、季羡林、金岳霖、陈寅恪、罗常培……这些人对国家社会贡献巨大，又是知名人物，你们的《文汇报》都可以进行采访报道。老杨点头赞同。

回到专署住地时，已经是6点半，天也黑了。

我们搞摄影的人对地球的经纬度和太阳的升降时间是比较注意的。恩施县位于东经109.4°，北纬30.2°，根据经纬度推算，恩施1月10日的日出时间大概是7时30分略多，日落时间大概是17时50分左右，加上县城四周大山的阻挡，见到太阳的时间会拖后。恩施今日阴雨天气，天黑的到来会更早些。摄影者对于光线是分分秒秒都在计算的，有时候太阳躲藏在云层后面，天空阴沉沉的，在你意想不到时它却突然露出脸来，顿时阳光灿烂，万物明亮鲜活。你若不手疾眼快地按下快门，只有1分钟、2分钟，又隐没了。希望湖北的太阳比四川的仁慈一些，多给我一点面子。

专署的干部职工们忙着搬家，一切事务都搁置起来，向他们打听有没有留转给我们的信件、包裹，也拖着没有答复，真是急人。一直到晚饭以后，方才送过来信件和几

231

份省报，我只收到单位组里潘德润同志寄来的信，已邮寄20天的胶卷尚无音讯。另外，寄来12月最末一期（第24期）的《新观察》2本。潘信中谈到胶卷已寄来。我拍摄的红线女（名粤剧女演员）的单人剧照做了第24期的彩色封面，很受读者欢迎，北京一些书店报刊亭零售，三天半全部卖光，还派人来索要。中国摄影学会最近即将召开第一次全国代表大会，我是正式代表之一，要我抓紧赶回去参加。听到这个消息，潘先生等都向我祝贺。

晚上，王专员又过来谈话，其中有一个重要意见是，恩施的土家人多数已经知道，湖南省方面已经向专区和各县宣布，中央已经正式确认土家族是一个单一的民族，是我国民族大家庭中的一个正式成员。这样的大喜事为什么湖北省一直到现在还没有消息，更没有宣布，是不是中央有两个毛主席？真的，恩施到现在还不知道。（可惜我记下的王专员谈话的卡片和稍后我跟司机刘进陶聊天的卡片一直未能找到。可能也遗失了。）

1月11日　星期五　恩施—利川　小雨

8时起，早饭后，冒雨到汽车站拍司机刘进陶。湖北省交通部门实行司机安全行车嘉奖制度，我们在错车时经常看见对面的大货车车头前挂着"安全行驶5万公里""10万公里"的搪瓷奖牌，引起我的注意。我到恩施后，就请交通部门介绍了一位模范司机。就是昨晚交谈的刘进陶同志，时间不多，阴雨天也拍了几张他和卡车在一起的照片。

我们来到恩施，是湖北省的第一站，潘先生加上我们，进入了湖北境内就是湖北的客人，由湖北省负责招待我们。朱家煊同志是湖北省民政厅派来接待我们的干部，在四川境内，他同我们一样，也是客人，可是现在回到湖北，他就恢复为招待员了。他跑内跑外地忙着。早上，他和我们一起，先送小申，小申已经完成接送任务，今天要开车回四川了。

今后我们在鄂西南各县的调查、访问，就由恩施专署派车，派的就是昨天送我上街的那辆吉普型车，司机同志叫李思谦，28岁，本省巴东县人，他的家仍在巴东，有妻子和3个小孩。已有十多年驾驶经验。小李开一辆英国制越野型车，比美国的小吉普略大，机械结构、越野性能可能近似，但已经不是吉普那种二战（第二次世界大战）时的打扮，全身钢板拼装，车身、车挡、座椅都是冷冰冰的钢板铁板，平时不支布篷，驾驶室前的挡风玻璃老是平躺在引擎盖上，像头野牛横冲直撞地往前猛奔。现在，它已

　　1957年1月11日，恩施汽车运输站，安全行驶8万公里的模范司机刘进陶。

经脱下战袍，露出清丽俏傥的姿态，车身浅灰，车厢顶盖都是铝金属制品，轻而结实，前面驾驶舱可以坐三个人，后厢有四个座位，都是沙发。比较宽敞，上身和头部都可以伸直，挤一挤可以多坐二人，变成六个。从车后开门，在后面上下，比较方便。前后轴四个轮子可以一起转动，上坡的力度就大多了，也不怕路面坑坑洼洼，一碾而过。车型、车门把手等小件设计也都轻便合用，不重美观，顶篷是双层的，中间留有空间，可以减轻夏天阳光暴晒的热度，车子才跑3000多公里，是辆新车。车的牌子叫"陆地漫游者"（Land Rover），这种车型叫"旅行车"（station wagon，station是个名词，原意为站、台、局、所驻地、电台；wagon是个名词，意为运货马车、运货车、小客车等，二字联用，指旅行车）。

恩施专署派民政科樊秋平同志陪我们一起下去调查。我原先还发愁车小坐不下五个人。现在好了，有这辆新车送我们，连司机一起可坐七个人。樊秋平同志是安徽亳县人，曾在中原大学学习，1953年分配到鄂西山区来修恩施至利川的公路，公路完成后留在利川县工作，再后来调到专署民政科的。10时余出发，前往专署下属的利川县，离开恩施县治所在的施南镇向西南方向的山区行去。

恩施县在汉朝是巫县的地，三国时吴国置沙渠县，北

235

周称施州，隋名清江县并入施州。明朝置施州卫，清朝改设恩施县，后是湖北施南府治，民国时废除施南府，一直沿用清朝的恩施县名。倒过来将恩施县府所在地叫作施南镇。恩施是鄂西山地中的主要城市和经济中心，山区的土特产多集中于此输出。恩施专区下属，以恩施城最大。二等县以利川和来凤次大。以下就是宣恩、咸丰、建始、鹤峰、巴东诸县。

恩施到利川的道路是一条新修的公路，全国地图上还没有挂号登记。新修的道路比来时的川鄂公路平坦得多，也宽一些，可以并行三辆汽车，只是路边还出现一些坑洼，没有在修好后经常进行保养。山路仍多，汽车老得上上下下地爬坡。我们是冒着小雨和寒气上路的，有些地段翻起泥浆，说明新修道路还不坚实。出西城不远公路旁有一条伴行的溪流奔走湍急，像是要和来往车辆比快慢，路旁堆满了大块的方方正正的黑色石头，县里可能有大动作。老樊说，这附近有一个很大的出水洞，流出的水形成溪流水量很大，长年不断，落差也大，所以准备在洞口修建一个水电站，建成后听说能发电700千瓦。这条从地下阴河里流出的溪水，向北行10公里后汇入清江。清江全长400公里，一路下行，沿途就是众多的大大小小、长长短短的支流养大养壮的，住在清江流域的七个县的土家族、苗族、汉族等人民又是靠清江水养大养壮的。有人说清江源头的水在利川奔流了一段路程后，跌入一个落水洞里消失了，可能它是从现在这个出水洞里流出来重见天日的。我们在车上分析后认为不大可能，第一，清江水后来在利川还是露出来在地面上流动，并且进入恩施境内一共行了一百多二百里，要说它有部分水流分入另一条阴河，指向恩施方面，但伏流是很难绵延一二百里的，地下喀斯特溶洞再多，也很难相互贯通得这么顺畅的。清江的出水洞应该在利川县内。

我们在离恩施城 15 里的地方，有一个龙洞，说是冬天洞里有一个瀑布洞，流水从几丈高的斜坡上奔腾跳跃而下，很好看，是一处名胜，可惜我们要赶路，没有时间去参观。虽然恩施到利川，只有 97 公里，晴天行车，快速轻松，百把公里山路，两三个小时足够，可是今天下雨路滑，而且越来越冷，就不一样了。中午 12 时 20 分，来到利川县界，地名清水洞，据说这一带山脉就是都亭山高山湖畔，有巴国大将军巴蔓子的墓。入境不远，就是见天坝，是个大平坝子，汽车前行一里多就是镇上。我们进入利川县境后，公路两旁的村镇不多，车辆的右边即北边是马鬃岭，我们沿着山麓一直向西行，左边即南边是第十一区茅坝（地图上为毛坝，县人习作茅坝）的田园，通过清水乡，再过虱子岩、苦茶园后，就没有什么村镇了。马鬃岭山脉的北边是二区团堡镇，山岭把二区和公路隔断，山南因为新修了公路，森林里的木料可以用汽车运输到县外出售，增加收入，沿途看到公路两旁堆满了截成一定长度的木料，都刮去了树皮，长长的整根圆木，还无法运走。雨雾越来越浓，山上也都布满了雾，汽车常常是在雨雾中穿行。行驶得很慢，我也为这些雨雾所累，拍不成这个木料场，只好先踩好点，选择好角度、画面，等明天回程天气转好时再行拍摄。

　　下午1时，大概走了七八十里，不到一半的路程，来到八望坡，从这里就进入灰子岩，意思是这里为风化石多的山岭，树少岩石多，而且经常塌垮，过了此处就要翻越马鬃岭，和它告别了。从这里开始，汽车一直往上弯曲爬坡，一直爬上有1600多米高的岭顶，到了这里，四处望，山上不长树木庄稼，只是一片一片的茅草，披头散发，像马鬃一样，这就是它的岭名的由来。利川十一区茅坝的地理形势非常有特色，它的整个地区完全被大山四面包围得严严实实，它的东边有山岭和恩施隔开，只有这条公路是进出口子，茅坝区公所离这个口子很近，有条小河也从这里向南流去；西边是大麻山，没有进出口子，北面马鬃岭，也只有公路这一个进出口。从半空中向下看，它就像一个足球场，四面被高高的看台围住。这样的村镇，全国少有。

走出马鬃岭，进入一区城关区，地势比较平缓，过了汉庙乡，圆宝乡和清江支流，再向北跨过清江进入教场坝，眼前就是利川了。行 97 公里，于下午 2 时到达。县城在一个大平坝子中，海拔约六七百米。

晚饭后，我们上街逛逛，山区森林多，木料好。我们先去看这儿出名的楠木箱子。我们来到木业生产合作社，这里生产木器家具，桌椅柜箱都有，我们先看著名的楠木嵌花木箱。社里正好完成了一个，已经上了漆，木箱外形朴实端正，四四方方，尖角，从我们城里人眼光来看，嵌的花不好看，花样不好，显得俗气，而且嵌得太多太满，箱盖箱面四面都有，而且花形很大，嵌上二三朵就把箱面涨满了，只有箱盖上嵌的边线很俏美。一个 2 尺 2 的木箱，售价 7 元 5 角，真便宜。嵌花是个细工活；先将花样描在水杨木上，用钢丝线锯锯下来，再将箱板按照花样挖个凹形，然后将花样嵌上，用牛皮胶粘固，有两个青年工人在嵌花，两人用硬质木锤一下一下敲打花样，费力费时，嵌得多反而不好看，不如少做几朵，留些空白更好看些。还可以做些没花的素色楠木箱子，不漆不花，还他本来面目，会有另一批人买的，现在做的花箱，只适合农村使用。我和老杨都想买一个，就要本色的光板楠木箱。做成箱子太笨重，不好带，跟师傅们商量，箱子全部做成后，再拆散成板子给我们，就好带了。结果，果然拼了两个。合作社还没有卖过光板箱子，会计算了好一阵，木料是5分钱1斤，一个箱子20多斤，合1元1角，连工带料，合计4元5角一个。又定做4个装3×5英寸卡片的小木盒，每个8斤料，合1元6角6分一个。给我们用最好的水波纹楠木做。师傅们叫影木，拿回北京，行家说叫"金丝楠"。我将老杨和我的两个木箱板送到东四隆福寺请细木工拼装，这是红木类高级木料，拼装困难，要收工本10元一个，比箱子本身贵了一倍。

师傅说，嵌花楠木箱曾送苏联展出。跟师傅们请教，方知道做个箱子也很有学问，很有讲究。做好箱子主要得选用好木料，这带山区出楠木，他们选用的是百年以上的陈木，其中有的还是人家拆房子下来的老年房梁。这样的木料才有香味，才能透出好看的褐绿色。若是只有新木料可用时，需要经过一些工序才能使用。第一步，要把砍下的楠木，去除枝杈后，连树皮一起，将树根、树木浸泡在深潭里，应是流动的水，泡上二三年、三四年后捞上来，高高架在走廊上，不能晒太阳，让它自然阴干，要花三四年让它干透，制成的木板和成品，才不会变形、开裂，十年几十年都一成不变，十分珍贵。

归来时，在街上走走，街道比较宽，相当长，来往买卖的人很多，相当热闹。

晚上邀请"土家"老人和县干部开座谈会，县委书记和县长到专区，省里开会去了，组织部刘部长陪潘先生聊了几句，也告退了，去开另一个会。由文化科科长、文化馆馆长和白景鑫、谭亭向二位老先生一起谈，谈得很好。（惜记录卡片遗失。）

谈话大概内容有：

1. 土家方面，本县有八大姓，八乡水之说；风俗禁止用白布缠头。

2. 四区柏杨镇（即柏杨坝）。过山就是四川，在山麓有梅子、梅子水地名，潘先生说，那是土家语"别兹"的音转。

3. 忠路土司，古书上说，地点在利川县西南30里。明朝在那里设安抚司，清初才改设忠路土司，后取消。改设县丞和守备。老人们谈到土司时，又扯到夜郎国，说要把它们弄清楚，是否因为古书上说，唐初有三个夜郎，一个在贵州桐梓县东20里，一个在贵州西界，还有一个在业州，在今湖南沅州，又说业州在湖北建始县。是否因为

　　1957 年 1 月 11 日，潘光旦和利川老人白景鑫（中）、谭亭向（右）夜谈土家。潘先生脚下是湘西、鄂西地区冬天使用的炭火盆。一般农家则在火垅屋里以烧树根、树蔸取暖。

提到湖北建始，要辨明一下，夜郎国汉初即有，公元前28年—前25年，为西汉灭掉。今利川西南第九区区公所所在地就叫忠路镇，该区范围南边与本省咸丰县接境，清朝年间，那儿就是忠路土司的府治吧。

4. 清江发源地，八百里清江养育着巴人和土家人，它的发源地就在利川。老人们说，在利川县西边五区汪营镇（即汪家营）龙凤乡，也是山区，清江源头就在那儿的龙洞沟。县干部说，本县西边有大巴山山脉，有一部分以山岭与四川石柱、万县、云阳、奉节为界，这条大巴山分支或余脉从我县西边的南端一直往北绵延不断，延伸到东北边的七区龙门的北边，作为省界、清江发源处那一段，叫都亭山，山上有湖，巴蔓子就葬在这一带。看来，今日上午在路上听人讲当地有都亭山、巴蔓子墓，是错的，应该在这儿。自东向西，横亘在利川二区、十一区之间的马鬃岭，也是属于大巴山脉的。老人们还记得，贺龙元帅曾经攻打并驻扎过汪营镇，还谈了几个有趣的小故事。

5. 坝漆，我们说："在四川的时候就听到这儿的生漆好，川东南、湘西北、鄂西南都是一样的大山区，都出产生漆、桐油、茶油和茶叶，为什么你们这里的坝漆特别好，而且畅销到海外？"老人们说，主要是这里的气候温和，冬不冷，夏不热，雨水均匀、充沛，土壤适合漆树的胃口。这一切条件凑在一起，才使得毛坝山上出产的生漆达到高质量。简单说，坝漆浓厚细腻，含水分少，干燥起来快，抓木力强，涂在木器上，鲜明光亮。坝漆防腐，耐酸碱，耐高温，而且有一种独特的芳香。有钱人家事先准备的棺木，指名要用坝漆刷，一年刷一次，人不死就接着刷，有刷上七八层十几层的，说是入土后，有了好漆，不怕水泡，虫蚁咬。我说在抗日战争时期，我们穷学生，又逃难又求学，老嫌力气小，背不动行李，有人出主意，说地质工作者长年在野外工作，风霜雨雪，天天背着行李到处是家。他们有三件宝物：一是挡风雨的斗笠，是用细竹篾丝夹松针（松叶形状像针）编成的，只有几两重，很结实，比草帽强，草帽又大又重，被雨水一浇吸了水就更重了，而且雨淋后就发黄变脆；二是用桐油制的油布包行李，多大的雨不怕，睡觉时把它垫在地上防潮；三是用细薄竹篾编织的竹席，又薄又轻，还可以折叠成好几层不坏，不留折痕。大家都觉得不错，潘先生说："我是常出门的，我也应该备齐一套，就是不出门，这三件都是好东西，小巧的斗笠可以挂在墙上装饰门庭，席子夏天有用，只是竹席太凉，北京最热也就三五天，使用率不高。"我笑着说，你要买了这三件，那您就是七宝护身了。潘先生从嘴里拿开烟斗，忙问我："哪里有四宝了，你说说看。"

我说:"一、你身上那件黄黑色的皮夹克,穿了几十年,还没有换掉,说明它还好好的,没有坏,这不是宝贝吗?二、那只黄色公文皮包,天天拎进拎出,都变色脱皮了,每天把讲义、文稿、书籍都装得鼓鼓的张着嘴。这又是一宝。三、你的烟斗,天天吞云吐雾,也该是几十年的文物级'家宝'。四、你的双拐,记得你曾经对我说过,多年前伤病好后,装用过义足,可是每天安装很是麻烦,装得不合适,或者行走太久,会疼和磨破皮肤,后来索性抛弃义足,改用双拐,比较方便。这一对拐是国外友人赠给你的,非常合用,就一直用这一副。"潘先生听后哈哈大笑,笑完后说,"你这些不算创造,比你高好多好多班的同学就几次在系联欢会上开我的玩笑,说这是老太婆的被子,盖有年矣。"屋里的人听了,又一次哈哈大笑。

我对潘先生的趣谈,是想说明他不仅治学严谨,学富五车,教学认真,正直热情,而且一直坚持艰苦朴素的生活作风,他衣着简单,饮食一般,家庭日用物品,以实用够用为原则,不求铺张奢华,物尽其用,不轻易抛弃。旧信封可以翻过来再用,所入工资,作为一家七口的开支和一笔为数不小的四个女儿的学杂费用。余剩的钱就全部送进书店,换回自己教学上、研究上需要的书籍。生活就是这么简单而丰富。

　　我在前面提出的斗笠，竹席，油布，是我听到座谈时大家提到利川丰富多彩的土特产品，生漆、桐油、木材、竹林，等等。现在，公路修了，它们可以运向山外、全国，有美好的发展前景。但是，就反映这些高级的原料，单纯地当作原料生漆、原始桐油，以低廉的价格卖掉了，能不能像嵌花木箱、竹席、竹篾斗笠那样，进行加工，哪怕是简单的加工也可以提高价格，增加收入，赚了钱，就有资本购买机器进行较高较复杂的加工，为全县全山区赚更多的钱。聊到这里，我又在会上说："你们知道吗？在抗日战争时期，日本侵略军的飞机很猖狂，往往飞到内地来轰炸、扫射，我们的飞机就飞上天和它们战斗，那是跟步兵肉搏一样，是面对面的拼杀，要刺刀见红的，所以，战斗机也和步兵一样，上阵时既要全副武装，又要浑身收拾利索，动作灵便快速，才能打败敌人，把它们从空中击落到十八层地狱。因此，飞机工程师们对飞机进行改进再改进，于是就用上了你们生产的东西做零件，还真起了作用。你们猜猜看，是什么？"大家瞪着眼睛摇头，我接着说："飞机上天要烧航空汽油，飞得远油就要装得多，一多就重，就飞不快，而对于战斗机来说，速度就是胜利，就是生命。于是工程师想出解决的办法，在飞机的两翼上加挂副油箱，起飞和巡逻搜索敌机时，先使用副油箱的汽油，如果发现敌机，马上一按按钮，抛掉副油箱，机身一轻，快速冲上去迎头痛击。过去都是用金属桶，又重又贵，抛掉了也可惜，于是发明用竹篾编织成副油箱，外面搭上桐油或光油，或再刷漆，就是又轻又结实又便宜的战斗工具了。我们家乡生产的农林牧产品，动动脑筋，能够制作出许多适合社会主义需要的物品。"大家点头，热烈讨论起来。

特产中大家又提到珙桐和世界上最古老的罕见的孑遗植物水杉。这是世界级名贵植物，县干部大都知道，告诉我们水杉在亿万年前新生纪中期繁茂昌盛，广泛分布在欧、亚、美洲，2500万年前第四纪特大冰川期，和恐龙一样绝灭了，只能在化石上寻找它。一直到1941年，干铎教授在利川县东北方的大森林里发现了一株特大水杉，1945年，我国植物分类学家胡先骕教授和林木学家郑万钧教授，对水杉进行正式鉴定命名，并把这株在利川谋道发现的水杉称为"古老世界爷"，并且成立了"中国水杉保护委员会"。这株世界仅存的水杉总有400年的树龄，树高约为35米，胸围3.5米，枝叶繁茂活得很好。我们知道这是水杉后，后来又有人在四川万县、石柱和湖南龙山、桑植发现一些，也是大树，但没有见过比这更大或同样大的。水杉是我国特产孑遗珍贵树种。潘先生学过生物，进行深入研究过，而且还学过古生物学，就向他请教。

潘先生说，当年他是从报上知道这件事的，当时正处在抗日战争末期，条件很差，很艰苦，找不到材料进行深一步了解。它的发现，的确是生物界一件大事，它成了活化石，等于是死而复生。有了这棵400岁的老爷树，进一步证明第四纪冰川期在各大洲的不同情况，欧洲、美洲是大陆冰川，冰川到临时是整大块地覆盖大地，许多动植物就此绝灭了，而在中国，是高山冰川，是一种间断性质的高山冰川，许多山岭高高低低排列成堆，像川鄂这一带的大巴山脉就是这个情况。冰川来临时，植物还可以在冰块到达不了的山林间生长，等到冰川消退，它们又可以向四周发展生长，所以我国山野保存着不少古代植物，很珍贵，像刚才谈到的珙桐，花朵开放时，像成千上万只白鸽，在风力的抚摸下，振翅飞动。可惜现在是冬天，否则，在沿途我们是有机会欣赏到的。它是双子叶植物落叶乔木，一种名贵的观赏植物，分布在川贵鄂三省边境和云南北部，为中国特产。你们知道吗？它是珍贵树种，也是经历过大磨难的。把话拉回来，水杉，植物分类上属于杉科，水杉属。所以它的性质和杉树类大部分相同，但又有自己的特性，它是落叶乔木，树皮灰褐色和其他杉树一

248

样，剥下来是成片长条形的，树叶估计也和其他杉树大体相似，像羽毛样的排列，但大小软硬可能不同，它会长得直、长得快，适宜在鄂西、川、贵、长江以南这一带潮湿温暖的环境下生长。记得书本上说到，这一属可以长到35米左右，活到600岁。它生长直，纤维长，油脂少，适宜做建筑、木船的材料，也好造纸，有一种主要生长在台湾中部的台湾杉，最高可以长到60米，可以算是最高的树种之一。台湾的阿里山风景区有一株神木，1900年，在那里发现一株巨大的红桧，它高52米多，地面树干直径有18米多，要12个人合抱（经专家鉴定，树龄已达3000多年），是世界上罕见的珍树，被人们呼为"神木"。

老人们还提到，抗日战争前，也就是1937年前，有一个美国人来过利川，不知道他来干什么。

接着谈了天子殿，土家人爱唱山歌，有五句、有四句的。

我觉得大水杉很珍贵，还没有见到报纸刊物上发表过，想去一趟，拍张照片，我将这个想法向文教科提出后，大家都七嘴八舌地说，不行，不行，太难，太难……文教科同志说："我们这大山区，公路最近才修到县，再走就没有了。大水杉在县城东北七八十里，只有土路、山路，那里算是南坪区的，森林山区，人烟稀少，山民叫它'磨刀'或是'谋道'，县图上还没有标名。按你的脚力，走山路得一天或者一天多，来去得花三天。山里树多光暗，不好照相，这个老爷爷树，国内都有人来参观，县里已经计划修公路。潘老感兴趣的清江源头，也是土路、山区，不好走。清江从西向东流，流到利川西门绕着向南流，从南门外流过，又绕向东门，后再向东流前行，等于从三面包围利川，向利川打个招呼后再走的，往前水流经过一个山峡后，就流入落水洞，在地面上消失了。清江在这里进入地下变成阴河，伏流，从另一头的黑洞冲出地面。继续向东，流向恩施。你们要去那里游览，比较方便。在城东7公里处就是落水洞，它在大毛坡岭的西南山麓，风景不错。"我们答应考虑。

《利川报》好几位编辑、记者也参加了我们在楼上举行的座谈会，报社摄影记者李兆普没有闪光灯，借我的闪光灯拍了一张，我带的是一次性的镁箔闪光灯泡，国产的，每个约有拳头大，不便携带，所以我见他那张拍得情绪不错，就没有主动多给。10时半会议结束后，李又请老杨和我到楼下报社编辑部座谈。主编柯享元等同志非常热情，准备了本地茶点和一瓶甜酒。会上谈得很热烈，提出如何采访和写稿，由老杨作答，又提到通联工作问题等。他们对我拍摄的那张用作封面，由电影演员白杨饰的祥林嫂（电影《祝福》，小说由鲁迅著）照片很感兴趣，认为拍得好，把她翻制成黑白照片，准备县里放映电影《祝福》时在报上发表，有近 20 人从报社洗放了这张照片，有订了《新观察》的，还把这张封面拆下来钉在床头上。

报社冯玉树同志对我刊提出意见，说最近刊物内容退步，文章一般，小品文也差劲，希望改进。我答应回去向主编反映。我向他们组稿，希望写些利川的有特色的人和物，譬如水杉、毛坝漆、药材黄连等。又如"编辑的快乐和苦恼"，写得生动、具体就好。

欢谈到深夜 1 时方散。

李光普，湖南衡阳人，1950 年入湖北革大，毕业后于 1952 年分配到利川。利川县有重复的地名，初来乍到的人搞不清，如：公路经过的第十一区是茅坝区，而八区（文斗区），还有个毛坝乡，四区（柏杨坝）又有一个毛坝乡。七区八区都有见毛坝。川鄂一带，坝子是平原、平地的意思，水杉是生长在山地、森林里的，至少现在还没有移植到平坝，可是在五区（汪营镇，即汪家营）却出了个地名"水杉坝"，不知与水杉有关否？利川县治在城关镇，原名都亭镇，古时是否有都亭县，待查。龙池（县最北处），四区（柏杨坝）无；五区汪家营，龙门、龙桥、龙舞、龙凤、龙洞沟、龙水、双龙；六区（建南）龙眼；七区（龙门区）

龙门区、龙合、龙山、龙驹、龙塘；八区（文斗）龙口、文龙；九区（忠路镇）龙桥、龙嘴河、狮龙；十区（马前坝）龙台；十一区（茅坝）青龙、迴龙。可进行研究。

1月12日　星期六　利川—恩施—宣恩　小雨

　　10时半方开车出发。今天天气更冷，司机小李说"起凌了"。道路结了一层薄薄的冰壳，路面就硬些，车子好走。岂知天公不作美，天寒结冰凌，还不停地下小雨。这小雨可不作美，汽车顶雨跑，跑着跑着，驾驶窗上就凝出一层凌冰，成了毛玻璃，模糊一片，影响行车，用雨刮子来回摆动，也扫不下来，只好用布抹，抹亮再走。走不到几里，又凌住了，再抹再走，再凌，这样走走停停，慢得很。快爬马鬃岭前，在一位老乡家弄到一些开水抹，效果也不佳，只是多走了几里，又出现毛玻璃现象。后来，又抹肥皂，效果也不很大，只是冰凌在玻璃上结成较大块，稍好一点。没法子，小李只好把头偏出车外开，雨急风寒，也支持不了多久。我们没带被毯，冷得有点发颤，我坐在前面司机副座，小风吹着脸上更凉一些。

　　山上的风光在冷风冷雨中，显出别样情趣。树枝树叶上抹着一层白凌，在暗天阴风中微微抖动，闪射出幽幽的时白时绿的反光；枯枝上则满是雾凇，有的透亮有的不；天空弥漫着云雾，有的遮掩山头，有的拦切山腰，不经意间，它们在悄悄地变换位置，在风的催促下，高高低低，左左右右。我们欣赏着近处的绿莹、远处的迷濛。

我们用聊天和打哈哈打发寒冷和时光。潘先生听了我们昨晚和《利川报》交流的汇报后说："报刊同志是应该和外地同行多联系，在熟悉了解后可能发展那些优秀同志担任通讯员，有了十几二十个省市后，稿源就不用发愁。"我说："地方通讯员是应该聘请的，但好的难求。而且他们局处一地一县，能够写一两篇可用的稿子已经很不容易，要再找一两个具有全国性意义并且生动有趣的题材，那得假以年月，需要一年半载的。"我们一般以组稿为主，一是以人为主，向知名的作家、散文家、诗人、画家等，请他们提供作品（文章或画），组稿时不提要求，至多告知时间和最高字数。刊物除了长篇连载外，一般以三五千字为宜。一是以内容为主，有了题材或事件，去请专家、专业或当事人书写，来稿后，有一些需要编辑协助，进行修改。还有就是从大量来稿来信中选取，发现好的可用的作品，加以刊用，但其中大多是内容好、题材好，故事真实感人，而文笔不好，编辑加以仔细修改，往往把万把字压缩成二三千字发表。有的要提出具体修改、补充意见，退回稿件请他重写，有的甚至需要编辑跑上千里路，亲自上门，帮助作者改写，改写成功后，以作者个人名义发表。我们就是这样来保证刊物质量，因此刊物的工作方法采用的是编、采、通合一制，即一个编辑，既是编辑，同时又是记者和通联，在家要组稿、编稿和阅读来稿来信，在外就是记者和组稿者，不但自己写，也要动员当地人写。老杨在报社，人手多，分工细，他是记者，任务就是采访和写出合乎本报需要的特写、通讯和消息。我们又讨论利川的物产。利川土特产很多，除了农林，还有矿产如煤，药材如黄连等，交通改善了，宝贝就不能再烂在山里了。首先是要能运出去，打开局面，然后就是进行改善加工，譬如大水杉、杉王、世界爷，它不止是活化石，更不是孑遗剩余物资、供品，它是年青活泼的、有着强大生命力的，它是世界奶奶，可以大力推广。一是动员社员们到山岭去，再去发现第二、三棵水杉和珙桐等，以及其他尚未被发现的珍贵动植物；二是用水杉种子推广，和国外交换他们国家的优良品种；三是向国内南方甚至北方推广种植栽培，水杉本身就是一个优良乔木，用途很广。潘先生说："我知道那位鉴定水杉的胡先骕教授，他是江西人，比我大几岁。曾在南京工作多年，担任过南京高师、东南大学教授，又在北平担任过北京大学、北师大教授，抗战时在重庆，没来昆明上作。他是位有成就的植物学家、植物分类学家。他创办了庐山森林植物园，并写出《中国植物图谱》和《蕨类的图谱》等。关于水杉，他鉴定确认了，还写了关于水杉的论文等。建国后，他是中科院植物研究所的研究员，我们除了向专署建议外，也可以找他谈谈，请他出出点子。"

潘先生对我昨天谈的"三宝"很感兴趣，他是想在湖北一带买几件有纪念意义的手工艺品，他要了解得详细一点，挑质量高、最有名的。我说我知道的不多，尽我知道的谈谈吧。

先谈谈斗笠，潘先生说："斗笠的历史悠久，在尧舜时代就有斗笠，斗笠还救过舜的命。《史记·卷一·本纪第一》中，舜的父亲眼瞎，叫瞽叟，娶后妻生子叫象，舜的父亲偏爱后妻和象，常想杀死舜，多次加害未成。舜三十岁娶了尧帝的二位女儿后，还要害他，瞽叟让舜爬到仓囤上去封涂仓口，他却在下面放火烧仓，舜两手各拿一顶斗笠保护自己跳下来，才得不死。"潘先生问我读过《史记》没有，我答说读了一点，对舜的父亲一再加害亲生儿子的事印象很深。潘先生说："我把'舜乃以两笠自捍而下'翻译成'用斗笠保护自己'通不通？"我说，我读《史记》时对"自捍"二字不懂，查过辞典，"捍"就是捍

255

面杖的擀，没有别的意义；我又查和它相对应的繁体字，那是抵触的意思，舜不可能拿两顶斗笠互相抵触而下；再查"扦"的同音义项字"捍"，那是保卫、防御的意思，这就相近了，应该译成"保护自己"比较正确。

我们就是这样东扯西聊地摆龙门阵。再接正题，我说我只知道一点湖南的斗笠，它有好多种，有长沙、浏阳一带的油纸大斗笠，有湘中的尖顶斗笠，有滨湖（洞庭湖）沅江、常德的圆顶斗笠，湘南又是一种。有一首山歌里唱"醴陵县，出瓷器;（益阳）杨林坳，出斗笠"，益阳斗笠，是以漂亮、好看出名。其实，一般还是以实用、方便为主。挑担子戴斗笠好，打伞不方便。浏阳一带不挑担时多半撑红色大油纸竹伞，穿鞋，再两脚套上木屐，烂泥里能走，石板街也能行。湖南最轻的斗笠要算洪江、邵阳一带的尖顶斗笠，它竹篾薄细，织得密，编成网眼不到1厘米，两层中间夹线棕（棕榈树叶鞘的棕毛），外面刷光油（加工的桐油）形成薄膜，防雨效果好，一顶仅重4两。潘先生说："好，买 !"

车到见天坝时，从另一个角度观察"木材场"，又是一种感觉，冒雨下车拍摄，昨天经过时考虑的拍摄点，在现场情况下，不适用了。只得重选拍摄点和拍摄角度，还有很多路要赶，雨又没有停，时间紧迫，匆匆选定，拍了两张。木料真是不少，堆满在岭坡上、公路旁。道路上、岭上、木料上都起了一层亮晶晶的冰凌，滑得很。一步一滑，稍微往前移动一小段，又拍了一张就恋恋不舍地回到车上，想拍张大场面，又得花费不少时间，罢了。瞅瞅相机，短短的几分钟，外壳已经沾满微小雨点，可怜的是，镜头上竟然蒙了一层水汽，想拍也拍不成了。待镜头上的水汽自行消失，恢复原状，方才收入相机包。这次出差，进入四川境界后，不是阴湿天，就是小雨小雪，相机镜头很可能起霉点，回家后要抓紧检查、清扫。

下午2时左右，来到出水洞，天气依然没有起色，拍吧，不拍没有机会了。选好情景和角度，拍了出洞之水和民工们冒雨大干大建水电站的战斗姿态。出水洞的外面，一面山坡，已经砌好了护坡的石墙，雨水淋得湿乎乎的，闪着幽暗的黑黝黝的光。它们是用堆在路边的那种大黑石方几百斤重一块一块用人手堆起来的，保用几百年。出水洞内不断传出"丁丁"的敲击声，我不能下坡、过桥进去了，没有按快门的时间了。我最后扫视了一眼工地，心里想，照片的题目应该是"冒雨奋战"和"雨越大干劲越大"。

出水洞位于恩施高桥坝乡，洞距恩施县城9公里。听说省里为了节约资金，要停止拨款，让水电站下马。这可能是去年来凤县一带发大水，洪水将来凤老虎洞的水坝冲垮，损失很大，可能影响了省水利厅领导们的情绪，对修建新站有点放不开手脚。还有是修建出水洞水电站投资太大，因为除了水电站，还要修建一条5里长的水渠，这条水渠不是土夯岸坡，也不是砖砌护岸，而是全部用大石方垒砌而成，是需要大量人力、物力。我们再看一次出水洞口已砌成的石坡，光光鲜鲜，高高大大，巍然屹立在那里，足有七八丈高，旁边有几十名工人，正在不停地往上面抬石方。雨浇路烂，艰苦地往来不止，像这样的大石方坡，左岸、右岸、渠底，都用石方铺砌，工程的确巨大，但这是百年大计，像这样修成的水电站和水渠是不怕洪水的，是不会步老虎洞的后尘的。地区领导们和当地老乡们，渴望修建，修好了，有了电，生产就上去了；有了水，首先高桥坝乡受益，全乡生产也就上去了。听说，经地委上书力争，省里最后答允继续修建，将很快拨来下一期的工程款。

下午3时回到恩施，潘先生等到清江食堂点菜，我和老樊回专署，一是把在利川买的木板箱放下，二是取走被盖御寒，三是从利川搭便车来恩施开会的青年干部在此下车。"一条小黄鱼游走了"，抗战时，从湘鄂到黔川线、黔滇线跑运输的木炭卡车连绵不断，只要塞一点钱给司机就可以爬上露天的高高的货物堆上，有时候，一堆坐上三五个，这些人都被叫作"黄鱼"。有许多去重庆、昆明或贵

258

1957 年 1 月 12 日，湖北利川县见天坝木材场。

1957 年 1 月，湖北恩施出水洞水电站工地。

阳念书的青年几乎都当过"黄鱼"，而我们自己则叫这种车为"黄鱼车"，对人说我们是搭黄鱼车来的。于是就"彼此彼此"。在大后方，捣腾金条买卖的也把金条叫作"黄鱼"，双方心照不宣。

清江食堂的菜肴马马虎虎，吃得过去，其中的霉豆腐很好吃，是湖北、湖南的特色。农村乡镇几乎家家都做，做法和味道跟江浙的臭豆腐不一样，但都好吃。还有泡菜，湖北泡菜不如四川，品种也少。

饭后，折回从四川来时的川鄂公路，去宣恩，开头是顺路向南走，雨还下着，路还滑着，出发时已经4时半，去宣恩约50公里，小李是冒雨急驶，看架势是把安全放在第二位，全神贯注地注意前面，但是路滑不由人，车还是走得不快。我们从泡木垭踏上宣恩的土地，"垭"字说明我们是从两山中的一个山中进来的，下雨躲在车上看不清，也5时多了。这是第一区（城关镇），再经过白泥乡、黄坪了，共驶行40公里，到了椒园，从这儿离开川鄂，折向东南，小李说，这是宣恩县去年修的一条新公路，直通县城。去年我走过一次，道路极坏，高低不平，车子直跳，好像是修给骡马队和背背篓的人走的。我担心潘老受不了，可是现在一看，大变样啦。路面平稳，很宽敞，坡度比川鄂路还小些，可以并行三辆车，驶行不久，发现乱

  1957 年 1 月 13 日，我们乘坐的英制"陆地漫游者"吉普车，在湖北宣恩寒冬的冰树雪花中"漫游"。

堆着一些石子堆，有的索性大模大样地堆在马路中央，要慢开车躲开它，到大拐弯处，扒拉一阵碍路石堆才开得过去。听修路队工人说，你们下了这座山，快到县城前有一座桥，桥前有几块大石头，不搬开它们，是过不了桥的。想不到天都黑了，还有麻烦。等到真开到桥前时，顽石已由修路工人移在路旁了。

将近 7 时才进城到达县人民委员会，可是门前有一条沟，汽车进不了人委会的广坪，只好停放在附近县委会，人委会驻地是一栋老房子，大门较窄，像是一栋祠堂，里面有一段路泥泞不堪，泥浆有二三寸厚，潘先生是坐在藤椅上抬进去的。县级单位经费不多，工作又忙，山区雨水多，经常下雨，本来是应该先修好自己的庭院、道路的，但就是顾不上，通向境外的公路倒修平整理了，这就不简单。

先招呼到赵文杰副县长房内休息，喝口热茶驱寒，赵副县长是河南人，大概是和其他外省地方干部一样，是1949 年随着解放军四野大军来到中南军区的。湖北省解放后被分配到地方担任行政工作，有的原来是四野的军事、政治干部，有的是北方省市的地方干部，支援南方来的，他们都在所在县市勤勤恳恳地工作着。

我们下午三四时吃的午饭，现在还不饿，因此晚饭送上来的是稀粥、蔬菜等，其中的牛肉干巴很好吃。

今晚比较仓促，找不到人来举行座谈，土家族人都住在20里路以外，待会儿县里就去电话通知，要他们明天早上赶来，可能他们都住在山上。明天一早，先由县人委的干部介绍本县土家族情况，等土家族代表赶到后再由他们谈，这样，不会浪费时间。县里没有发电厂，没有电灯。

潘先生决定明天上午座谈后，下午去咸丰，就住在那里，不急着下午再赶去来凤。潘先生进入湖北后，似乎有点着急，想赶紧将调查完成似的。

今天早上向同行的老樊了解他们民政科几位同志去鹤峰县发放救济款的情况。从他那里得知，他们一共下去八天，其中有三天花在路途上，实际工作五天，直到前晚才回恩施，昨天一早又陪我们来到利川、宣恩。总的感觉是，鹤峰县高山上的产粮区比较差，生活艰苦。一是山里粮食产量比较低，光照少，水寒冷；再者是粮食价格低，卖不出多少钱。在那里，粮食够吃的，饿不着肚子；但衣服和其他生产工具及日用品困难，没有钱。山区和平原，贫富悬殊。

1月13日　星期日　宣恩—咸丰　阴雨雪

昨夜睡的是一间大房，在赵副县长隔壁，是张海江部长的房，摆了四张床，还绰绰有余，房门有8尺高，四个大窗户（1.2米×1.7米左右），每个窗子15块玻璃，房子这么空大，给的被子只有3床，老朱出去找熟人借来5床，这样，每个人都有盖，朱与樊共一床，小李另外去找熟人解决床铺事情。

10时早饭，10时半县干部来座谈，加上赵副县长，共5人，干部中有向、覃二青年，对本姓的风俗习惯了解一些。

椿木营区公所和椿木营乡，在县东稍偏北的地方，与恩施东部搭界。椿木营处在两条自东北向西南方向的山脉之间，有原始森林，出产楠木、藤条、娃娃鱼、锦鸡等。

土家风习方面，有送白虎，谭、向二姓同一个祠堂。

县治城关镇第一区，亦名珠山镇，县府西郊不远有个向家坪乡；二区万寨区，在万寨东北不远也有一个向家乡；五区为李家河镇，它的西边有个冉大河乡；六区晓关区，有一个覃家坪乡。这五个以向姓、冉姓、覃姓为名的乡，可能土家人较多。李家河镇的南边有一个二虎乡，是否与白虎有关待查。

下午2时多，来了一位覃章厚老人，66岁高寿，潘先生和他谈了一会，他知道县西2里原有一处白虎堡，多年前就被更改为猫儿堡。县尚存有天王庙，覃老儿时曾经去庙里玩过，神像已经毁坏。

宣恩，原来那一带的山岭为少数民族所有。元朝在此

265

设"沿边溪洞招讨司"，后来更名为"施南道宣慰使司"，不久，为明玉珍占领，改名为宣抚司。明玉珍（1331—1366），随州（今湖北随州）人，元朝末年为南方红巾军领袖。1361年自己称帝，势力扩展到云、贵，大概那几年中到了湖北，明朝定名为施南宣抚司，归施州卫管辖。到清朝改设宣恩县，归属湖北施南府，施南府所在地即今之恩施。现在宣恩县，北边为恩施县，东方为鹤峰县，东南与湖南省桑植县五道水接界，西南是来凤县，西边为咸丰县。

宣恩也属于清江流域，它有一条河，大概从咸丰的丁砦发源，自咸丰流入宣恩六区的平地坝乡、高桥乡、覃家坪（覃为土家姓）、茅坡田乡，进入城关镇区，河流经过县城南边，往二区马鞍山乡、中间河乡、中间坪乡，从宣恩北端的大堡乡进入恩施县，最后灌入清江。这条河叫中健河（宣恩县图名中间河），灌溉了宣恩和恩施部分地区，是清江一条比较大而长的支流。

座谈会聊得很热闹，到下午1时半方才结束。此时，县邀请的土家老人们尚无人到来，我们决定2时半走，不再等候。若稍后有老人来到，请县里的干部代为了解情况，以后转告我们。

赵副县长留我们吃碗面再走，结果拖到3时半方才出发。这时天气已经大变，出门时正巧遇上下小雹子，有油菜子那么大，但下得急骤，大家冒雹在县委广场上车，此时每个人的脖颈上都堆满了雹子，而且还继续下个不止，不像过去遇到的那种，一阵急雹，几分钟结束。这次汽车的驾驶室前窗没有结冰凌，坐厢里面倒结起凌来了，真有意思。通过椒园驶上川鄂路向西南去，道路上已经铺满白雪，沿途的树上都结着凌，白白的闪着光，很好看，我们看得高兴。多年没见过的奇景。小李可不，他紧张地掌握着方向盘，路太滑，汽车几乎像是在路面上溜着走。迎面驶来的运货卡车，司机都对我们嚷："滑呀，滑呀，真难开呀！"几乎每辆车轮上，都挂上防滑铁链辚辚地响着。小李没想到要带链条，遇到这样的坏天气，抓瞎了，只有小心翼翼地往前走。寒雪愈下愈大，将路旁的杉树和竹子都压弯了，有的一直鞠躬到路中央，汽车擦着它过去，有一株杉树正好在车子经过时，突然"啪"的一声压裂了，大家都吓一大跳。天黑地白，天愁地惨。路的上空黑黑的，空虚虚的，瞪着眼睛什么也看不见，瘆得慌，过了椒园，我也不知走了多远，是否已经过了双龙乡、倒筒塘、大岩坝乡、小关，时间过去两个多小时，这两个多小时能过张官铺乡，甚至能到达卡门山口，越过山岭进入咸丰县境么？小李正高度集中精力，根本顾不上说话。沉默了两个多小时，小李终于开口说了一句："就怕前面茶园坡不好走！"茶园坡在哪里，是宣恩县的？是咸丰县的？不知道，也不好开口问小李，走着瞧，反正平安过去，大吉大利，那就是好，就是胜利。到茶园坡时，天已黑透，刷的一下，小李把大灯打开，没有压碾的雪地亮晃晃的，小李上坡时用加力挡；下坡时路太滑，车子会失控，不由自主地哧溜下去。小李把后轴的加力挡也用上，等于四只爪子稳稳地抓紧路面，一步一步往下挪，最后总算平稳地到达平路，一切顺利，大家都松了一口气。6时50分，于黑暗中驶进咸丰县人委的大门。

游长远副县长和秘书陈反独热情地招待我们，请大家在会议室内休息，陪我们闲谈，工友们还烧红两大盆炭火。给我们烘烤受冻了的双脚。双脚一热，浑身也就暖烘烘的了。游副县长是本地咸丰人，对咸丰情况熟悉，向我们介绍了一些情况。

10时钟，方才开晚饭，原来县里把合作食堂的一位名厨师请来掌勺，菜肴烹制得真好，每一样都好吃，是我们在沿途吃到的最好的一席。咸丰出猪，县里有一个火腿加工厂，制成后向外省市输出的数量很大，本县生产的皮蛋、咸蛋都很有名。

咸丰县城里有六个合作食堂，生意都很好，老百姓生活提高了，进城赶场，一买一卖，办妥了，上食堂吃点喝点破费一点，改善一下是应该的，食堂饭菜很便宜，炒一个肉菜，3角6分，一碗面5分，一碗豆丝也5分。

宣恩也有以龙为地名的：

一区（城关镇）双龙乡；

二区（万寨区）大卧龙乡；

三区（狮子关区）小卧龙乡、龙洞乡、龙马乡；

四区（沙道坝区）龙潭乡、响龙乡；

五区（李家河镇）青龙乡、回龙乡；

六区（晓关区，即小关）无；

七区（高罗区）高龙乡、龙潭乡。

夜闻冬雷，雷声突然而起，响得清脆，雪依然在下，不过改为停停下下，而且愈下愈大。

1月14日　星期一　咸丰—来凤　阴

昨夜，潘先生和老杨住一间房，房里放了一盆炭火，虽然二人注意了，开了一扇窗户通风，二人早上起床，都感觉头疼。看来虽然开了窗，还是没有逃脱煤气的侵袭，木炭燃烧不完全的时候，会产生无色无臭的一氧化碳（CO），人们很难发觉，吸入后就会中毒，吸多了人会死亡。昨夜睡觉时开窗是对的，但是只对了一半，因为一扇窗，空气不能对流，新鲜空气进来一部分，未把室内的浊气全部换掉，还留下一些一氧化碳。潘先生二人中了一半毒，所以头疼了半天，但留下了性命。

早晨遍地白雪皑皑，对面的山峰，也都戴上了白帽，很想拍一两张雪景。背着相机包，到外面转了一圈，没有发现山岭、街巷有什么能引起我的兴趣的，于是，连包都没有打开就转回来了。到底不是拍风光的料，照不出名堂，也没有耐性。风光摄影家是众多摄影门类中的一大门，人数很多，有自己的要求和特点。不说其他，只要看看他们的生活，他们起得比太阳早，回家比太阳晚，跑路比其他摄影人士都多，傻呆在那里等瞬间，比任何人都久。一天能够拍几张几十张照片，也一天、十天、一月地待在一个风景点，一张也没有拍。我这个杂七杂八、见什么都拍的"杂家"，耐不住这份性子，虽然也见识过一些山川河流，但收入镜头的都是资料，不出作品。今天连"资料"都没有找到。

早饭又去请那位名厨，他很忙，来得晚，拖到 11 时半才吃，应该算是午餐了，也不好说什么，主人一片热心。

其实我们时间紧要，抓紧工作，有一般的饮食就满足了。

利用等候早饭的空当，老杨、老朱都一起上街赏雪看风景。潘先生因为行走不便，没有参加，我早上已经转了一圈，留下来陪他。我将街上的情况简单向潘先生介绍。街上有好几处都在大兴土木，有新盖的，有拆旧盖新的。街上到处都是砖瓦堆、泥沙和木料，把路都挤窄了。听说县里要在镇上兴建一条新市街，现在的情况，可能是改建一条街。在卖菜的小集市，看见农民种的大白萝卜，摆在地上，吓了一跳，那萝卜真大，比胳膊还粗。问那个菜农萝卜有多重？他说 10 多斤一个。我问他是怎么种的？他说这是新来的日本种，种出来就长这么大。他讲不清，我也忘了问价钱。潘先生说，现在科学在进步，无论工业、农业、基础科学、应用科学，各方面都有新的研究、发明。种出大萝卜来并不奇怪。只要不去当傻子，梦想发明什么永动机。有不少人要想发明一种永动机，幻想不消耗任何能量如水、火、电等，就能使一种机器永远做功，这是违反热力学定律的，所以不可能成功，有人想发明它，只是白白浪费精力。或是幻想着把水变成燃料，开动汽车飞机。说罢，不再作声。我看他谈完发明家后，表情有点伤感，右手在不停地抚摩自己的右腿，我赶忙问，是不是昨夜吸入的煤气还在影响你，哪里不舒服？潘先生摇摇头说，已经好了，没事了，只是天气变坏，又是雹子，又是雪，加上累了一点，右腿有反应，有点酸痛。我说，我来捏捏，按摩按摩。潘先生点点头。我正按摩的时候，潘先生忽然说："在我当学生的时候，若是医药科学上的众多发明能够早几年成功那有多好，或者是能有发明家将田径赛中用于跳远的坑里的沙子改造得更细更软那该有多好。"我一下明白了，就用期待的眼光望着他，潘先生说："清华、联大历届的同学都知道，我短了一条右腿是因为跳高受伤的，我的祖先十六代经商，但经济情况并不好，一直少地无房，我的父亲是弃商学文，还是从小就寒窗苦读，我记不清了，反正当上了翰林。当了翰林，依然少地无房。1913 年春天，我 14 岁时，父亲不幸去世，当年的下半年，我考上清华学校中等科，清华是留美预备学校，入学后，在校及留美上大学，都是公费待遇，不用家里负担经济，我可以全身心地投入学习，功课能够达到门门优秀，我还要求自己文武全才，积极参加体育活动。次年马约翰（体育教育家。马约翰常说：Young men, you must make your body strong, so that you can work healthily for our motherland for fifty years!——青年人，你必须有强健的体魄，才能为祖国健康工作 50 年！）先生来校担任体育课助教，我们就更喜欢上体育课，身体好才能工作好。有一次跳高，跳过横竿，右脚落地时，突然觉得触了一下，有点痛，并没有在意，照常运动。可是几天以后，右膝盖处越来越痛，渐渐肿起来，拖到受不了的时候，才去找医生给了些药，到后来知道是感染了结核菌，延误了时间，只好采取锯腿的下策了。锯腿后，没有多久，又肿，又做手术，刮除腐肉，像这样肿了就刮的做了两次，到后来，又做了一次，那是因为第一次做手术锯腿时，没有计算好，等到肿腐终于治好后，发现腿骨留长了。一次病，开四刀，可见当年医术欠佳，大夫手术欠高明。我也因此于1915~1916年间，治疗及休养一年半，耽误了学习，清华学校中等科四年、高等科三年，我花了九年，于1922年春毕业，并在当年的7月，赴美国留学。后来医学逐渐发达，并且迅速推广运用，人民就少受苦，生活更幸福。"

潘先生接着说："科学进步，生产发达，经济收入提高，就要考虑怎样花钱了，在封建王朝时，帝王搜刮了大量民财，不做有益于民的事，却用来个人享受，奢侈浪费。我举个历史上很少有人注意的例子：公元前140年，汉武帝刘彻登基后，做的第一件大事就是为他自己修建坟墓，为了修墓做棺材，竟然将向天下征收来的财富花掉三分之一！而且这个始作俑者的恶例一开，以后的帝王直至清朝，都纷纷效仿，从称帝的开始，就看风水、修生圹，

273

一直修到死了，到埋进去为止。"

"新中国成立后，社会主义生产一切欣欣向荣，农村成立了高级生产合作社，去年资本主义工商业也公私合营……一切都为全民着想。我们这次出来，调查是人民政府为少数民族做的工作的一个部分，我们的担子很重啊！我们这一次冬天还出来，是因为湘西的土家族工作走在了前头，那是去年1—6月间我去参加调查、识别的，湖北、四川也得赶快跟上才行。"

饭后即举行座谈会，会上介绍了本县的土家情况，谈到地方戏，谈到水利等，县里要在野猫河修水电站，经费19万元。南剧，是恩施地区的地方舞台戏，当地人叫它"高台戏""人大戏"，听说是在清朝早年康熙时期由土司养的戏班子演唱的，有好多剧目，戏里的人是穿土家服上场的。

野猫河的"猫"字是否也是从虎字更改成的？

座谈会开到下午3时，又要吃饭，饭吃完，没有时间参观县里的火腿加工厂。

4时，出发前往鄂西南最南的县——来凤。来凤县是大山区，也是土家聚居的地方。咸丰到来凤56公里，两个小时到达，途经忠堡，至卡门进入来凤县界，过三堡岭、胡家沟、茅坪到县城。这一段公路比较平坦，山也不是那么高，不过，驾驶窗还是结了几次冰凌，两旁的风景还是越来越美丽奇特。车子从山上往下前往来凤，我们停车，站在半山腰上遥望来凤，这个县所在地的翔凤镇坝子，真是又大又平，好一片肥沃大地。老樊遥指，从县城到湖南的龙山县城，只有15里，过一条小河就到来凤边的紧邻，就是小河乡，从那儿发源来的，就叫小河，流入四川灌进酉水。我们前不久，到了酉阳，潘先生曾于去年6月，从龙山去到来凤，停留了一个半小时。

进入来凤县城，也有石子堆街上阻塞道路，又是在搞建设，从川东南开始，几乎每个县都有一些建设项目，有的是在盖新的县委、县人委的大楼，一片欣欣向荣景象。小李熟悉县城，绕小巷驶到县人委。

下午6时到的，一到又吃晚饭，真是吃不下。老杨有点感冒，不想吃饭，请厨房做了一碗姜汤服下，先行休息。

张副县长，山西晋城人，现年42岁。他搞过铁矿、打过游击。解放后在工会工作过。在工会时，曾到湖北应城石膏矿调查，亲自下矿去了解。从地面乘一个罐子下去，有七八十丈深，然后进入掌子面。矿下的条件坏极了，用十一二岁未成年的孩子，躺着往里面挖取石膏，吃睡在矿里，干累了，靠着篓子，闭上眼睛就睡。凶狠的把头过来拿鞭子就抽，痛醒了爬起来接着又干。把头对这群

275

小孩极为恶毒无情，下了矿，几年都不让他们上地面见见阳光，休息一两天，他们的脸色、身躯全是蜡黄干枯，毫无血色。他们在地下不知冬夏，不知日夜，被迫劳动，没有日夜，这群矿主、把头是恶狼、禽兽。我回工会后，告了一状，才将恶霸扣押起来，听说开采石膏不赚钱，等到将石膏取完，灌上水，几年以后，用石膏矿的水熬盐卖就发大财了。

10时前，看报整理日记。

咸丰县城原是少数民族的居住地，宋朝在那里设州，叫羁縻柔远州。元朝时定名散毛冈。明朝设散毛千户所，又改名大田军民千户所，属施州卫。清朝改设咸丰县，属湖北施南府。

施南府，北周置施州，隋朝废除，不久又恢复，唐朝未变动，后改名清江郡，不久又恢复为施州。宋朝叫施州清江郡，元只称施州。明朝改为施州卫。到清朝时，才叫施南府，属湖北省。民国时废除，故治在今之恩施县。

恩施县，汉朝属巫县，到三国时，吴国将之从巫县划出来，叫沙渠县，随设清江县，并入施州，明朝在此设施州卫，到清朝改设恩施县，属归州（今湖北秭归县），后又为施南府治。今恩施县府所在地叫施南镇。

潘先生上午谈话时，又教导我，要多读书，持之以恒，才能不断地补充、提高，并提醒我，读书不能无计划，乱读成效不大，读书要有方法有系统。譬如是长年的有系统的学习的书，可以选择一套丛书，商务印书馆的集成本就不错，内容已经很充足，而且是平装本，本子小，阅读携带都很方便。回京后，我专门上图书馆查找。原来他推荐的是商务印书馆于1937年出版的《丛书集成初稿》，荟萃古代丛书，共收古籍4107种，是铅印袖珍本，分装4000册。我发现它有优点：一是我学生时代买过它出版的外国文学精品"丛书"，都是袖珍本，用起来很方便，也便宜，可以一部一部地分开买；二是它不再采用传统的四部（经、史、子、集）分类法，而是分哲学、宗教、社会科学、自然科学集，检索方便。可是这的确太多了，只有选择读，还有不少新出的报刊业务书要读啦。幸亏没有让我读商务的《四部丛刊》正续编，或中华书局的《四部备要》，本子又大，册数、字数更多，估计潘先生通读了其中的一套。

他说在这次调查中，除了有关少数民族的书刊外，要读一点辅助的、工具性的书，但对于个人来说，这些是打基础的书，如宋朝乐史编的《太平寰宇记》是全国性的地方志，对各代的政区、地名、山川形势、历史沿革、风俗、人物、土产等等都有记载。又如商务出版、臧励和等编的《中国古今地名大辞典》，北师大教授刘钧仁编的《中国地名大辞典》都很有参考价值。商务本较好，至于"沿革图"现今很少了，还有元、明、清各朝的"一统志"。《中国古今地名大辞典》收地名4万多条，又如《读史方舆纪要》，查阅历史地理都很方便，可以帮助你释疑。又《太平寰宇记》共八卷，内"中卷"缺湖南部分，后由一位广东学者补上。所以，你购买时要注意，要内含湖南的，不然就不齐了。又像陆少游的《入蜀记》，他从绍兴出发时写起；还有《黄山道》，收集了所有有关黄山的文章，在清朝时是一本禁书，有兴趣都可以读读。我当时很想问先生，一本游记方面的书，怎么会被官家列为禁书呢？可是先生接着又介绍故都北平一些有关历史、风俗、名胜方面的书籍，而且逛街的也都回来，马上要开饭了，就没有问上，以后一忙就没有问成，天天不停地忙，过后也就忘了。

10时睡觉，朱、樊、李、我，我们四人分配到楼上一间空空洞洞的房间里，久无人住，窗户纸全破了，冷气从四面袭来，我们取来些报纸，遮挡破窗。再用一块多余的床板掩住。每人给一床薄被，不够御寒，于是将垫被的一半翻出来当被盖，用绳子捆住盖脚的一角，不让它滚下来，再盖上薄被，这一宿睡得挺香，没感觉冷。

1月15日　星期二　来凤　阴

早饭后座谈，这次邀请到六位土家人，两位老年，两位青年，两位妇女。

来凤县是湖北省聚居土家人较多的一个县，虽然土家人还没有被确认为土家族，在1953年，人口普查和次年基层选举登记时自认为土家的人数也不是很多，但恩施专署和本县的同志们谈及时都说这里多一些。能不能讲一讲土家话当然是一个最直接、最明显的办法。潘先生询问他们时，其中五位姓彭的本地人都不会讲了，只有一位从湖南龙山嫁过来的陈姓大娘会讲土家话。但这还不能证明来凤土家5:1的比例不会讲本族话。因为他们是一家人，来的彭家祖孙四辈五人，原来来凤县于本月5日起举行全县农村业余文艺会演，他们是河东乡金龙高级农业生产合作社的文艺代表队，到大会来表演土家的摆手舞和唱山歌等节目的。演出受到好评。现在会演已经闭幕，他们任务完成，动身往回家的路上走，已经走到漫水，县里给他们打电话，请他们再回县城，给北京来的客人表演舞蹈，他们非常高兴，非常荣幸。昨天，他们又从漫水往这里赶。

潘先生原本是想自己亲自赶往漫水，甚至去河东乡。

一是我们有交通工具，来去方便，别让老乡跑来跑去爬山路，太辛苦了，尤其听说来演出的都是老年人，因为乡里也只有少数土家老人才记得跳摆手舞，更觉得过意不去。二是到那里，到土家族居住地去，可以亲眼看到真实情况并和土家老人谈话，上各家走走，会听到和体会到许多原始的东西。潘先生很重视到来凤调查，他计划能在来凤多停留一两天，我记得在三峡轮船上读潘先生1956年5—6月《访问湘西北"土家"报告》，其中提到"南北线的重点，主要是龙山，其次是永顺"。龙山人口中，"土家"人占绝对的第一位，约5个人中有3个，永顺县是5个里有2个，永龙两县县城之间约120公里，没有公路，又多高山陡坡，行旅困难，这种困难使得停顿的机会多，而和"土家"人接触的机会也就多。而这一路的"土家"人也正因为交通不便，所保持的特点也就比其他县的"土家"人更为显得突出——因此，就工作的要求来说，这种困难是有好处的，在龙山县城的三天里，我又抽出半天到了来凤县城。……（来凤）县境却也有很多的"土家"人，在县人口中3个里有1个，无论就绝对数或相对数来说，来凤都仅次于龙山、永顺，占第三位。所以我趁便也访问到了。

潘先生到达后就向县里同志提出自己的想法，想下去，县里同志说，县里向北走到咸丰去的一条汽车公路，

　　1957年1月15日，湖北来凤县河东乡文艺队表演土家族"摆手舞"。

　　1957年1月15日，湖北来凤县河东乡文艺队表演土家族"摆手舞"。

　　1957年1月15日，湖北来凤县河东乡文艺队表演土家族"摆手舞"。

　　1957年1月15日，湖北来凤县干部和潘光旦（左4）、杨重野（左2）、朱家煊（左10）合影。

再在咸丰联结上川鄂路，除此以外，没有别的公路。河东乡属百福司镇，在县南，没有公路，只有一条农村的乡间大道，走出来凤这块大平坝子，就要上坡爬山了。从县里往南走，经过四斗种、土堡、旗鼓寨，再走茅坝、上寨，过梅塘、黄土坎等地，到漫水有30公里；再经新搪坝、米塘坝等，才到百福司镇。去河东乡，从漫水到河东乡，也有五六十里，一天能到漫水，30公里坐轿子很难到达，再往百福司，也得打算一天，来去至少4天。潘先生一算，时间不够用，再加上出行到农村县里将派人护送，那次从永顺到龙山，就分两批，每批4个公安人员警卫，还有州干部、县干部陪着，花费人力物力不少，心里不安。只好作罢，让他们来。

潘先生在湘西时，只听土家老人说过有"摆手"，没有见人舞"摆手"，有些遗憾。这次来凤县在半年前于农村发现"摆手舞"，并且很快在文艺会演上演出，起了很大的宣传作用。参加大会的各乡文艺干部、演员看过这次会演后，都会把演出的节目，包括新鲜的"摆手舞"，带回各自的乡镇、村寨，广为传播。这一块石头投下去，是山谷会有回音，是河湖会有浪花，土家人会受到鼓励。出现新东西，县里的报一发表，专区就知道了；专区的报一转载，一发表，省里就知道了；省报发表呢，那就不得

　　1957年1月15日，湖北来凤县河东乡文艺队的六位土家人参加座谈。左2是土家姑娘彭翠花。

了，潘先生对着县干部和演出代表们，谈得很兴奋，听者也受到鼓舞。

潘先生请演出的土家老人将出现"摆手"的经过详细谈谈。老人们说，我们祖居百福司河东乡的舍米湖村寨，是个小村，但是我们彭家是土家的姓，在村里也占多数。我们叫彭荣子，年岁八十，彭祖求，年过七十，彭昌义、陈大嫂等年纪就小了。最小的妹子叫彭翠花，19岁，是个新手，进步得快，也顶一个角色了。我们都是一个村子里的，论辈分，是祖儿孙曾孙四代了。不怕见笑，我们土家已经一个甲子，60年，四代人没跳"摆手"，直到去年，第一次公开演跳"摆手舞"，而今还跳到大会上来了，真不容易。80岁的人赶上清朝的末年，父母亲都说土家话，我们接触汉人多，就此汉话为主了。祭神拜祖跳"摆手"时，我们的小孩子就学会了。"摆手舞"土家话叫"舍巴"，也叫"舍巴日""舍巴格痴""舍巴巴"，对汉人就说跳"摆手"。每年春节祭神都要跳"摆手"，又敬神，又是全村土家在一起欢乐歌舞的日子，男女老少都会跳了。到国民党政府时期，日子越来越坏，兵灾匪祸，连年不断，青年人怕抓壮丁，大年人怕抓伕子，大的集会不敢举行，不敢跳"摆手"，神堂不再祭祀，多年以后也逐渐消失了。我们百福司镇东边不远，有个卯洞，那里有个民族文化馆，馆里的陆老师、李老师去年经常到河东乡来收集山歌、民风。有一次，他们在我村舍米湖西边的小山上发现了那所被遗弃了的破旧"神堂"，找我们这些老人了解，勾起了我们儿时的陈年旧事，就向他们介绍。我们土家居住的地方，或一个村寨、一个乡，或一个大姓，都要修盖一所"神堂"，根据村人的多少、财富的大小，盖的"神堂"和"摆手"的坝场，可大可小，可以富丽，也可以简陋，但是神位一定都供奉彭公爵主、向老官人、田好汉。"神堂"一般又被称为"摆手堂"、土王庙，因为有村寨还增加一个神位，叫大喇土王。"神堂"前面必须有一块坝坪，修整得平坦，坝中间有一棵古老的大杉树，我们每年春节，过了大年初三以后，挑一好日子，黄昏时，大家一起，带上香烛供品，锣鼓灯笼上"神堂"祭祀神灵，祈求人畜平安，五谷丰登。祭拜完毕，大家涌出大厅，在坝坪中央的大杉树上，挂上灯笼，摆好锣鼓，由一个人敲锣又打鼓。大家就围着大树，转圈子地跳"摆手舞"，一直跳到天亮。要连着欢跳三夜，年轻人还觉得不尽兴啦。

跳"摆手舞"的重点当然是手摆动，当然，还要动脚，但它的特点不在于举手投足，一个明显的与其他舞蹈大不相同的是，左手和左脚，右手和右脚，分别同时向前摆动，和军事动作齐步走正好相反，舞姿是出左脚时，同时摆左手向前，出右脚时，右手同时向前摆。"摆手舞"的术语把这个动作叫摆同边手，舞蹈动作有"单摆""双摆""播种"和"岩鹰展翅"等表示农耕、鸟兽行动等。介绍完后，再到室外，由他们演示"摆手舞"。演示时，排成一行转圈舞动，好让我们看得清楚，舞姿民间风味浓厚、朴实大方、粗犷雄浑，是富有魅力的传统舞蹈。

我对潘先生说，神堂供的彭、向、田土家几大姓都有了，还有土司的座位，跳"摆手舞"其中含有培养土家人团结友爱的精神。潘先生点点头说，一种历史悠久的民族传统文化，其内容博大精深，影响深远牢固，不是一两句话能说清的。先生是批评我思维简单、肤浅。

彭翠花年轻，形象很好，身材高大健壮，是土家农村勤劳朴实的好姑娘。我和代表队商量，准备单独给她拍一张彩色反转片，也许有机会在刊物上发表，他们同意了，但是他们演出服装已经都送到卯洞文化馆，那边已经接到电话，今晚能够送来。那是一套民族服装，拍照片合适。去年秋天，陆老师了解"摆手舞"后，说是土家的珍贵舞蹈之一，应该拿出来展示，让它发扬推广。他们先向我们老人学习，学好后又组织我们一带的青年男女学习"摆手舞"。学好后，选派我们年老年轻的七个人，组成代表队，制作一套土家服装，参加此次文艺会演，陆老师二人出了

1957年1月15日，来凤县的"赶场"好热闹，其中之一是柴炭市场。

很大的力。

　　下午上街逛，准备拍几张生活照片，今天是农历十二月十五，逢五是赶场的日子，又是年终春节最后的两个场集，又是县里的大场，于是人气兴旺，卖的人多，买的人也多，先卖后买的人也多。农民们手里没有活钱，现在是社员，合作社没发工资时，手里没钱，但是自留的菜园有农产品、活鸡、猪和鸡鸭蛋，就送上场去卖，一路上，背背篓的、挑担子的，都往集场上涌去。

　　今日天上没有下雪，地上的雪就融化，于是满街的泥浆，没有一块干净的，我们踩着雪泥去几条街都走走。果菜市场、百货市场，都是人山人海，拥挤不堪，出售柑子的极多，一担一担，排在街边，一长溜，望不到头，总有四五十担。卖肉的、卖布的都分好类，一个摊紧挨一个摊地排到街尽头。物价便宜，毛鸡3角7分一斤，猪肉3角6分一斤，蛋6分一个，柑子1角一斤。

　　人多，拍出来热闹兴旺好看；人多，没有我的立足之地，平着拍，人头挤人头，拍不出几个脑袋，必须上楼，找个合适的窗口，从高往下拍，可以多几个人头，背景也能显出来。

　　见到大街上的邮局，进去打听，《新观察》每期销100本。

小李领老朱和我去参观老虎洞水库工程，城外2里即是，不远。道路宽大且泥泞踩一脚四五寸深，老朱舍不得光亮的黑皮鞋，犹豫，后来还是跟来了。老虎洞工地工人正在忙碌着，道路泥泞不易靠近，只好站河岸较远处观察。老虎洞很高大，从洞里流出来的水流量也大，在洞外有不少人从高坡处将石块抬往水流的下方，大概是在筑坝。他们抬的是一种大青石块，我站在高处用双目测量，石方大概有1米多长，半米宽，半米多高，石料很重。需要前后各8人，8根杠子，共16人抬运，在滑溜溜的烂泥里缓慢地移动，他们很小心，万一滑倒一人，大石砸下来，就会有几个人的脚背和小腿同时遭殃。我们提心吊胆地观看着。天时和地利都对他们不利，我们这些外行都可以觉察工程进度很慢。后来，我们见到工地的工程师或负责人杨钧之，他是专署水利局调来县水利局到水库工作的。县水利局局长田衡才有事，没来。他说，水库工地上原来有民工700多人，因为现在工地范围不大、工人拥挤等原因，现在留用381人。他们吃公家伙食，发给草鞋，公家提供工具，每天清早5点半起床，点着灯吃饭。吃完就上工。现在主要工作是清基、抬岩石、运沙，其中，搬运石料、木料是个艰巨工程，水库工程能否按期完成，材料的运输影响最大。大青石石方是从西边8里外的古牛石处抬运过来的，光看古牛石这个地名就是出大石头的所在，它在大灵官庙附近，有一条乡间大道，直达这儿。每根大石，16个人抬，另外2人是换肩，把抬累了的人换下来，减少沿途的休息，另外还有抬山上岩石的，15副杠，180多人抬，一杠12人抬，阴晴天一天走四趟，下雨天只能二三次，石头要从大山石上凿下来，得有懂得石工活的八九十人。还有木料，远在50公里外的大山上，都是一百多年以上的大树（是原始森林吧），由另外一批民工运送，还是肩抬人运。现在山上都是冰凌，交通困难，一根生湿木料，根据大小轻重，8~27人抬，一天只能走十多里，修一座水库、电站，没有机械，全由人力操作，是缓慢而艰巨的，不到工地现场，是很难想象的。

老虎洞水库、电站，定在3月份竣工发电。到时以一个流量计的话，可以灌溉10,035亩土地（万亩大堰），干渠长6200米，中间要修7处涵洞，2个渡槽。灌溉1万亩地的水量可以让7个乡受益，水力发电设备需13万元，尚未批准。若建成水电站，可提供照明用电94千瓦，动力用电78千瓦。

我们三人回来，已过晚饭时间，替我们再热一次。

晚上和潘先生、杨重野二人聊天，我谈了下午赶场的情况，下午参观老虎洞水库工地的情况，又谈到在来凤县城西北小河乡竹坝处顺西北行 5 里，有个"白虎头"的地名；又在革勒车乡公所之北 5 里左右，有个地名叫"杀虎沟"，两者都不知有何意义。还有，"老虎洞"也算一个吧，在县办公室借到《人民日报》12 月下半月部分报纸和 1 月 4 日、5 日的读给潘、杨听。

下午街上偶遇县文化馆郑同志，谈到土家神堂和"摆手舞"。他说神堂上敬的是彭公爵主彭士愁、向老官人向宗彦，二人都是土司地区最早的土司。田好汉叫田二耕，反抗清朝，战败被擒，自己一人承担责任被处死，保护了部下，土家人尊为好汉。

1 月 16 日　星期三　来凤　阴

潘先生计算调查时间越来越紧，在武汉、宜昌一带时间花得多了一些，原来计划从长江畔的四川涪陵乘船，沿乌江下游的黔江上溯到四川武隆、彭水等，土家居民较多的地区，比较直接，节省旅途时间，因黔江滩多、水急，易出危险，木船很少载客。这个计划落空，只好改走重庆绕行，多花了时日，现在就显得紧了。

昨夜，潘先生请张副县长和湘西龙山县联系，请县里派人来谈土家工作近况，最好是请熟悉情况的张开炬和民政科长田剑秋二人一起来。龙山县告知，田科长去武昌出席省民政会议去了，拟通知老张抓紧赶来。今日上午赶来见潘先生。潘先生和他商讨：

一、自治区建制问题。去年10月中央在湖南宣布确认"土家"族是单一的民族以后，龙山和吉首的情况如何？大家对成立自治政府的建制的意见如何？对建制问题，大体上有三种意见：1. 认为土家族应该自己当家做主，按照本民族的特点进行管理。现在湖南省内有四个托管县，大都在北边，可以组合起来成立土家族自治区。2. 主张扩大范围，将临近的湖北、四川几个土家聚居的县结合起来成立土家族自治区。3. 主张在湖南省内与苗族联合成立自治区。张开炬表示，大多数趋向于第三种和苗族一起成立自治区。这个意见与我们在武昌的学生们谈的结果不一样。

二、民族族名问题。既然是一个单一的民族，就应该有一个统一的族名。有主张用习惯的称呼"土家"；有主张用本族语言自称的"别兹卡"。潘先生对老张说："无论你们县或整个湘西怎样决定都可以，但注意不要过于急促，有米不怕没饭吃嘛，要尽量酝酿，多征求各方面的意见，中央和地方要多向群众宣传政策，中央配合地方要做广泛的包括川鄂湘调查团的宣传政策的工作，这样可以一劳永逸，免得陆续有人出来提意见。"谈了两个小时，送老张上了马。潘先生说，张开炬为人很好，他本人是苗族，但对土家问题一向很关心，尽量提供有关材料。田剑秋就是他找来的。老张不会说苗语，能说土家话。潘先生本来想去龙山，时间太少，只好打消。

来凤和龙山，一个湖北，一个湖南，两个县是紧邻，过一座桥就到了对方的境界，这条河就是二省的界河。他们的来往，比自己省的几个邻县都要近，都要方便，再加上两县都是土家聚居区，所以两县的关系一直很好，两县居民相互婚嫁的也不少。

来凤至龙山的公路正在修建，不久即将通车，两县来往，将更为方便。湖南永顺至龙山尚无公路，龙山可以通过来凤，进入川鄂公路前往湖北各县，也可以去四川，去长江一带，甚为方便。

来凤和龙山作为省界的河流，也很有意思，它发源于宣恩县的山岭，从四区白水乡朝西南方向流经本区沙道镇，经过五区李家河镇、二虎乡，进入来凤的小河坪，即成为与湖南龙山交界的界河，两县人民共饮一河水。河流继续南流，来凤境内从漫塘起至接龙桥及从申溪河起，经东洞河乡，流到猫儿滩时，偏东进入龙山境内，流到沙子田，再度成为省界河，弯折向西，经过漫水（乡公所所在地），再南下经百福司镇，从该乡鸡笼滩入四川。四川接水后，引入川东南酉阳县东边的酉酬、石堤。从鸡笼滩南下的河水到石堤后，转而顺着山势向东进入湖南里耶、保靖县，被命名为酉水。酉水汇集山岭诸流，注入沅陵的沅水，浩浩荡荡流入洞庭湖。一条大山里的小支流，居然流经宣恩、来凤、龙山、酉阳、保靖五县三省。地图集上说它是武陵山脉五溪之一，有个源流北源是宣恩东南将军山，流经来凤时称白水河，流至酉阳称北河。中源出自四川秀山县，至酉阳与白水河会合，南源出自贵州松桃苗族自治县。河流在宣恩流经的起点站就是白水乡，为此河名的由头，经过二虎乡，来凤则流经接龙桥、猫儿滩，所经处有龙（另有龙山）、虎、猫等地名，大都与土家有关吧。来凤尚有龙家桥、龙潭坪、乾龙洞等；还有白虎头、杀虎沟；另外还起了狮名如狮子桥、狮子口、狮子坨等动物地名。

潘先生原计划中是要走鹤峰县。在湖北土家以恩施专区居多，在恩施，土家以来凤、鹤峰居多，鹤峰土家比来凤多，可是鹤峰尚未修筑公路，多是土路山路。在专区中，以从来凤县前往较为合适。从来凤县，基本上沿着白水河省界河走，河水是流下山来，我们是在走上山去，大概是经李家河、沙道沟，再偏向奇峰关，出关走太平镇，至鹤峰，那里山高山大。要修公路可真是不容易，现在人要去也不容易。潘先生仍是因为时间太紧促，无法前往。于是改变计划，前几天就请恩施电话通知鹤峰，请县里派干部到来凤见面，介绍土家情况。估计最慢今天也应该到。不久，人没报到，电话却先到了，电话里说，他们不能派干部来，因为县里没有什么土家材料。只好算了，不可强求。潘先生说，鹤峰土家人多，人才也多，他在京时读了一些材料。建国后，鹤峰是相当早发现有土家人物。早在1950年春就有一位20多岁的汉子，从农村来到鹤峰县城容美镇，找到刚刚成立的县人民政府的县长，主动说他自己是土家人，要求惩办压榨剥削他们土家的土豪恶霸。有这样的好汉打头，还怕后面没人跟，这几年一定会有很好的成就和动人的故事。

来凤很早即为少数民族地区，五代时是羁縻感化州，宋朝时为羁縻富州地，不久，为柔远州地。元朝改称散毛洞，后升为散毛府。此后，更名为宣抚司、宣慰司（明），宣抚司隶属施州卫。清朝封为散毛土司。清雍正十三年（1735年）"改土归流"，改七个土司辖地为来凤县，属施南府。

鹤峰县晋朝为建始县之地，后来成为少数民族所有，到元朝设立四川容美峒军民总管府，明朝设宣抚府，清朝设容美土司，后改为鹤峰州，隶属湖北宜昌府。

晚间，县领导请我们去看南剧，当晚演出剧目为《赶春桃》和《夜走潼关》（根据隋唐演义的秦琼戏）。

据县里干部介绍，南剧又名施南调、"人大戏"。"人大戏"的意思是和当地流行的皮影戏、木脑壳戏（木偶戏）不同，是由人来演唱的，所以叫"人大戏"。南剧形成于恩施州，是具有浓厚的土家族艺术特色的剧种。在许多南剧传统戏里，演员是着土著服装，扮妆的。听说南剧剧目很丰富，有600多个，其中以老生、花脸戏较多。

1月17日　星期四　来凤—恩施　半阴晴

早上给土家姑娘彭翠花拍彩色照片。卯洞民族文化馆直到昨天傍晚才将她要穿戴的民族服装送来。从卯洞到县城，这一来一去，就是60公里，馆里不想为一套衣服派人专程跑一趟，恐怕是托人捎来的。快过年了，总会有人进城办事。可害苦了姑娘和陪伴她的陈大娘，眼巴巴地在县城里等了一天半。土家的服饰比较朴实，袖边、衣边等镶缝得较宽，布料颜色偏向沉稳、本分，不像苗家姑娘头上、身上装满银首饰，闪亮耀眼。彭姑娘可能照相的机会较少，又是陌生的环境、陌生的人，表情不大自然，尽量设法让她放松，请大娘一旁说话谈笑，引她情绪放松。拍了几张，不太满意，事后想想，忘了请她唱几支山歌，要是有对歌的就更理想了。摄影总是遗憾为伴，形影不离。

10时半告别热情的来凤同志们，我们启程，开始走向归途，高山上还戴着雪帽，我们迎着它往前往上开。太阳从薄云里破出，它终于赏脸降临大地，普照万物，自从我们进入四川境内，盘旋山川之间，近一个多月，太阳就没有升起过，趁着这难得的机会，拍了几张雪景。

昨晚，张副县长盛情邀我们今早去参观本县古老有名的"仙佛寺石窟"。他介绍说，佛窟离县城很近，就在城东7公里的省界河的河边，佛潭岩上。在岩壁中部，排列着三个大石，都雕有一尊高约5米的大石佛，两旁还刻有菩萨，都雕得神态庄严。下沿一并排的小石，都有佛像，大小四五十尊，周围风景优美，河水清澈，很值得一游。这一群石窟大概是从东晋时期开始，历年凿雕出来的。潘先生考虑后，婉谢了他们的美意。因为汽车无法到达，要步行或采用其他交通工具，来去要花很多时间，会影响我们回恩施。从来凤返恩施有100多公里。

没有想到今天会出太阳，虽然时间不长，但天气转好，气温明显回升，道路也干了。我对潘先生说："要知道天气转好，道路变干，汽车轻快，我们满可以游完仙佛寺石窟再走都来得及，可惜没有拍下佛像。"潘先生笑着说，

"你老是吃后悔药，我这次也吃上了比你更大的后悔药。那就是我们没有能够去河东乡土家聚居区跑一趟，鹤峰那里的确时间不够用，路太远，山太多，而河东只是来凤的一个乡，能有多远多难。时间是可以挤的，挤一挤就会多出来，就会有富余。去了那里，你可以多拍一些生动的人和事，我们大家都可以获益匪浅。"我笑笑，反正后悔药已经吞下，吐不出来的。

在朱家坳拍的一张远山雪景，在咸丰工地和茶园坡也拍了几张。

车上闲聊说出来凤县不远，有个路旁的小村寨叫"讨火车"，很引人注意，这儿离铁路线很远，农民、山民有的一辈子连县城都没有到过，火车、铁路都没有见过，怎么会出现这样的村？来凤茅坝，从此往南还有上班车、下班车啦！挺新潮的。另外，西边有革勒车乡，在来凤最南边，邓（？）洞乡那里有上成车坝、中成车坝和下成车坝以及木车坝，这个车家可能另有意义。可能是土家话大家都搞不清。

来凤至咸丰 56 公里，今日路干好走，下午很快就回到恩施专署，院内烂泥路也干燥了，潘先生可以自行步回住房。

晚上召开土家老年人座谈会，发言踊跃，很是热烈，我用卡片记录了不少，日记上只简单地用几个字记下议论或介绍的小题，再顾不上重新写一遍了。

1. 向王庙，向家子弟都去祭祀。某某姓因故改姓向。

2. 白布包头，传说头痛包的，潘先生加以解释。

3. 从三王庙扯到傩神……潘先生以为"傩神"音与土家"虎"之音同，应为"虎戏"。

4. 跳喜乐神—耍神—耍耍。

5. 城东 7 里的猫儿槽。

6. 锁王山。

7. 錞于一个。

8. 陪十姐妹，在湖南湘西、鄂西、长阳、奉节都是九个陪一个（新娘），只有川东人数不是十个。

9. 死了人，有丧歌。

1 月 18 日　星期五　恩施　下午晴

上午，潘先生和杨重野在住地写信。

我去参观"恩施专区农业展览会"，会上展出优质高产农作物不少，我简单记下一部分：

利川上磁千斤稻，早秧、盆秧、三株全做到。

利川上磁二社，产出千斤稻，有水田种稻263.3 亩，

302

其中有 39.33 亩，平均亩产 1130 斤，其中 32.35 亩，亩产 825 斤。1. 采取育早秧，适当早播早种（清明前 10 天）；2. 栽盆秧和三角兜。

万斤苕，来凤官坡乡 156 社，有苕 359.59 亩，平均亩产 4498.47 斤。有 24.8 亩，平均产 10,645 斤。高产原因是大河坝 156 社，采用高坑育苗法。

胜利油菜，宣恩下坝一社种油菜 95.6 亩，平均产 147 斤，又 5 亩、7 亩，每亩平均产 279 斤。

桐油，各国都需要，价格高，100 斤桐油换钢材 540 斤；2 万斤桐油可换一辆拖拉机，1 万斤桐油换 1 万尺蓝布。桐油为优良干性油，我国占全球总量 99% 以上。桐油可做重要工业原料，850 多种用途，可制油漆、橡胶代用品、人造汽油。

桐油饼可做肥料，木籽可做香皂、肥皂、甘油等。

约克夏猪本地第一代杂交种，喂养不到 3 年可长到 1000 斤重。每天用细糠（含有大米碎粒）只需 3~6 斤。

恩施鹤峰灯塔社，包谷，黄豆套秋苕（套种）。

日本种大萝卜，每根重量最高达到 20 斤，专署园艺场，亩产 1 万 ~2 万斤。大萝卜连叶 4 尺长，萝卜本身长 1 尺 5，圆围 1 尺多，直径 6 寸。

恩施县茶叶 1950 年产量 3114 担，1956 年 7000 担，

　　1957年1月，湖北恩施专区农业展览会上的大白萝卜，连叶长4尺，个重可到20斤。

1951—1956年，红茶出口17,707担，茶农收入32.67万元。

野猪，1956年咸丰三区永丰社种植12万兜红苕，一夜间被野猪搞毁。

恩施专署人民医院院长王翔九和该院中医师张兴桂来看望潘先生。在谈话中提到，他们花几年时间收集到2000多种丹方、秘方，经过整理，已经有600多种可用，并已编校完成，准备不日付印。

1月19日　星期六　恩施—巴东　大雾、晴

今天要赶往巴东县，它也是恩施专区管辖的一个县，紧靠长江，路程远，有208公里，须早行，我们没有吃早饭。7点50分就启程，直奔目的地。今日司机小李，要参加党员会议，讨论他申请入党的事宜。他不能送我们去巴东了，我们祝他顺利通过，此行改由杨司机开车。

可能连日阴雨、小雪交替降临，空气中湿度很大，到昨天，出了一阵太阳，气温回升。这么一温一热，大概今晨鸡叫以前，就起雾了。汽车一直在浓雾里钻行，越往山里走，雾就越浓，老杨司机面前的玻璃窗开始模糊，还好，不算严重，加上雨刮子的来回拨动，所以照常行驶，只是慢了许多。

此次川鄂土家访问调查之行基本结束，恩施专区跑了恩施、利川、宣恩、咸丰、来凤5个县，今天要经过建始，抵达巴东2县、恩施专区8县，除鹤峰县外，走了7个县。潘先生宣布，四川跑过了，湖北恩施蜻蜓点水了7个县，基本胜利完成任务。我们按照大会开会的最后一个程序——除杨司机外，全体热烈鼓掌。司机以哈哈大笑代之。

　　我们今日从恩施开始就是走回程路了，我们计划一天赶到巴东，巴东就在长江边上从那里搭上轮船，就可以顺流东下，直放武汉了。回归的行李比在京出发时增多了，潘先生沿途买的书，我和老杨买的木箱儿，在恩施每人买的茶叶土产，车上显得拥挤了。潘先生连连说："来来，把那个中包放在我的右腿下，不就空出一块地儿嘛。"潘先生为了上下方便，总是坐在车前副驾驶座上，我国交通规则是靠右行驶，司机和方向盘等都安排在左边。正好和英国、欧洲一些国家相反，他们是靠左行驶。这对潘先生正好合适。上车时，拉开门，左脚一迈就坐在右边位。下车时，推开门，双拐往外着地，整个身子就往下站。潘先生1元钱左右买一大筐红橘，路途上，他递给我们吃，其乐融融。

　　潘先生谈了几个少一条腿也少一点麻烦的故事和笑话。几十年过去了，故事都已淡退，其中只有一个人是难

306

以忘掉的。潘先生 1934 年起在北平清华大学任教。1937年 7 月 7 日，日寇袭击卢沟桥。抗日战争开始，在北平的北京大学、清华大学和天津的南开大学南迁湖南长沙。1938 年 2 月开始，再迁昆明，三校在昆明组成西南联合大学。潘先生也带领全家到昆明，在联大社会学系任教，并兼任教务长。初到时家住翠湖边的青莲街学士巷，之后和部分教授一起迁居西郊大河埂，后来学校在西仓坡清华办事处拨给一间宿舍，大女儿、二女儿则在昆明附近的呈贡县读高小。战争时，一家分居数处甚至数地是很平常的也很为难的事。二女儿高小结业后，1942 年，考取联大附中，回到昆明城内上学，需要住在父亲潘先生处，宿舍里只有一张木板床，怎么睡法。潘先生说："那时，抗日战争已经进行到第五年，生活艰苦，只有一切从简，随遇而安。我看老二才 11 岁，身躯不是太高，就想出一个办法。要她和我睡一个床，一人睡一头，她睡在我右腿的空当处，还绰绰有余，就这样解决了问题。"潘先生谈得很轻松，大家也觉得很有趣，很好笑，作为一段知名学者逸事看待。岂不知这是形象地、深刻地反映抗日战争时期，最高学府的资深教授们的艰苦困难的生活。不但没有地方安放一张平静的书桌，甚至连睡觉的木床也没有。

　　10 时半，行 60 公里到建始县人委会，县所在地为业州镇，从恩施经过龙凤坝、白岩头、白杨坪到建始。在县人委用午饭。

冯县长来看望潘先生。冯县长已 70 高龄，留学日本，同盟会会员，国会议员，民国二年（1913 年）起曾住北京 20 多年，他向潘先生简单介绍建始县一些情况：

汉朝时，这一带归巫（今巫山县，在四川），到晋时才设建始，唐属施州，明朝将建始县交四川州府管辖，清朝初期不变，后移归湖北施南府，现在是恩施专区属县之一。建始古时也为巴人地区，本县较早汉化，县城里没有少数民族。

矿产有铁，而且丰富，建始、鹤峰、长阳、巴东四县交界处，铁矿蕴藏量很大。建始到东南方的官店（地图上为官店口）距离 102 公里，那里有 604 勘察队，有五六百人在探测铁矿藏量等。在 604 队未来之前，官店供销社已经在用土法开采铁矿砂，中央已经决定投资修筑公路 200 多公里，从建始经红岩寺、花果坪修到官店 100 多公里。第二期再从官店修到上邱又是 100 多公里，是为铁矿而修的。官店可能发展成为城市。建始城外 15 里处石板山就有铁矿，公路两旁一直到巴东城都藏着铁矿，而且 40% 是富矿。

煤最丰富，沿公路一线都有。

硫磺矿也多，到处都是，离县城 30 公里处有专区的硫磺厂，离县七八十里有县硫磺厂，有 1000 多人。农业社普遍都在挖硫磺，七个区约有二三千人在挖，都卖给国家。

石棉在耕地时就可以翻出来，质量不高，没有专门开采。铜矿是紫红色的，不多。铅需在很高的半山上开采，成本高于售价，开不成。

化石，县东南花坪溪（即花果坪）最多，距县 50.3 公里。其中有象、三趾马、犀牛、鹿，有 60 万年前的新石器。古脊椎动物研究所曾来此地调查研究。还在别处发现古代用具，瓷碗十多个，中间有凸包的大铜锣一面。

楠木梨，产于清江支流往南流，景阳河、景阳关附近的楠木社。梨的底部凹处有蛛网纹是它的特点，梨皮褐色，肉粗而松，味甜浓而纯，水分多。好吃有名，在产地价 8 分，运到县城卖 1 角五六分。我们建始县产一种大粒米，三粒排列起来有 1 寸长，用水洗米，水成米汤一般。早年间是作为贡米送京的，它是一年四季晒着太阳长成的，它的产量极少，只有二三亩田能生长。

我县粮食以水稻、包谷为主，红茶年产 80 万斤。有马彪，只吃野猪，牛、马脖子上挂铃，不吃，农民也不杀害它，产血淋子，为飞鼯屎粒。

我县有三所中学，一所帅范。

建始县长宽各 100 多公里，全县人口 30 万。建始县位于海拔二千三四百米高原上，全县以山岭高地为主，绿葱坡为全县最高处，海拔 2800 米，通过时困难多险。

我们建始县有几处名胜古迹，有一石柱，位于县西 45 公里望坪山。山中有一个独峰，叫石柱，高 50 米，有石阶，可踩着石阶盘旋上去，直到柱顶有 200 多级。柱顶建一座石柱观，是明朝嘉靖年间的古刹，清乾隆元年（1736 年）重建。古观周围遍是古树苍翠高大，风景俊美。县西 1.5 公里尚有石通洞，都值得一看，你们是否留下来观游一番。

潘先生答须赶往巴东，婉谢了。

于 12 时一刻驶离建始，沿途有不少肩挑硫磺往县城方向去的。4 时一刻到达高处绿葱坡。从建始出发基本上是顺着蜿蜒的山势，弯弯曲曲向着东北方向，途经长梁子、大茅田、朝阳坪、龙潭坪，从山岭中进入枣子乡，往东走，到达绿葱坡的。绿葱坡海拔 2800 米，高于四周山岭。人们说此一带山级公路凶险难行，我们今天可能是因为有太阳才得以平安到达山顶，在山顶拍了合影。拍了大山，还拍了背篓老人。绿葱坡所在的山——称"巴山"。

我们在山上喝茶，稍事休息。发现一块界碑，上书：左为野花乡，右是九盘乡。我们久在山上跑，在这里观山，觉得绿葱坡并不显得高，周围的山岭看来都低一头，这增加此种感觉。有太阳晒着，道路泥泞。开车来到天坑，下车俯视、留影。据说这里最大的天坑可直通无源洞，顺洞前行，可入长江。该洞距巴东县 2 公里，距绿葱坡 60 多公里。山洪暴发时，据说常从天坑冲下房屋碎件、木头，会从无源洞出来。据说历史上民族矛盾严重时，会有本地人将外来汉人杀掉，投入天坑。

车到 9 公里处时，天已昏暗，在这儿已能看到长江两岸的沙滩。白天在这里能够见到巴东县的全景，适宜拍场面。用望远镜头拍成近景。暗中尚能辨出，巴东县紧贴着大山。

我们的汽车跟着公路蜿蜒前行，公路跟着山岭弯弯曲曲，上山坡，左转右拐，道路忽隐忽现地蜿蜒前行，左右前后都是树、都是山，山野荒凉，人烟稀少，走得你根本不知道东南西北，是前进还是后退。到最后天黑了，地暗了，才猛然发现我们站在大山的源头。长江的中腰，滔滔江水自西向东源源流去，视野突然开阔，心胸顿时爽朗。翻阅地图，方才发现，我们是从南边进入巴东境，从枣子乡来到绿葱坡。以这里为起点折向东北，弯弯曲曲经过绿葱区的东流水、腰店、三尖观，再经风吹区的石朱砂土、茶店子乡、风吹垭（区公所所在地）、云沱乡，到了巴东县府所在地、长江畔的城关镇（信陵镇）。公路大方向是从绿坡偏东北直指巴东县城，在长江前刹车止路。晚上，县领导等来聊天，向伯欧副县长是本地巴东人，他在上海念过南洋中学。南洋中学一直很有名，现在也是重点中学。他们介绍：

汉朝时这里是巫县的土地，南朝梁国称这里为归乡县，北周时又被改名乐乡，到隋朝才有现在的名字，叫巴东。它的城也在对面长江北岸。宋朝宰相寇准将巴东城迁移到长江南岸，即现在的位置。

清朝时巴东县归宜昌府（湖北），现在归属恩施专区。

巴东县很有特点，是全国唯一的一个长县，当然我们没有去计算测量其他县的"疆域"大小长短，但我们县的确是特殊：它是南北方的长条形面积，南北长700多里，可能有三四个小县那么长，东西宽200多里。以巴东县城为中心点计算，县城到长江北岸北端沿渡区的两河口，约300多里；从县城往南算至南端县境杨柳区连田乡，长约400多里。巴东县位于北纬31°，其南界大概是北纬30.3°左右，县北界大概是31.4°左右。巴东县从南往北至长江分为5区，计杨柳区、清太区、野三区（野三关）、绿葱区、风吹区。长江以北分3区，从南往北计官渡区（有南荒、楠木二乡在长江南岸）、平阳区、沿渡区。

全县长350公里，土地多，山岭多，有诸多不便，文件、信件送达慢。要想开个全县区乡会议，最远的区乡干部，从三四百里路赶来，得走三天到四天的山路，真是困难；开干部会，大都带上火把，经常要赶夜路。

我们从四川到鄂西，跑了十三四个县，大都也是山区县，他们的粮食都够吃，甚至有的还有富余，虽然山区苦，苞谷多，大米少。只有巴东是缺粮户，粮食不够吃。为什么？县干部告诉我们，巴东县700里丛山大岭和高原，却没有一片平坝子，全县区、乡、镇、村，有叫坪、木、荒的，却找不出一个称坝的地方。没有平原只有山，这也是一大特点，不要急，坏事也会变成好事。山里盛产的农、林、矿产品，平原、水乡就没有，就稀缺。

巴东还有个优越条件，拦腰有一条长江水，脚下清太区有清江自西向东横着流过，进入长阳县。清江暂时在运输上未能很好利用，但长江是一条大动脉，巴东的物资进出，依靠它能取得很大便利。

县兵役局副政委胡正贵（本省安陆人）向我们大谈神农架，那里是原始森林，人迹罕至。名树有鸽子树、白果树、红豆杉，药草到处都是，野生动物几百种，有金猴、小灵猫、狗熊，风景也美好。听得我们也想去看看，但是太困难。神农架在长江北边，是大巴山脉的主要部分，大巴山脉也延伸到巴东一带。大家关心的还有三峡水库的建设，谈了不少。大家都知道，水库建成蓄水后，水位将提高到 350 米，而巴东县城只有 290 米高，这时候县城得搬家，往高处搬，要超过水位。

潘先生谈了此次调查土家的情况，说明识别土家的方法。向副县长不知自己是哪一个民族的，听到潘先生提出在姓氏方面，向姓是土家的大姓，很感兴趣，向我们借了一些土家材料，看了一夜。

1月20日　星期日　巴东—宜昌

清早醒来，听见楼下有人在打电话，高声大话，听得很清楚，他大概是县办公室的干部，正在通知下面各区，年节快到，有些事必须要在年前办妥。布票就是一项大事，布票一定要在春节前发到户，让家家扯布自己做花袄，或是上百货公司买棉衣，都过个好年。他讲得很仔细。想必各地区路途远，打电话通知是惯用的办法。以后能用电话开会就好了。

早饭后，冉瑞泉应邀来聊天座谈，他主要介绍了土家的"丧儿贺"。他说,土家人的家里有人去世后,在出殡之前,举行"丧儿贺",意思是大家到亡人家"跳丧舞",表示对死者的慰问。是一种悲中有喜、哀中有乐的群众性舞蹈,是土家人的特有风俗习惯,其他民族没有的。跳"丧儿贺"都是夜间举行。大家尽情歌舞,玩个通宵达旦。跳丧舞,不论亲疏,不管认识不认识,都可以参加,有一面大鼓,一位会敲会唱的鼓师,打起鼓,就都在灵前的场院大跳,真有"听见鼓声响,脚板就发痒",十里二十里外,都有打着杉皮火把,翻山越岭,来赶"跳丧"的土家山民。

　　冉瑞泉又说,巴东的"丧儿贺"跳丧舞,主要流传在后四里区域,也就是兄弟民族地区。后四里是指长江南岸,县南地区的几个区。跳"丧儿贺"最早出名有野三关(即野三区区公所所在地)、清太坪(即清太区区公所所在地)和杨柳池(即清江南岸杨柳池区区所在地),是本县清江流域的三个区,土家聚居的地方。他们跳的"丧儿贺"和其他各县跳的基本上是相同的,也有不同的地方。具体的差别,我不了解。山多山高,各县的山民相互来往不多。我只知道野三关等三区,老年人故去后,大家都去跳丧舞;若是他家父母健在,死的是他的儿子、年轻人,就不去跳丧,过年过节等喜庆日子不跳,等过了节日,丧家发丧时才去跳。这里的跳丧舞"丧儿贺",不止跳一宵,或是跳三宵,而是高兴了,连着跳几夜都可以。巴东前四里的区乡就不一样,不跳"丧儿贺"。我们去湖北长阳县调查访问时,就听那里的土家谈过有关婚嫁丧葬的风俗习惯,譬如出嫁的"陪十姐妹",办丧事的跳"丧儿贺"。他们也说,跳"丧儿贺"各地的办法并不完全相同,但意义是一样的。我们也听说野三关的"丧儿贺"跳得很好,有名。

上午11时,辞别县领导,动身去码头。长江春夏发水,水位涨得很高,沿岸城镇建设位置都要高于长江水位,因此枯水季节,码头要接近水位,就降得低,从街上去码头,要步行上百级石阶。巴东县人委用滑竿抬送潘先生,码头坡道很滑,泥泞不堪,快下到码头时,有一根竹竿突然断裂,几乎将潘先生翻倒。潘先生笑笑说,滑竿的任务完成了。

我们乘坐的小轮船准12时起锚航行,驶入长江航道,顺流而下,比我们上月来时逆水上行,快速得多。

此次乘船,班少船小,人挤,乘坐很不舒适。我们上船后方才知道,巴东至宜昌的船期是两天一次,所以人多拥挤。川江上的船只太少,应适当建造新船。比起众多乘船者,我们还是受优待的,船员将我们送进会议室,占了一席之地,而且单独为我们开了午饭。午睡是没有盼头

316

的，我们利用这段时间，请账房先生老朱结算一下此行的饭费、水果等公私费用，把每个人的账结清。到宜昌以后的花费再行推选账房。我们异口同声，老朱此次账房当得不错，大葱拌豆腐，一清二楚，大有连任的希望，等到宜昌瞧吧。说完，大家哈哈大笑。

轮船航行在巫峡过了秭归，在香溪又靠岸停航。有知情者说，现在是冬季，江水浅，下游青滩一带，正在整理航道，清石块、炸暗礁；规定：每天早午两次，定时燃炮炸石；通航时间，下午 4 时。从香溪又上来 120 名客人，很快就是送灶王爷，过小年，迎春节，今天已是农历腊月二十日，要去办年货的、要回家的，水陆两线，客流量突然大增，货物运输量也加重加多了。最近，《人民日报》还为此发了社论。

轮船通过平善坝时，我认真地注视了一阵。6 时三刻到达终点站宜昌。泊在 13 号码头。

我发现宜昌变大，灯光明晃晃地变亮了，宜昌是个大城市。一个多月来我们天天在高山深林里转，眼睛看小了、看近了。我把这个新感受告诉身旁的司机老杨，老杨说宜昌天天在变，三峡水库一开工，铁矿上马一开发，宜昌会有 200 万人口。

今夜住宜昌招待所。晚上专署大于（于祥云）同志来看我们。他告诉我们，现在江上船少，小轮船装客不多，水浅，大轮船上不来，江明轮改走上海航线，其他大轮大都如是。冬季江上风大雾浓，小船为此行期不定，现在登记下行的旅客已有2000多人，水上交通困难，陆上运输也困难。春节的客流量大，而且都挤在这几天里头。

晚上与住招待所的地质部地矿研究所的同志洪友崇（广东）、常安之（河南）、易庸恩（女，湖南大庸）、沈慈恩（女，浙江）等聊天，听他们谈此次下来的调研情况，发生的故事。

今日由巴东至宜昌，行110公里。

1月21日　星期一　宜昌—当阳　晴

潘先生急于到武汉整理此次调查材料，乃弃船登陆，决心再吃一次苦，乘汽车走公路直奔目的地。于是往返联系，宜昌专署在春节临近，任务繁重，在只有一辆汽车的情况下，还是同意先送我们回武汉。

在门前广场等候汽车时，我骑上一辆脚踏车，绕走星式花坛的尖角，活动活动筋骨。准备坐一天"长途"汽车。下午2时55分方才出发，司机同志叫郑繁英，仍然是灰色的"陆地漫游者"，大概湖北省购进了一批，分配给各个专区和县。驶行不久，郑司机忽然惊觉忘了带购油证，急速调头，待重新出发时已是 3 时 10 分。如今是票证的世界，少了任何一种，都是铁面无私、寸步难行。汽车在江汉平原（正名两湖盆地）上疾驰，山岳退走天际，放眼望去，一抹平川，湖泊星罗棋布。视野开阔，山岳积成的胸中块垒尽消，真不愧是"千湖之省"、鱼米之乡。道路不是太好，有些路面被流水淹浸，没有修建桥梁或涵洞，只有涉水而过，浪花奔涌。有时见到小鱼倏然四散，甚至跃出水面一二条，大概是雨水过多，河水溢出路面。短时间即可消退。

　　此行经土门垭、鸦雀岭，于 5 时半到达长阪坡。我们下车，稍做浏览缅怀。天色已晚，潘先生决定，不赶夜路，就在当阳县歇息。宜昌至当阳县，75 公里。从南门入城，一进城，就看见路旁有"长阪坡公园"，我们就在不远处的长阪坡旅社投宿。潘先生建议，我们此次到当阳只是路过，就不惊动、拜会当局，也不去打扰招待所，因此见到"长阪坡"三字，就进了这家旅社，没有选择比较，只为大家都有一丝怀古之情，青少年时期，都不能忘记第四十二回的"张翼德大闹长阪桥，刘豫州败走汉津口"。刘备三顾茅庐，请诸葛亮出山后，博望坡一把火，打败了曹操派来的夏侯惇。曹操知道刘备是心腹大患，乃起大兵

319

五十万，分作五队，于东汉献帝建安十三年（208年）秋七月出师，从许昌出发，向江南进军，决心急除刘备，以及孙权。荆州刘表病亡，其子刘琮投降，曹操得了荆州和襄阳，曹操精选五千铁骑，星夜追往长江畔的江陵，铁骑追上，刘备三千余军马，领着十余万百姓。才走近当阳，一仗之下，刘备大败，率部下前往当阳县景山。张飞引二十余骑，在长阪桥前守候赵云。张飞命手下骑兵都到树林后跑马，冲起尘土，作为疑兵。赵云怀藏阿斗一骑驰来，张飞让赵云过桥。自己独自横着丈八长矛立马桥上，追兵夹到，张飞倒竖虎须，怒睁环眼，手绰蛇矛，厉声大喝，惊得曹操和数十万军将回马奔逃，不战而溃。真是何等气概，何等英勇。少年时读的篇章，至今不忘。现在来到当年长阪坡战场和当阳古城，自当凭吊追思一番。我们又去长阪坡食堂进餐。

旅社、食堂都是国营，属当阳服务公司。一位女干部过来通知我们，最好把汽车停放到县委院内，以免夜间被盗。我们此次出门，一直是和政府、和各种公家机关打交道，受到接待和照顾，从没想到会有什么意外。今天刚一接触社会，现实就扑面而来。也该现实一下了。瞧瞧大院，周围有围墙，大门有门框，就是没有能够关的大门。这个旅社还不是骡马驴大车店，大院广场装个门可以派很多用场。

夜间起风，下雪，颇冷，我们睡在三楼上，像亭子间似的。不大，是一个大房间用隔断隔出一个个小房间的，隔断墙是用竹篾编织，有的是竹片组成，稀薄得相邻两间能够互相看见。这原是一所二层楼房子，在上面加盖一个阁楼装成一个假三层，抬头看天花板，乃是黑色瓦片一层，漏风。在这样的房间烤炭火，保证不会像上次那样中煤气。这里只有一楼有一间办公室，里面有一小盆炭火，老是围满了烤火的人，住的房间三通风，屋顶、板壁（隔断墙）和窗户洞开，没有窗纸。从楼上看后院很大，设有厕所和开水桶，是一个大汽油桶架起来，从底下烧火，像施工工地上的临时性设备。门口一张小桌放茶壶茶杯，长木板搭成的床，一床被垫，一床被盖，床像长阪坡似的有坡度，太重的人上去要滚下来。夜里有很多老鼠从床头上上下下。我担心潘先生今夜能否睡得着，58岁的人了，虽然身体健康，精力充沛，终究步入老年了。

司机大郑经常出差，他说县里以当阳旅社较好，十里铺州旅店虽说房屋的外表显得新，但屋里面架的是大通铺，并排着睡十几个，更不好。我听是这个架式，很像骡马大车店了。

饭店吃饭，炒菜肉片、肉丝等都是4角6分一碗，鱼较贵，6角8分一盘，5个人吃卜来，2元8角多，猪肉4角4分一斤（宜昌5角5分），红苕5分一斤，鸡蛋9分2个，核桃3角1分一斤，苹果3角8分一斤，味次。

1月22日　星期二　当阳—汉口　上午阴，下午晴

早起，夜间下的雪有1寸多厚，大郑唉声叹气，情绪不高，怕路滑天冷，当天赶不到汉口。慢腾腾地起床，去县委取车。杨、朱和我上对面长阪坡公园内拍雪景。园内有一个小山堆，两处亭子，登上去略可看见全城。稍后东边的云彩透出亮光，似乎太阳要出而终于没有出来。

8时出发，汽车折向东又向东南走，路上有薄雪，并不很滑，汽车保持每小时35~40公里的速度前行。车子经过慈化寺，快到河溶之前，8时37分，大郑将车刹住，指给我们看路旁的周仓墓，并说，坟后不远就是古麦城遗址。潘先生说，古代麦城就在当阳县东南25公里。它的遗址应该就是大郑所指的一带，这里有沮水、漳水在这儿合并成一条流入长江。《水经注》有记载。《水经注》是北魏郦道元著的一本古代地理书，公元6世纪以前我国最全面的地理书，记录得很详细、真实。他是为注释《水经》而写的《水经注》，《水经注》也成为一本名著。他记载的

沮水就很准确，沮水和麦城就在我们眼前，就在一起。

这里有关公败走麦城的故事。《三国演义》第七十六回"徐公明大战沔水，关云长败走麦城"。说的是，吴国吕蒙乘蜀国关公（关羽）离开驻地荆州去攻打曹操的樊城时，吕蒙设计，偷袭荆州得手，致使关公败走麦城，终被吴国擒获，关公与子关平同被处死，周仓自刎的一段壮烈故事。

湖北省是古三国魏、蜀、吴争战之地，到处都有三国遗迹和生动的历史故事。说不胜说，数不胜数。

8时三刻，车到河溶，有漳水自北向南，切断公路，当地用木船搭成浮桥，通过汽车和人畜，然后上堤。大郑在路上说，从河溶到十里铺的22.5公里道路，是此行最坏、最不好走的一段。果然，一过河溶，道路变得高低不平，汽车颠簸不已，像在海浪上翻滚。汽车行驶得很慢。

一路上桥很少，遇有河流，有些就另修一条便道弯过去，要涉浅水。这种办法，它的造价不比建桥便宜。到了夏天，大郑说，遇雨即淹，须晴上三天才能行车。司机和村民对这条道路有"天晴一把刀（土硬），天雨一把糟"之说。公路怕下雪，雪化时，极泥泞，并极滑。便道下雨路滑，不好维护。说到桥梁，有些被国民党破坏，有些被水冲坏，尚未完全修复。

从宜昌往东行，所经之处，当阳、十里铺、荆门界一带，公路两旁，到处可以见到荒地。这是当年日寇烧杀抢掠，害得十室九空，人烟稀少。近年有些荒地已经垦复，毕竟是少量。我们在鄂西南经过的县乡，高山大林里，只要有一小块平地，一坑一洼，都种上了庄稼或瓜果，见缝插针，到处都是绿油油的，我们经过的路旁，出现不少小山包，有的种上大片小松树，碧绿青翠，长势旺盛。

9时40分到十里铺，公路两旁的饭铺为适应旅客需要，饭菜都上得很快，吃到了兔子肉。老朱在清真馆子吃，没有牛肉，最近缺货，我们也没吃上猪肉。怎么过年了年货反而紧张。

10时1刻离开十里铺，沿途见到不少军车在协助地方上运输货物。海军也派了车辆。

12时到沙洋，大郑算盘精，先不买汽油而直接就上机渡船，我们是第一辆上船，利用渡船过河的时间自己动手加油。过的是襄河，即汉水，15分钟到达彼岸。若是天公不作美，遇到大风天气就得等待二三小时。

从沙洋出发，路面改为石子铺盖，平坦不滑。路基很高，可以用来铺铁轨了。我们车速40公里以上。

快到皂市时，有一辆运猪卡车无故堵在前面，鸣笛不理不让，足足堵了七八分钟，大郑批评了他。到皂市后，又通知汽车管理所加以批评。皂市新建一条有铁栏杆的木桥，很平稳。很快又到应城，有一条大富水。江汉平原湖多，河流也多。到汉口尚有近百公里。下午3时余到长江埠，又上渡船，在船上用手拉铁丝过河，水势比较平稳，它叫涢水。从此地到汉口还有60公里。这段公路像河堤一样铺得很高，很平整，我们的汽车以每小时60、最高到75公里的速度飞驰，5时余即到汉口郊区。然后进入市区，经航空路、中山公园等，仍然人住交际处的江汉饭店。

与老杨和老朱到不远处的解放电影院看6时45分的电影，赵丹、周璇主演的《马路天使》。

晚上沐浴后入睡，舒服。

1月23日　星期三　汉口　晴

朱家煊同志参与协助我们此次调查的任务圆满完成，我们感谢他，送他回民政厅汇报后，可以休息几天。加上上次的外出任务，他已经半年没有在家了。我们祝他今年过个快乐的春节，幸福团圆。他高兴地和我们握别了。

司机大郑同志昨天把我们送到饭店后，就回自己的单位办事去了，他急着抓紧下午余下的时间，买点自己家和亲友家托购的年货，今天一早就往回赶。

潘先生对老杨和我说，现在又是我们三个人在一起了，我们还不能急着回家，要留在这里整理此行的材料。为什么要在这里整理呢？趁着大家还有新鲜的记忆，在一起好好讨论一下，把各人搜集的材料、看法交流一下，集思广益。

留在这里，环境、气氛没有变，思想集中不散，效率高。回到北京，家、单位、亲友，几下里一冲，什么都散了。在这里几天可以完成的总结，在北京一个月都写不好，我有多次经验了。人在这里，整理时发现问题、发现遗漏，马上可以向各方面打电话，及时解决。

我们三人吃住在一起，还是个集体；三个人为一组，一个小组长，一个副小组长，一个组员，说开会就开会，举手就举手，多好多团结。一回家，你住东头，他住南头，我住西郊，家里都没有电话，机关电话忙，谁也找不着谁了。

我们找个清静的地方去住，与世隔绝，效率高。老杨，很抱歉，要让你晚几天回去和新娘子团圆了。

上午 11 时，交际处把我们往东湖送。

横渡长江前往武昌时，在江上看见紧张修建中的武汉长江大桥的最后几个桥礅也出水面了，完成的桥礅上又增添了一架桥梁，往前延伸了一孔。

把我们送到东湖边上的东湖客舍，院子很大，都是精致的平房，安静、优雅、整洁，四周都是风景，一下子就脱离尘世了。东湖是武汉市著名风景区、学校区。午饭时，饭厅里应急摆一桌，三个人。大冬天的，又快过年了，谁来住？

饭后即开始整理工作。

1月24日　星期四　武昌东湖　晴

清早散步，东湖湖面上飘浮着薄冰，一大片一大片地分散着。武汉一带冬天不冷，凝不成冰块，太阳一出就化了。

整天工作。

中午吃到了野鸭。

傍晚三人行，休息，散步。沿湖而行，东湖辽阔，不宜绕行。杨柳条虽在寒冬，细枝已经发软，春天不远了。路旁的玫瑰花尚未凋谢。

晚上有湖船灯火点点，有一叶点着一盏汽灯的渔舟，明亮的光线射进潘先生的室内，将树影、窗格带到墙上，随着小舟的渐行，树影在三面墙上巡回一圈，逐渐隐退。

1 月 25 日　　星期五　　武昌东湖　　晴

整天工作。

上午，中共湖北省委统战部副部长谢威、秘书长麻佩三（回族）、科长马维青来访。潘先生谈了此次调查访问土家的情况。后来，潘先生和老杨又谈了一些在山区见到听到的问题，如医疗卫生方面、公费医疗、咸丰水质、交通问题等。

共进午餐，是清真食品。

继续工作至夜 11 时半，浴后入眠已 12 时半。

1 月 26 日　　星期六　　武昌东湖　　阴

清早，见东湖野鸭极多，鸣叫声高，一片喧闹。

有渔船捕鸭，2 元 4 角一挂，给 3 只。

东湖客舍没有报纸，也没有收音机，勿听勿视，真有世外桃源的味道。

东湖客舍的设备不错，有不少现代化的生活用品，床椅桌几、盥洗设施都好，服务态度也好。但还是缺少一点东西，那是一种氛围，是文化的气氛。环顾厅堂廊室，都打扫得很整洁，只是墙上没有字画楹联，桌几上没有陈列三两件工艺饰品。武汉市场上，字画文物古玩很多，也有不少仿制品、美术作品、艺术照片等。可以搜购一些，美化环境。

图书室陈列了不少供宾客阅读的书籍、刊物，可是其中没有介绍本地本土的书刊画报，如省县志、民族志、风光名胜等，也还没有湖北省大地图、武汉三镇大地图、县图等。这些地方色彩浓厚的书刊，外来的宾客喜欢看，本省人士也愿意多知道一些家乡情况。

最近，商务印书馆出版的铅印本《湖北通志》，我买了一本"缩印本"，才10块钱，很便宜。

全天抓紧整理工作，晚上12时左右，我的部分全部完成。

1月27日　星期日　武汉—晚京汉车上　小雨 阴

早起，将整理好的材料交给潘先生，三个人都完成了，可以回北京了。

昨天，潘先生一早就通知交际处买火车票，估计没问题，今天准备先回汉口。早饭后，我去食堂结算伙食账。

没等多久，汽车送我们回汉口。先去湖北博物馆访陈馆长和李振凡先生。陈先生说，他们去年12月去长阳调查那个白莲教洞穴，结果扑空，那个洞穴的物品与白莲教无关，没有什么历史文物价值。那一次，长阳还发现了一些化石，化石里有猿或人类的骨头一类。后来，惊动了古人类学家、北大等几个大学的教授，北京自然博物馆长裴文中教授，在我们之后，他也去了长阳。研究之后，认为那是"原始人"，教当地县负责干部将所有的龙骨通通冻结、封存，大概包括供销社、中药所所有的龙骨，其实都是化石，都是古代生物。等待裴教授从广西回来后，再去长阳进一步调查研究。若是能证实确是原始人，那将又是一个重大发现。

博物馆正在筹备一个农业展览，准备迎接第二届农业劳模会。

又告，全武汉市正在开展一个运动，检查全市工作和反对官僚主义等。

11时左右过江，汉口的汽车已经等候多时。到江汉饭店后，我给老朱打了电话，告诉他我们已回江汉，请他找的材料若已找到请来一趟，多少都可以，我们晚上就要走了。他答应除了已有的外，尽量再搜集一下，下午送过来。

晚饭后上车，开两辆小轿车，一辆坐人，一辆运行李。买的是软卧，火车启行后，我和老杨巡行一趟，发现这次特快列车只有软卧、软席和硬卧，没有硬席车厢。我们猜想可能是增开的春节快车，火车明晚到达北京已是农历腊月二十八，比除夕大年夜早到一天，早回家，全家更放心，更高兴。

我们买回一些柑子和豆腐干，老杨车厢内太热，设法把它们安放在过道上，温度低得多。

春节回家过年的多，车上很挤，坐或站在过道上的人不少。

1月28日　星期一　京汉车上　晴

今日天晴，可是火车经过的沿线的田地上都铺满了白雪。雪兆丰年。

火车是自南向北驶行，中午我们买到了昨天的报，下午我们买到了当天的北京报纸。大概是从北向南的火车交给列车员的。

在车上无事，将自己此行的伙食费和其他费用结算了一下，计公家花费（买胶卷、邮费、包裹费等）花掉50元，自己花费170多元，是我一个半月的工资，花得比历次都多。

又扣着指头计算了一下，我们三人此次出行，调查访问川东南、鄂西南高山峻岭的土家人民，不计算出发前的准备工作和回京后的善后汇报以及工作总结，冲洗胶卷、书写底片说明、编号、存档、放大照片等繁琐事务，只计算从去年 11 月 25 日我们三人从北京出发南下，到今天 1 月 28 日夜间 10 时（假设正点到）回到北京，来去总共 65 天，合两个月零四天。一共到过 18 个县市，行程 7000 公里。

夜 10 时余火车抵京。三人分别乘车返家。

我住北长街单位内的单身宿舍，11 时到的。院内灯火明亮，还有几位编辑赶着于节前发稿。

先去看望主编，报告已经平安回来。主编告诉我、"今年回家过春节的人较多，外出采访未归的有朱行去了北大荒。朱叔和在山西大同煤矿的黄沙、萧荻分兵两路，已有多日，估计快回来了。许法新前几天方回，他是个快手，稿子已经写就。人都放出去了，家里正缺人手，你回来正好，少休息几天，接着干吧。"

回到宿舍，桌上、床上、地上积满尘土。打扫到次日清晨 1 时半。

桌上的收音机和灯不见了，不知谁借去用了。明天先把台灯找回来，写稿要用。北长街地势险要，东邻故宫，西临中南海，北居一位元帅，南住文化部长，小偷谁敢来。

1月29日　星期二　北京　晴

早上醒来，将近 8 时，赶紧起床漱洗，可是院内静悄悄的，问传达室，方知天冷改为 8 时半上班。

上班后，向吴会计结账，公家费用可报销的 50 元，其余 170 多元全是自己消费了，两个月的工资全部扣光，只收回一张出差时打的借条。我装作可怜的样子提起右脚给会计看，对她说，这次去大山，趟冰水，走了 7000 里，鞋底都磨破了，公家该补助一双皮鞋吧？会计说："快过年了，明天提前发 2 月份工资，我特别照顾，现在就给你发工资，你爱买多漂亮的皮鞋都可以。"我忙说："别！别！你早发一天，到头来，扣我一个月利息划不来。"一屋子的人都哈哈大笑。组长陆浮告诉我："2 月 1 日出版的第三期已经印好发行下去。封二有你的长江大桥照片。2 月 15 日出版的第四期工厂正在赶印中。春节工厂放假长，有半个月，稿子都得提前发，手中忙的是第五期。第五期的封底发了你拍的'长阳清江上的木筏'彩色照片，为了配合照片，你写的《长阳——可爱的山城》也发在第五期，文章中用黑白照片 6 幅。文章校样可能已送来，你自己再校对一次。至于《川江航标员》等文，通讯组准备今后陆续发。你拍的其他彩色照片，也准备陆续发。你带回来的胶卷，春节过后送去冲罢，今天来不及了。"

新印的《新观察》第三期，封面是彩色"泥娃娃与大公鸡"（民间泥塑），为张正宇先生设计，是春节来临的喜庆。封二用了两张我拍的正在修建的武汉长江大桥照片。上幅是"从已经架好的桥梁内远望"，下幅是"一、二号桥礅上已经吊好桥梁，正向第三号礅推进"。照片是去年12月初拍的，送邮局挂号寄回就慢了不少。前几天去武昌时渡过长江，看到大桥。修建情况没有新的变化。只是进度已经将第八号桥礅修出水面，基础已经完成。剩下的是水面工程。关于川鄂的土家调查访问，文章和照片都得在以后各期考虑了。

组长又说，去年下半年发的封面，白杨在电影《祝福》（原作鲁迅著）中饰演的祥林嫂和粤剧演员红线女的两期，很受读者欢迎。编辑部也受到启发，今后要考虑多发几期人物特写或半身做封面。

我查看最近几期的印数，第一期为39.285万册，第二期为39.468万册，第三期为41.515万册，第三期比第二期增长2万多册，一期比一期上涨，是个好现象。

1月30日　星期三　北京　除夕　晴

今日下午是学习日，要我汇报此次川鄂之行的经过。上午，拟个提纲。

下午学习。先由欧阳柏传达"农村经济报告"。办公室再谈谈过年注意事项。最后轮到我汇报，汇报完后，几个青年同志对我谈的猴子举手投降、马老虎、飞鼺、娃娃鱼等很有兴趣，这是大家都没听说过的动物，纷纷发言提问。大家认为，这次大山之行，一定还有生动有趣的故事，可以写一两篇趣闻、小故事之类短文。

陆浮、李今夫妇邀我们一起去天坛东边的北京体育馆观赏除夕联欢晚会，有许多文娱小节目和体育表演。于是他们俩夫妇、慧民、小卜和我，加上他们家四个小孩、同院的两个，我们带上六个小孩分乘汽车和电车，浩浩荡荡而去。

单身汉节假日在《新观察》，在新社会是不会寂寞的。

1月31日　星期四　北京　晴

今天是丁酉年大年初一，阳光洒满庭院，好天气。从昨夜起，鞭炮声不断，喜气洋洋。放假了，所有的办公室都没有生炉火。上午，我正在宿舍里写《川江航标员》的初稿，航标员的彩色反转片已经发稿，刊用在封底上，我得先将这一篇文稿写出来，配合同期发表。我得抓紧写完，争取组里和主编室一次通过。我已经接受了新任务，三五天后去山西大同拍摄煤矿工人生活，为一篇通讯报道配插图。机遇巧，拍得好的话，有可能挑选一张上封面或封底。

天气真好，没有风，太阳晒在身上暖洋洋的。下午应该去给老前辈们拜年问好去，两三个月没有见面了。首先应该去拜谒潘光旦、费孝通两位老师，拜年问安。潘、费两家住在中央民族学院教职员宿舍，一溜平房两隔壁。我还得向潘先生催稿，请他抓紧将此次的"土家行"写出来，编辑部在恭候大作，篇数不限，可以连载。费先生那里也将请他写二篇。可是，今天去不了，阿英、林莉夫妇已事先打好招呼，约好去吃晚饭的。明天晚饭是主编约齐编辑部的单身男女上他们家的，不便推脱。杨重野老兄家得提前去拜访，见见他的新娘子。今天下午还是先去至少有三个月没有拜候的黄胜白黄老伯家，今年他老人家该是68岁高寿了。他是上海同济大学医科毕业，知名药物学家。这几年住在北京大概是有些工作，至少我知道他在中

336

华医学会任副秘书长一类的名义。老伯不像有些科学家那样沉默寡言，他善谈，而且幽默风趣，谈笑风生，总能找出一些有趣话题让你舍不得告别。今天拜个年，约定再访的时间就走。直接去老杨那里，坐到一定时间，跳上自行车朝请晚饭的人家奔去。就这么定了。

情系土家研究

潘乃谷

　　1979 年起，我跟随费孝通教授参加了重建社会学的工作。1984 年，费孝通教授初步完成了江苏省小城镇调查后，决定把研究的重点转移到边区和少数民族地区，1991年才有机会进入内地做武陵山民族地区的研究，把他的城乡发展研究和民族地区发展研究两条线在山区研究这个问题上交汇起来。这次与他同到武陵地区考察的除我以外，还有中国作家协会的老摄影家张祖道先生，他曾于 1956年随父亲到武陵山区做过实地调查，还有费先生的两位博士研究生邱泽奇和麻国庆。

　　1991 年 9 月 27 日，在出行的火车上，费教授给我们讲述了这次考察研究的思路。他指出这次与父亲当年调研的不同之处在于"不是要搞一个历史研究，而是要把民族研究深化一下，更加深入地考察民族的分合变化"，并且说"这地方我没去过，张先生是向导"。

10月8日，我们在黔江参加了湘鄂川黔毗邻地区民委协作会第四次年会，费孝通教授在会上讲："我的老师、同事和邻居潘光旦先生，1956年前就花了很多时间对这个地区从历史变迁和地理分布做了大量的研究，并且亲自来进行过实地考察。我总想来看看，但一直没有机会，35年来一直感到欠债不安。我一定要还这个心理上的债。这次我带了他的女儿一起来。她是我的研究助理，现在主持北京大学社会学研究所的工作。还有当年随潘先生来调查的摄影家张祖道先生。我希望大家一起继续潘光旦先生的事业，不但搞清土家族的源流历史，接下来看土家族和这个地区如何发展。"

武陵山区地跨湘鄂川黔四省，包括湖南的湘西土家族苗族自治州和大庸市（今张家界市）、湖北省的鄂西土家族苗族自治州（今恩施土家族苗族自治州）、四川的黔江地区和贵州的铜仁地区，约1300万人口，其中少数民族占53%。这是个多民族地区，汉族的分布在平面上，四处都有，但在立体上，多在平坝和交通线上，少数已深入峡谷和高山。土家族则北多于南，苗族则南多于北，是一个小聚居、大杂居交错穿插的格局。

1956 年春，潘光旦先生。

费教授这次武陵行，走了 21 天，从湘西凤凰、吉首，进川东的秀山、酉阳、黔江，入鄂西的咸丰、恩施、来凤，又到湘西的龙山、永顺，然后从大庸出山。除大庸之外都是父亲当年到过的地方。由于多年来参加了学科重建工作和边区与民族地区的调查研究，我逐渐觉悟到，重要的是去追寻和理解贯穿在老一代学者的民族研究工作中的研究思路和方法，以及做学问和做人之道。父亲的土家族研究正是其中一环。1949 年新中国成立之后，民族工作中首先碰到的问题是民族识别问题。各民族当家做主，在政治上一律平等，在各级人民代表大会里应该有自己的代表，所以需要对我国有多少民族，有哪些民族，各民族分别有多少人，聚居在什么地方等做调查研究工作，这项工作不仅是学术问题，也是与政策和行政建制相结合的工作。从 1950 年到 1957 年间，在中央领导人直接关怀下，组织了访问团和调查团到各地区去进行民族政策宣传和少数民族社会历史调查。

1950 年，湖南省湘西苗族自治州的女教师田心桃，以苗族身份参加了少数民族国庆观礼团，有机会见到中央领导人，反映了自己不是苗族，而自认为是有着不同语言和风俗习惯的另一个少数民族，要求进行调查研究。她的反映引起了中央领导人的重视并责成有关部门组织调查研究。

1952年院系调整后，父亲被调到中央民族学院，任研究部中南组主任。1953年接受了研究土家族的任务。他在查阅史籍、地方志时写了关于土家、巴人卡片1359张。撰写了15万字的论文《湘西北的"土家"与古代的巴人》，1955年11月发表在中央民族学院研究部编的《中国民族问题研究集刊》第四辑上，文后列出直接参考和征引的书目有史籍50种、地方志52种、笔记30种，其他经史子集55种。他从巴人上千年的迁移历史、地理分布和文化传说的种种记载中，通过考证得出土家起源于巴人，是古代巴人的后代。这篇文章发表后得到了史学界的肯定，影响很大。

1956年5月，他利用担任全国政协民族组副组长的条件，参加全国政协民族组调查团赴湘西北考察，与他同行的有北京大学历史系向达教授，中央民族学院青年教师刘振乾。他为此次考察设定了三个目的：（1）作为一个科学工作者，把研究所得和实地观察所得对证一下，改正其中可能有的错误，补充其中的不足；（2）作为一个政协视察人员，调查了解一下"土家"人提出的确定民族成分的要求究竟普遍到什么程度，在他们自己的认识里究竟有什么根据；（3）作为科学工作者，也作为一个视察人员，需要了解为什么"土家"的识别问题久悬不决。

1956年11月，父亲又以全国政协委员视察的身份到川鄂土家聚居区进行了实地调查，随行的有上海《文汇报》记者杨重野，《新观察》杂志记者张祖道，他是清华社会学系1949年毕业生，协助调查和摄影，实在是不二之选。

第一次湘西北调查他们走了42天，除去头尾到武汉和长沙外，访问自治州10个县中的7个县，计吉首、凤凰、花园（垣）、古丈、保靖、永顺、龙山。第二次鄂西南和川东南之行走了65天，所走路线是武汉→宜昌→长阳→宜昌→奉节→万县→重庆→綦江→武隆→彭水→酉阳→秀山→黔江→恩施→利川→宣恩→咸丰→来凤→巴东→宜昌。

据张祖道先生回忆，父亲在调查中可以说是事必躬亲，眼见为实，听了县里的汇报还不够，还要听乡里老人朴实的声音，听他们简单的叙述、直率的表达乃至神话传说。因为"土家"没有文字，只能口耳相传。他要从语音中辨别、选择，去伪存真。这还不够，他要见实物，去现场，即使道路再远再艰难，也在所不计。对于父亲克服行路难的超人毅力，刘振乾先生在回忆文章《不入虎穴，焉得虎子》中写道："先生是右腿抱残，凭双拐行走，步履艰难至极的老人，双目又高度近视，日常生活尚且困难，何况这次要去的湘西北，又是一个千山万壑望不尽，峰峦叠嶂数不完，江绕溪盘惟鸟道的地区啊！"

1956 年春，潘光旦夫妇。

调查结束后，父亲给中央写了《访问湘西北"土家"报告》，1956年10月国务院批准认定土家族是一个单一少数民族。1957年1月3日中央统战部根据党中央指示，用加急电报通知湖南、湖北、四川、贵州四省统战部，正式确定了"土家族"为一个单一的少数民族。1957年9月20日湘西土家族苗族自治州成立。

但当年"反右运动"开始后，土家族调查竟成为父亲一条罪状，湖南的田心桃等人，跟随父亲调查的刘振乾等人也都成了右派分子，还连带伤害了当地不少知识分子和干部。同时川东南和鄂西的"土家"成分问题也都搁置起来。直到1978年十一届三中全会拨乱反正以后，湖北省在1980年成立了来凤、鹤峰土家族自治县，1983年改设立了鄂西土家族苗族自治州。并在宜昌地区设五峰、长阳两个土家族自治县。四川省于1984年设立了酉阳、秀山、黔江土家族苗族自治县，彭水苗族土家族自治县，石柱土家族自治县。贵州有印江土家族苗族自治县和沿河土家族自治县。自父亲着手研究"土家"问题至此整整30年，土家族的民族识别和民族区域自治问题才算完成。

1991年随费教授的山区研究考察，我有机会在吉首、永顺、恩施和酉阳见到了1956年曾接待或陪同过父亲考察的同志，他们诚恳的态度和对父亲崇敬的心情令人感

　　1955年5月，中央民族学院，潘光旦和费孝通研究古籍中的少数民族问题，中为费先生夫人孟吟。

动，他们的话反映了老百姓对知识分子的评价。有的人说："我们大家都了解土家族的被承认，没有党的民族政策不行，没有专家的论证不行。潘先生的文章很有分量，后面他又自己做了调查研究，又看又问，他是看准的了，即使那时有不同意见的人对他压力很大，但他能顶住压力，坚持自己的研究结论。当我们知道他被打成"右派"时，都流了眼泪。土家族老百姓很怀念他，因为他为他们受了罪。"有的回忆说："他身体有残疾，行动不方便，来到我们深山老林，一早出去调查，晚上才能回来，还不肯休息，每晚看线装书，写东西。"在永顺时，他们把我当作自己人，让我穿上他们专为我做的一套土家族的衣服，和他们一起表演"哭嫁"中的新娘，这都表示了百姓对父亲的深切怀念。希望他地下有知，得到安慰。

土家族的识别作为国家的一项工作，父亲和同事们的研究结果是完成了任务的，但它的学术价值和社会意义已不限于此。早在1985年，费教授在回忆父亲的观点时提出了对今后民族研究工作的看法："正如潘光旦所说的，我们祖国的历史是一部许多具有不同民族特点的人们接触、交流、融合的过程。这个过程从没有间断过，而且还在发展着。从这一点认识出发，我们今后的研究工作就可以从宏观和微观两个方面发展。从宏观方面发展就是拾起中华民族形成过程这个课题进行研究。研究各民族的形成过程就是向微观方面发展的研究工作。"

正是基于上述看法，费孝通教授先后主持了"边区与民族地区发展研究"和"中华民族凝聚力的形成和发展"等国家重大课题，他1991年带我们到武陵地区进行调查研究，就是在实施这些项目。我和邱泽奇于1994又来到武陵山区，选了湖北来凤和湖南龙山进行两个村的社区调查。此时摄影家张祖道先生已72岁高龄，仍然兴致勃勃，自己背上惯用的照相设备与我们同行，跋山涉水进行他跨越了40年的第三次"土家"聚居地区的摄影。他参加了这一研究的全过程，是一个用图片表达的最忠实的记录者。

2002年7月，中国民族学会第七次年会在恩施土家族苗族自治州首府恩施市的湖北民族学院召开，张先生和我都应邀再次来到恩施。我代表全家向湖北民族学院赠送了《潘光旦文集》（14卷本），张先生赠送了1956年实地调查时拍的老照片。这是他第四次来恩施，已80岁高龄。我们都盼望他所拍摄的老照片能尽早编辑出版。

这次终于有了机会，他的"土家行"老照片将与他的日记一起出版了。与此同时，姐姐乃穆和乃和也正在整理编辑父亲积累的"土家"史料卡片。我们从《文汇报》记者赵宏庆先生早年对父亲的采访中得知，父亲在湘西北的实地考察后，还在继续写作《湘西北的"土家"与古代的巴人》的补编，看来也因为反右运动而中止了。因此把这些史料卡片整理出来，与他已完成的论文和报告汇集成册，留给年青一代，这些跨越半个多世纪的资料，无论是文学还是图片，不仅留下了知识和方法，也将把知识分子那种追求真理，为国家为人民服务的精神世代相传。

后　记

我老是搭乘末班车。

湖南岳云中学毕业，我在桂林考上当时在广东韶关的中山大学和广西大学，因为付不起对我来说是高昂的学费，没有去报到。后来，花了一年多时间，才跌跌撞撞、好不容易地来到昆明，在 1945 年秋，进入心向往之的西南联合大学，读社会学系。在那里，磕磕碰碰、时断时续地念了一年。

抗战胜利，1946 年"五四"青年节，学校宣告结束，恢复北大、清华、南开三校，复员北上。这是我第一次搭上的联大末班车。

赴校途经上海，系里老师把我们留下，参加上海工厂状况调查，最后又留下我和其他三位同学继续做工人个案访问。结束时已是 11 月中，由上海清华校友接待处代办最后一次复员船票，乘末班海轮去塘沽转北平清华上学。

1948年12月15日，清华先于北平得到解放。全校同学在时事政策学习中，同学们踊跃发言，认为经过辽沈、淮海两大战役后，全国形势一片大好，马上就要解放全中国，我们应该抓紧参军，争取参加解放海南岛的最末一仗。要不然，怎么向儿孙们讲古，说我曾经搭上末班车，为解放祖国扛过枪。于是，大家纷纷报名南下工作团，第四野战军慷慨地接纳了近万名学生青年，这是人民解放军第一次也将是最末一次这么大批量地吸收青年知识分子参军。我也是带着照相机拥进去的其中一名。

1952年调北京《新观察》半月刊任摄影记者和编辑。《新观察》是一个综合性文艺刊物，主要报道新人新事物，由此我有机会认识了一些各界知名人士。《新观察》创刊三年来，潘光旦、费孝通二位老师已经给刊物写了不少稿件，是我们的重点老作者了。我去看望二位先生时，他们已于1952年大学院系调整时，分配到魏公村中央民族学院担任民族学教授。社会学系因为不合时宜已经被取消。我突然听到这个消息后不觉一愣，这次不单我一个人搭乘了社会学系的末班车，就连我们整个班、整个系师生一起一个不落地挤进了这辆末班车。原先打算工作两三年后，再去系里回回炉，充实一下的想法是无法实现了。不过不要紧，只要人在工作着，机会就会有的。

1954 年 8 月，中央民族学院教授、社会学家费孝通要去内蒙古东部呼伦贝尔盟大草原视察并做田野调查，希望《新观察》派一位摄影记者同行，协助摄影和调查，他应允将调查所得写成文稿，供《新观察》独家发表。主编欣然同意，让我将照片发稿工作做好安排后随同费先生出发。

费先生在海拉尔和呼盟草原调查半个月后，被第一届全国人民代表大会筹委会电话召回北京参加筹备会去了。我于 9 月初结束调查工作，也匆匆赶回并向费先生汇报调查和拍摄情况。费先生后来以"话说呼伦贝尔草原"为总题，连写《初访草原》《牛奶和羊肉》《蒙古包和游牧》《组织起来就有办法》等 4 篇文章。

以后，我又随同费孝通师到苏州市吴江县"江村"（开弦弓）进行"重访"（费著《江村经济》再调查），这是我于 1957 年 5 月随同费先生第一次调查"江村"。42 年间，共随同费先生前后 5 次调查、访问和拍摄"江村"（1982年 1 月、1994 年 10 月、1996 年 9 月、1999 年 10 月）。

我记述和拍摄的《江村纪事》一书也已由上海锦绣文章出版社出版。

1956 年 11 月，中央民族学院教授、全国政协委员、我的老师潘光旦要去四川东南和湖北西南十几个县视察，对土家族进行识别和实地调查，也请《新观察》出动一位摄影记者随行，协助调查、摄影。潘先生也应允将所写文章由编辑部独家发表。由于上次费先生的《话说呼伦贝尔草原》一文合作顺利，图文并茂，而且连载数期，受到读者欢迎；印数每期都在上升，提高了作者和刊物的知名度。编辑部认为这种文字和摄影作者同行采访，进行同期拍摄的方法可以提高二者的质量，值得推广。因此，主编对潘先生的建议一口应承。于是我和上海《文汇报》记者杨重野同志一起，随同潘光旦先生于1956年11月26日抵达湖北省开始，钻进盘亘在川湘鄂边境的武陵山区，一整天一整天地穿行在绵延不断、起伏不定的高山、深谷、丛林、雪海中，一个县一个县地调查，访问、座谈，寻觅、识别土家人，采集各种资料。直到1957年1月31日方才顺利结束此行。

1991年9月27日至10月18日，我随费孝通老师到武陵山区对土家族进行访问和调查。费先生此行是顺着他的老师也是我的老师潘光旦先生实地调查的足迹走，进行再调查。潘先生是1956年5月20日至6月30日对湘西北的吉首、凤凰、花垣、古丈、保靖、水顺、龙山7县的"土家"（当时尚在研究，识别中）进行访问和实地调查。

1956年11月再去川东南和鄂西南18个县市对土家族实地调查，费时65天，行程14,000里。费先生此行也是先从吉首、凤凰开始，走完湘西北，再去川东南、鄂西南各县。对我来说，这次是二访土家。

1994年11月，北京大学社会学人类学研究所所长潘乃谷和研究员邱泽奇二人到武陵山区做社区调查时，邀请我一起去拍些照片。我们于11月10日飞抵武汉，到达武昌中南民族学院，参观了原清华大学社会学系教授、老师吴泽霖在此创建的民族学博物馆。展品很多，我们主要参观了土家族部分。11日下午飞湖北恩施土家族苗族自治州，然后乘车去来凤县。于13日至18日在该县百福司镇的河东乡做社区调查。19日至23日到湖南湘西土家族苗族自治州（吉首市）的龙山县兴隆街乡做第二个社区调查。这是我的三访土家。

2002年7月16日，中国民族学会在湖北恩施市举行"第七届全国民族学学术研讨会"，潘乃谷所长和我被邀请参加大会。

会后，大会请来宾前往来凤、宣恩二县参观、调查。次日又去利川市参观古建筑群等。大会共5天。

此行是我四访土家。

1957年1月底，潘先生、重野兄和我一起，从湖北回到北京。春节期间曾去两家拜访过一次。之后，我将"土家行"的胶卷冲洗放大后，就静待潘先生赐稿，以配上照片，作为重点文章连载发表。哪里想得到，等来的却是一场全国性的反右运动，潘先生没有能够为刊物提供土家识别的稿件，后来还受到了不公正的待遇。我拍摄的照片大都束之高阁，只有最先拍摄的湖北长阳县和三峡的几张照片和文字《长阳——可爱的山城》《川江航标员》一起发表在《新观察》上。

关于潘先生的生平，他自己很少谈起，我们师生间谈话时也很少涉及，只能简单介绍几句。

潘光旦，江苏省宝山县罗店镇人，1899年（清光绪二十五年）8月13日生于罗店镇，优生学家、社会学家。

潘光旦的父亲潘鸿鼎，清光绪二十四年（1898年）戊戌科二甲第十三名进士。曾任编修、议员。清末去日本考察，回家后创办洋式学校叫罗阳初等学堂，并且叫8岁的光旦转学来罗阳，罗阳设有英文课，光旦英文学得很好，打下了基础。1912年毕业后，即于1913年考入北京清华学堂中等科。潘光旦父亲鸿鼎1913年春在北京去世，家境中落。光旦在清华虽是公费上学，学、膳、宿费全免，但其他用费一年也要上百元，且弟兄三人都在上学期间。这些都靠知书识理的母亲沈恩佩设法维持，让三人得以完成学业。他学习勤奋，门门功课优秀，体育也是如此，在马约翰老师指导下，决心练好身体，准备为国家努力工作四五十年。不幸，在一次跳高活动中右脚受伤，被截去一段，只好拄着双拐行走，也耽误学习。到1922年7月，方才赴美留学。

潘光旦的学习目的很明确，他先在新英格兰地区的新罕布什尔州（New Hampshire）汉诺佛镇达特默斯大学（Dartmouth）生物学系三年级学习，一学期后，成绩优秀，被升班到四年级。1924年毕业，获学士。同年，入纽约哥伦比亚大学，主要研读动物学、古生物学、遗传学和泡图书馆、书库。1926年夏毕业，获硕士学位。

潘先生十分勤奋，清华学生时期，他充分利用寒暑假，读他必需的或喜爱的书籍，充实自己。这就是为什么在一个读洋书、说洋话、必留洋的洋学堂里，潘先生不单洋学洋语好，而且博古通今，对中国经史十分娴熟（他是费孝通的百科全书，有问必答），还写得一手好字。去美国时不单带了一套《十三经注疏》，还带去了良好度假作风。他在美国，也是尽量利用假期，他的第一、二、三个暑假，他都去的长岛（Long Island，美国东岸，纽约市东南一个4000多平方公里的长条形岛），不是去游览、去海滩休息，而是去冷泉的优生学纪念馆，参加优生工作训练班及人类学、优生学研究等。1926年秋，学成回国。

他的所学，使他成为称职的优生学家、社会学家。

他归国后的当年，即在上海吴淞政治大学任教务长、上海东吴大学任预科主任、光华大学任文学院院长、中国公学大学部任社会科学院院长等，并在多校讲授优生学、心理学、遗传学、家庭问题等。他这些课程和他出版的书、报刊上发表的文章，都对各大学建立社会学系有帮助。

1929年，北平清华正式改为文理法工综合大学。1934年，潘先生回到北平母校任教，并在1937年随校迁昆明成立西南联合大学。在清华、联大担任社会学系教授、主任，教务长，图书馆馆长等工作。

新中国成立之初，1952年院系调整，调中央民族学院工作，任教授，从事民族研究。

1941年，在昆明参加中国民主政团同盟（今名中国民主同盟），历任中央委员、中央常务委员。

新中国成立之后，任政务院文教委员会委员、全国政协委员等。

1967年6月10日溘然逝世于北京，终年68岁。

这本小书是我在1956年11月至1957年1月间随老师潘光旦先生去川东南、鄂西南武陵山区一带，对土家族进行识别、调查，写的日记，拍的照片。日记写得不深，照片拍得不多，主要原因在我，因为我的思想没有端正。我总认为，我是在为杂志社工作，拍的写的，能够满足当期或眼面前的几期发稿用就行了，工作多头，太忙。跟着作家出行，拍好几张重点照片做插图，任务完成大吉。还顾虑拍得太多，编辑部和文字记者会批评我浪费。毕竟，胶卷比稿纸贵，照相机比笔杆子重。根子上是脑子里少一根弦，对照片的资料性、历史性的价值认识不足，估计不足，没有那么长远的眼光。本书文图单薄，在所难免。

这些尘封了五十年的图片，而今能够面世，要感谢许多朋友的关怀，帮助。首先要感谢四五年前来我家探访的颜文斗先生，多次苦口婆心地劝我，提高我的信心和勇气。接着是姜纬、路泞和王刚先生一再对我的关怀和具体帮助。

1956 年到现在，五十年，有幸在朋友们的大力帮助下，又搭了一次末班车。